HISTOIRE
DES FRANÇAIS.
TOME IX.

Ouvrages du même Auteur, publiés par la Librairie TREUTTEL *et* WÜRTZ.

HISTOIRE DES RÉPUBLIQUES ITALIENNES DU MOYEN AGE; nouvelle édition revue et corrigée. 16 volumes in-8°. 1826.................................... 112 fr.

DE LA LITTÉRATURE DU MIDI DE L'EUROPE; nouvelle édition revue et corrigée. 4 volumes in-8°. 1819.... 24 fr.

JULIA SEVERA, ou l'An quatre cent quatre-vingt-douze (Tableau des Mœurs et des Usages à l'époque de l'établissement de Clovis dans les Gaules). 3 volumes in-12. 1822..................................... 7 f. 50 c.

HISTOIRE
DES FRANÇAIS,

PAR

J. C. L. SIMONDE DE SISMONDI,

Correspondant de l'Institut de France, de l'Académie impériale de Saint-Pétersbourg, de l'Académie royale des Sciences de Prusse, Membre honoraire de l'Université de Wilna, de l'Académie et de la Société des Arts de Genève, de l'Académie Italienne, de celles des Georgofili, de Cagliari, de Pistoia; de l'Académie Romaine d'Archéologie, et de la Société Pontaniana de Naples.

TOME NEUVIÈME.

A PARIS,

Chez TREUTTEL et WÜRTZ, Libraires,
RUE DE BOURBON, N° 17.

A Strasbourg et à Londres, même Maison de Commerce.

1826.

HISTOIRE DES FRANÇAIS.

SUITE DE LA QUATRIÈME PARTIE.

LA FRANCE DEPUIS L'AVÉNEMENT DE SAINT-LOUIS JUSQU'A CELUI DE PHILIPPE DE VALOIS. 1226-1328.

CHAPITRE XIX.

Philippe IV détache le duc de Bretagne du parti de l'Angleterre; il ravage la Flandre; il repousse les princes de l'empire, et oppose Albert d'Autriche à Adolphe de Nassau. Il fait la paix avec Édouard, et la scelle par un double mariage : les deux rois se sacrifient réciproquement l'Écosse et la Flandre. Gui de Flandre se livre à Philippe, qui le retient en prison. 1296-1299.

Les sciences sociales ne peuvent être étudiées d'une manière vraiment profitable qu'à l'aide de l'histoire. Ce grand dépôt de toutes les expériences politiques renferme seul des exemples propres à nous éclairer sur les moyens d'arriver au double but que doit se proposer tout gouvernement, celui de rendre les hommes heureux, et de les rendre en même temps vertueux. La brièveté de notre vue, l'impossibilité où nous laisse notre foiblesse, de comprendre d'un seul coup d'œil toutes les conséquences d'un seul principe, rendent les théories dangereuses en matière de gouvernement, si nous ne les appuyons pas sans cesse sur des faits, si nous ne les rectifions pas avec leur aide. D'autre part, il est vrai, beaucoup de causes influant simultanément sur le même fait, et ceux qui se suivent n'étant souvent point la conséquence l'un de l'autre, l'étude des faits sans philosophie ne seroit pas moins décevante que celle de la philosophie sans faits. Pour tirer quelque avantage de l'histoire, nous devons sans cesse expliquer et coordonner les événemens à l'aide des principes, tout comme nous devons découvrir les principes dans l'enchaînement des événemens, et les développer par l'étude pratique de leurs résultats. Aussi l'histoire appelle l'homme qui sait réfléchir, à l'exercice le plus constant et le plus sublime de sa pensée; elle fait naître pour lui les grandes vérités morales, du choc des révolutions ; l'étincelle philosophique brille au travers de la nuit des temps, et sa vive clarté pénètre dans les profondeurs du chaos. Tout-à-coup cette lumière fait reconnoître l'enchaînement d'incidens qu'on avoit crus isolés ; on voit naître dans les cœurs les nobles vertus qui appellent et facilitent les nobles actions; on voit d'autre part les grandes erreurs en politique ou en religion, étendre leur ombre funeste sur des siècles tout entiers. Mieux l'histoire nous fait comprendre l'homme, plus nous jugeons avec indulgence ses fureurs et ses erreurs, car elle nous montre que presque toujours leur cause est bien loin en arrière de lui. Mais elle nous apprend aussi à nous attacher avec ardeur à ce qui est vrai en principe, à ce qui est pur en morale, parce qu'elle nous fait voir combien d'esprits sont faussés, combien de cœurs sont corrompus par de déplorables institutions politiques, parce qu'elle met au grand jour le crime effroyable que commettent contre l'humanité ceux qui ôtent tout frein au pouvoir, ceux qui font de la religion un instrument politique, ceux qui, changeant les citoyens en sujets, détruisent en eux et le lien du devoir, et l'amour de la patrie.

Sous ces rapports divers, l'histoire de France ne le cède à aucune autre en utiles leçons, et en redoutables exemples. Si les hommes peuvent devenir sages pour avoir appris ce qu'il leur convient d'éviter, les huit siècles de cette histoire que nous avons parcourus, nous ont déjà signalé suffisamment d'écueils. Les historiens généalogistes prétendent que Philippe-le-Bel étoit le quarante-cinquième roi de France. Un petit nombre de ces princes, il est vrai, se perdent dans l'ombre; nous avons étudié les autres : nous avons vu parmi eux des caractères opposés, des talens de degrés bien différens; aucun cependant n'a pu nous inspirer un instant le regret de n'avoir pas vécu sous son règne; aucun n'a rattaché son nom au souvenir d'un siècle heureux et vertueux. D'où vient donc que, dans une si longue durée, nous n'avons trouvé aucune période sur laquelle notre cœur se complût à se reposer? C'est que nous avons bien vu le pouvoir fondé par la violence, enlevé par la ruse, tantôt réuni, tantôt partagé de cent manières diverses, mais que nous n'avons point encore vu de garanties dans la constitution du royaume, ni pour les gouvernés, ni même pour les gouvernans. De cette absence de principes a dû résulter que nous n'avons trouvé ni amour du peuple chez les rois, ni amour de la patrie chez les peuples : tant que la force et la crainte règnent, le devoir n'a aucune occasion de se faire entendre, et la vertu ne peut point se développer. Aucun dévouement n'est possible à celui qui est toujours contraint; aucune résolution généreuse n'est permise à celui qui n'a jamais de choix. Un gouvernement sans liberté et sans principes n'a pu produire que le malheur et l'avilissement de tous.

Durant ces huit siècles, l'ordre religieux n'a pas été meilleur que l'ordre civil. Nous avons vu l'église affermie dans sa domination ; nous avons vu ses ministres entourés de puissance, comblés de richesses, disposant pour se venger de leurs ennemis, d'armées nombreuses, de tribunaux redoutables ; nous les avons vus commandant aux consciences, et ne trouvant plus de rebelles à la foi qu'ils vouloient imposer; mais nous n'avons pas vu la religion fondée sur la recherche de ce qu'il y a de vrai dans le système de l'univers, de pur dans le cœur de l'homme ; nous ne l'avons jamais vue d'accord avec cette révélation fondamentale que Dieu a gravée dans notre conscience; au contraire, pendant ces huit siècles, nous avons presque constamment vu le pouvoir de l'église employé à troubler les notions du juste et de l'injuste, à fausser les sermens, à anéantir la morale; car rien ne sauroit être plus fatal pour celle-ci, que le droit que s'arroge le prêtre d'en tracer les règles, et d'en dispenser selon ses convenances.

La leçon de l'histoire demeure cependant incomplète, si elle ne nous montre que ce que nous devons haïr ou craindre, si elle ne nous fait pas aussi connoître ce que nous devons désirer ou aimer, si elle ne nous associe jamais aux sentimens généreux, si elle ne nous fait jamais battre le cœur d'admiration ou répandre des larmes d'attendrissement. Nous avons parcouru huit siècles de l'histoire des Français, sans y rencontrer encore ou ces jouissances, ou ces nobles leçons : nous le disons avec d'amers regrets, nous avons encore une longue route à faire qui ne sera pas semée de plus de fleurs. Plusieurs de nos lecteurs sachant que Philippe-le-Bel convoqua le premier les députés des communes de son royaume, et que, pour accomplir les projets qu'il avoit formés, il chercha un appui dans la bourgeoisie, s'attendent peut-être à voir enfin la nation entrer sur la scène de l'histoire, et les sentimens élevés, le patriotisme, l'amour de la liberté, se combiner avec l'ancien principe du gouvernement. Ils seront déçus. Philippe-le-Bel connoissoit la nation à laquelle il feignit de rendre des droits; aucun sentiment élevé ne l'animoit encore; le moraliste n'en pouvoit rien espérer, le despote n'en avoit rien à craindre. Dans son histoire, pendant long-temps encore, nous ne trouverons rien de ce qui échauffe le cœur, rien de ce qui anime l'enthousiasme, rien de ce qui élève l'homme au-dessus des froids calculs personnels, de ce qui révèle en lui le pouvoir du sacrifice, de ce qui fait concevoir l'héroïsme.

La liberté ne devoit pas être garantie de long-temps encore en France, et aucune moralité n'est possible à celui qui, n'étant pas libre, n'a pas de choix. Les vertus publiques ne commencent pour les hommes qu'avec les droits de la vie publique, tout comme les vertus privées ne commencent pour l'esclave que du jour de son affranchissement, du jour où il devient un être responsable. Les vertus des Français, dans les siècles que nous avons parcourus, dans ceux que nous devons parcourir encore, échappoient complétement au narrateur des événemens publics, parce qu'il falloit qu'elles se cachassent dans leurs relations privées. Les Français n'étoient point les acteurs du drame que présentoit leur histoire, ils n'en étoient que les machines. Leur âme n'étoit pour rien dans les actions qu'on leur voyoit accomplir; ils craignoient, et ils obéissoient : et nous, quand nous voyons la scène changer, nous pouvons admirer le jeu des décorations; mais ce n'est que le personnage vivant qui nous émeut, qui nous enflamme, et le citoyen, l'homme public, ne sont vivans que par la liberté.

Cette liberté, que les Français ne comprenoient point encore, animoit cependant, à la fin du treizième siècle, le monde entier autour d'eux; elle donnoit à l'Italie et à la Flandre l'industrie et les arts, à l'Angleterre, à l'Écosse, à l'Espagne, la vertu militaire et l'héroïsme de l'indépendance; et tandis qu'elle développoit une si grande puissance chez les peuples voisins, Philippe-le-Bel sentoit qu'elle étoit encore assez étrangère à la France, pour oser jouer avec elle, et pour se déclarer le protecteur des sujets qui entroient en lutte avec leurs souverains. Il organisa la résistance des Écossais contre leur conquérant, des Flamands contre leur comte, des Allemands contre Adolphe de Nassau, des Lyonnais contre leur archevêque, du clergé contre Boniface VIII, et en engageant les peuples ou les corps divers à se battre pour leurs priviléges, il ne craignit point d'enseigner aux Français qu'eux aussi pouvoient avoir des droits.

1296. Dès le milieu de la campagne de 1296, Philippe-le-Bel avoit vu foiblir les efforts des Anglais; le prince Edmond étoit mort; le comte d'Artois avoit fait prisonniers deux des lieutenans d'Édouard Ier en Aquitaine: ceux qui restoient, étoient obligés de s'enfermer dans les places fortes, et d'éviter toutes les chances de la guerre. Les alliés d'Édouard sur le continent n'avoient encore fait aucun mouvement, et le roi des Romains, Adolphe, malgré ses menaces, ne s'étoit pas approché des frontières de France.

Philippe jugeoit que l'avenir ne seroit pas beaucoup plus redoutable pour lui que n'avoit été le passé. Son allié Jean Baillol, roi d'Écosse, avoit, il est vrai, perdu son trône, et il s'étoit laissé conduire en captif à la Tour de Londres; mais Philippe prévoyoit que les Écossais pour être vaincus, n'étoient pas subjugués, et que l'abus de la victoire de son ennemi lui donneroit bientôt de nouveaux auxiliaires. Autant qu'on peut deviner le caractère et l'esprit de Philippe, qu'aucun contemporain n'a essayé de peindre, son ambition s'unissoit à beaucoup de perspicacité et d'adresse; il démêloit rapidement les moyens d'atteindre son but, et dans le choix de ces moyens aucun remords de conscience, aucune pitié, aucune considération d'autre chose que son avantage propre, ou la satisfaction de ses passions ne le dirigeoit ou ne l'arrêtoit. Les négociations lui réussissoient mieux que les armes; il déjouoit presque toujours dans le cabinet les projets de ses adversaires, et l'on doit conjecturer qu'il gagnoit souvent à prix d'argent les ministres auxquels il avoit à faire, quand on voit d'une part sa constante réussite, et de l'autre la rapide et continuelle dissipation de ses finances, sans qu'on lui connoisse aucune grande occasion de dépense, et sans que ses contemporains l'aient taxé de prodigalité.

La bulle de Boniface VIII qui lui reprochoit sa dernière ordonnance sur la sortie de l'or et de l'argent, lui avoit causé une vive colère, et d'autant plus peut-être qu'il avoit dû sentir la vérité de plusieurs des censures qu'elle contenoit : personne encore n'avoit osé lui parler avec une semblable liberté, et n'avoit si profondément blessé son orgueil. Il ne lui pardonna jamais ; mais il ajourna la vengeance qu'il se proposoit d'en tirer, et qui devoit être terrible. Sa politique silencieuse ne l'obligeoit point à laisser de sitôt éclater son ressentiment contre un homme qui pouvoit et qui vouloit encore lui être utile. En effet, Boniface avoit parlé à Philippe avec la franchise d'un vieillard, d'un supérieur et d'un prêtre qui ne se croit pas obligé à de grands ménagemens; mais ses affections n'avoient point changé; il étoit toujours animé d'un même zèle, d'une même passion pour le triomphe des Guelfes sur les Gibelins, qui lui paroissoit identique avec le triomphe de la maison de France.

Dans ce temps même, en effet, il s'occupoit des moyens de rendre la Sicile aux Français de Naples ; il s'efforçoit d'engager don Frédéric d'Aragon à abandonner cette île pour passer en Grèce et y reconquérir l'empire latin : il offroit aux Siciliens des blancs-seings, pour qu'ils y insérassent toutes les franchises, tous les priviléges qu'ils voudroient se réserver, pourvu seulement qu'ils se soumissent à la maison de France; et lorsque ceux-ci repoussèrent toutes ses propositions, décernèrent à don Frédéric d'Aragon la couronne de Sicile, et déclarèrent que c'étoit avec l'épée, non avec des parchemins qu'ils vouloient fonder leur liberté, Boniface attira à Rome don Jayme d'Aragon, qu'il nomma gonfalonier de l'église pour l'expédition de Sicile; il réveilla tellement les scrupules de Constance sa mère, et de Roger de Loria son grand-amiral, qu'il les engagea à demander en même temps leur réconciliation avec l'église, et avec Charles II de Naples. D'autre part Boniface prêta cinq mille onces d'or à Charles II, pour l'expédition de Sicile : il l'autorisa à lever dans le même but des décimes sur le clergé de Naples et sur celui de Provence, et il continua pendant les années suivantes à le servir avec la même ardeur, jusqu'au moment où Philippe laissa éclater contre lui le ressentiment qu'il avoit long-temps contenu. (1)

Laissant donc pour un temps la bulle de Boniface VIII sans réponse, Philippe dirigea son attention vers ceux des alliés des Anglais

---

(1) *Raynaldi Ann. Eccles.* 1296, §. 6-15. — *Gio. Villani* L. VIII, c. 18, p. 356. — *Çurita Indices.* L. II, p. 145.— *Çurita Anales.* L. V, c. 16 et 17, p. 363. — *Muntaner Chronica.* c. 175, f. 148.

qui l'attaquoient autrement que par des paroles. Le comte de Bretagne étoit entré dans l'alliance d'Édouard; il avoit promis de l'aider à reconquérir l'Aquitaine; mais pendant qu'il partageoit les revers d'Édouard et de Saint-John, lieutenant du monarque anglais, une flotte partie des rivages d'Angleterre vint chercher des vivres en Bretagne, prit querelle avec les habitans, pilla Saint-Mahé, y mit le feu, massacra les paysans du voisinage, vint relâcher ensuite à Brest, enleva sans les payer tous les vivres qui s'y trouvoient, et excita si vivement le ressentiment des Bretons, que ceux-ci forcèrent leur duc à changer de parti, et à s'attacher à la France. (1)

Avant la fin de la campagne de 1296, Jean, duc de Bretagne, quitta l'armée anglaise, dont il avoit vu, avec jalousie, le commandement donné au comte de Lincoln; dès lors il entra en négociations avec Philippe, et il le trouva disposé, non seulement à le recevoir avec bienveillance, mais à le récompenser de son retour sous le drapeau de son roi. La même Isabeau, fille aînée de Charles de Valois, qui avoit été promise au fils du roi d'Écosse, pour le fixer dans l'alliance de la France, fut promise aux mêmes conditions, et avec une dot considéra-

(1) Hist. de Bretagne, L. IX, c. 17, p. 284.

ble, au petit-fils du duc de Bretagne pour l'y attirer. Le traité fut conclu au mois de janvier 1297 (1). Le duc se rendit à Paris, et y fut reçu avec beaucoup de faveur; une ordonnance du parlement, en date du mois de février 1297, lui accorda le privilége de ne pouvoir être ajourné à la cour de France, par appel de ses sujets, si ce n'est en cas de déni de justice ou de faux jugement (2). Il suivit le roi à la guerre, et à son retour de la campagne de Flandre, au mois de septembre de la même année, il fut créé pair de France, et appelé à prendre rang après le duc de Bourgogne. (3)

Mais à l'époque même où le duc de Bretagne entroit dans l'alliance de Philippe, le comte de Flandre y renonçoit solennellement. Il avoit convoqué pour les fêtes de Noël une assemblée de ses vassaux dans la ville de Grammont : les ambassadeurs du roi d'Angleterre, d'Adolphe, roi des Romains, du duc de Brabant, et de la plupart des princes des Pays-Bas et de la Lorraine s'y trouvèrent. Le comte de Flandre leur exposa combien cruellement il avoit été traité par Philippe, qui avoit retenu sa fille prisonnière, lorsqu'il la lui avoit conduite à Paris avec une entière confiance, et comme à son parrain,

---

(1) Hist. de Bretagne, L. IX, c. 19, p. 285.
(2) Ordonnances de France, T. I, p. 329.
(3) Preuves de l'histoire de Bretagne, T. II, p. 442.

1297. Les seigneurs assemblés à Grammont promirent au comte de Flandre qu'ils l'aideroient à se faire rendre justice. Pour conserver cependant toutes les formes du droit, ils lui conseillèrent d'envoyer deux prélats en ambassade au roi, pour redemander sa fille, et s'il ne l'obtenoit pas, pour déclarer la guerre à la France. (1)

Cette ambassade n'eut aucun résultat; et Gui de Dampierre, comte de Flandre s'y attendoit sans doute, car peu de jours après, le 7 janvier 1297, il conclut avec le roi d'Angleterre une alliance perpétuelle contre Philippe, par laquelle les deux princes s'engageoient à ne faire jamais avec lui la paix l'un sans l'autre; les fils du comte et les principaux barons de ses états se rendoient garans de sa promesse; sa fille Isabelle devoit remplacer la malheureuse Philippa toujours captive, et épouser le fils du roi d'Angleterre. La dot de cette princesse, de deux cent mille livres tournois, en monnoie noire, devoit être employée par les Flamands, aussibien que cent mille livres qu'Édouard ajouteroit encore, à faire la guerre à la France. (2)

Les ambassadeurs du roi d'Angleterre offrirent en même temps des subsides à tous les princes et les gentilshommes qu'ils espéroient

(1) Oudegherst, *Annales de Flandres*, c. 132, 133. f. 216, 219.

(2) *Rymer.* T. II, p. 737-742.

armer contre la France. Les comtes de Savoie et de Grandson, anciens amis de la maison d'Angleterre, s'étoient chargés de soulever les seigneurs et les communes du comté de Bourgogne, qui avoient vu avec indignation leur comte les céder au roi de France (1). En effet, les comtes d'Auxerre et de Montbeillard, les sires d'Arlay, de Neuchâtel, de Montfaucon et de Faucigny, se partagèrent trente mille livres que leur fit passer le roi d'Angleterre, et s'engagèrent à faire en sa faveur, une diversion du côté de la Bourgogne (2). Une des filles d'Edouard, Jeanne d'Angleterre, fut promise en mariage à Amédée V, comte de Savoie, pour l'affermir dans cette alliance (3). Le duc de Brabant, le comte de Hainaut, le comte de Gueldres, les évêques de Liége et d'Utrecht, l'archevêque de Cologne, s'engagèrent tous dans la ligue contre la France, à laquelle Édouard faisoit passer des subsides, mais dont le roi des Romains, Adolphe de Nassau, promettoit de diriger les efforts (4). On n'avoit de long-temps vu une confédération composée d'un si grand nombre de membres, ni des négociations si actives, conduites dans un même but, entre des états

(1) *Rymer.* T. II, p. 733.
(2) Le 25 août 1297. *Rymer.* T. II, p. 778.
(3) *Rymer.* T. II, p. 759.
(4) *Rymer Acta.* T. II, p. 752, 755, 768.

plus éloignés. Mais il est probable que tandis qu'Édouard répandoit à pleines mains l'argent de l'Angleterre, parmi les vassaux de l'empire, pour les engager à se précipiter dans une entreprise dangereuse, Philippe-le-Bel les déterminoit à son tour avec beaucoup moins d'argent à se tenir tranquilles, ou à faire naître quelques prétextes pour manquer à leurs engagemens. En effet, de tous les princes dont Édouard croyoit s'être assuré la coopération, le seul Henri, comte de Bar, qui avoit épousé une de ses filles, se mit en mouvement. Il entra dans le comté de Champagne, qui appartenoit à la reine Jeanne; il commença à le ravager, et il brûla la première ville dont il se rendit maître; mais Gaultier de Cressy, seigneur de Châtillon, que Philippe avoit chargé de la défense de la Champagne, au lieu de marcher à sa rencontre, pénétra dans le comté de Bar, qu'il traita avec la même rigueur, et força ainsi le comte Henri à quitter la Champagne, pour aller défendre ses foyers. (1)

Pendant ce temps, Philippe rassembloit ses soldats, et il annonça son intention de se mettre lui-même à la tête de sa principale armée, qu'il vouloit conduire en Flandre. Des intrigues secrètes lui avoient déjà applani les

---

(1) *Chron. Nangii.* 1297, p. 52.

voies pour cette expédition ; les puissantes
villes de Flandre, où le commerce et les manufactures avoient accumulé d'immenses richesses et une nombreuse population, avoient
obtenu de leurs comtes d'amples priviléges,
auxquels elles avoient dû leur prospérité.
Plus elles étoient opulentes cependant, plus
leurs seigneurs étoient tentés d'annuler des
chartes qui les empêchoient de puiser à discrétion dans les trésors de leurs sujets. Gui de
Dampierre, en particulier, avoit en toute occasion cherché à étendre ses prérogatives, il n'a-
voit montré aucun respect pour les chartes de
ses ancêtres ; il avoit entre autres poussé à bout
la magistrature communale de Gand, qu'on
nommoit les trente-neuf, en sorte que ceux-ci
avoient recouru contre lui à Philippe-le-Bel,
comme à leur seigneur suzerain. Philippe avoit
accueilli avec empressement ces plaintes : il
avoit déclaré vouloir être le protecteur de la
bourgeoisie et celui des lois : cela n'avoit point
empêché le comte Gui de chasser de Gand les
trente-neuf, et de s'emparer d'une manière
despotique de l'administration de cette grande
ville, mais dès lors les trente-neuf et tous leurs
partisans avoient mis leur espérance dans le roi
de France. Non-seulement Gand, mais Bruges
et toutes les grandes villes lui étoient favorables.
Le roi pouvoit compter sur le parti de la liberté,

le comte n'avoit pour lui que l'aristocratie, et la partie la plus foible et la plus servile de la population des villes. (1)

Lorsque le comte Gui vit approcher la guerre, il chercha bien à regagner l'affection de ses bourgeois, en leur octroyant de nouveau les priviléges qu'il venoit de supprimer, et en faisant de sages réglemens sur les juridictions et sur la monnoie ; mais il étoit trop tard (2). Les peuples l'avoient jugé, et ne pouvoient lui accorder de reconnoissance pour des grâces que la crainte lui arrachoit. Philippe rassembloit une armée française à Compiègne, Robert, comte d'Artois en ramenoit une autre d'Aquitaine, c'étoit celle avec laquelle il avoit combattu les Anglais. Les armées auxiliaires d'Édouard, du roi des Romains, des évêques de l'empire, du comte de Gueldres ne se mettoient point en mouvement ; les bourgeois des grandes villes ne manifestoient aucune ardeur pour défendre leur seigneur, et dès le commencement d'une guerre qu'il avoit déclarée le premier, le comte Gui de Flandre renonça à tenir la campagne : il s'enferma dans Bruges, dont il entreprit la défense ; il donna à son fils aîné, Robert de Béthune, le commandement de Lille, mettant sous ses ordres tous les soldats qui lui étoient

(1) Oudegherst, *Chron. de Flandres*, c. 131, f. 214.
(2) Oudegherst, c. 133, f. 218.

arrivés d'Allemagne ; le second de ses fils, Jean de Namur, se chargea de défendre Courtrai, et son neveu, le duc de Brabant, accepta le commandement de la ville de Gand. (1)

Philippe IV avoit choisi Compiègne, pour y donner rendez-vous à sa noblesse et à son armée. Chaque seigneur voulut briller aux yeux de son jeune monarque, dans la première campagne où il marchoit en personne : chacun fit effort pour surpasser ses émules, par le nombre de ses soldats et l'éclat de ses armures. Jean Villani, le meilleur historien de ce siècle, qui habitoit alors la Flandre, assure que Philippe IV avoit sous ses drapeaux dix mille cavaliers, et un nombre proportionné d'infanterie. Il les passa en revue le 2 juin, jour de Pentecôte; en même temps il arma chevaliers, Louis son frère comte d'Evreux, un autre Louis son cousin, comte de Clermont, ancêtre de la maison de Bourbon ; et avec eux cent vingt des gentilshommes les plus distingués de son royaume. Il entra ensuite en Flandre, et le 23 juin, il mit le siége devant Lille. (2)

Pendant que Philippe étoit retenu au siége de Lille, Robert son cousin arriva à Saint-Omer,

(1) *Giov. Villani.* L. VIII, c. 19, p. 357. — Oudegherst, *Chroniques*, c. 135, f. 221.
(2) *Chron. Nangii.* 1297, p. 52. — *Chron. Nicol. Trivetti.* p. 219. — *Gio. Villani.* L. VIII, c. 19, p. 357.

1297. dans son comté d'Artois, avec l'armée qu'il ramenoit d'Aquitaine. Il appela tous les plus belliqueux de ses vassaux à venir le joindre; son fils unique Philippe lui amena des renforts considérables. Se trouvant alors à la tête d'une armée non moins forte que celle du roi, il entra dans la Flandre maritime, et se dirigea sur Furnes. Les habitans de cette province apprenant que les Français, malgré les promesses de protection qu'ils leur avoient données, les traitoient avec la dernière rigueur, qu'ils brûloient toutes les maisons, abattoient les digues, et prenoient à tâche de détruire le pays, résolurent de leur tenir tête en rase campagne. Seize mille hommes tirés des milices des villes voisines, se présentèrent au comte d'Artois le 13 août, en avant de Furnes, déterminés à lui fermer le passage. Le comte de Flandre, abandonné par ses alliés, n'avoit pu joindre à cette armée que six cents cavaliers. La nature des armes, l'éducation militaire et la confiance qu'elle inspire, mettoient alors la plus grande distance entre les cavaliers gentilshommes, et les fantassins roturiers. Les Flamands, qui n'avoient pas même de capitaine connu, avoient donc tout à craindre du choc de la gendarmerie française; ils ne lui opposèrent que leur calme résolution de ne pas succomber sans combat. Ils furent vaincus, il est vrai, mais après une ré-

sistance acharnée qui coûta cher aux Français. 1297.
Philippe sire de Conches, fils unique du comte
d'Artois y fut blessé mortellement : trois mille
miliciens des villes de la Flandre maritime res-
tèrent sur le champ de bataille. Guillaume, duc
de Juliers, et Henri, comte d'Albemont, qui
commandoient le petit corps de cavalerie des
Flamands, furent faits prisonniers, et envoyés
en France, avec plusieurs de leurs chevaliers,
dans deux charrettes couvertes qui portoient
les armes d'Artois. Furnes, Cassel, Berg-Saint-
Vinox, et toutes les villes du West-quartier de
Flandre, ouvrirent, après cette défaite, leurs
portes au comte Robert. (1)

Pendant ce temps, Philippe IV avoit détaché
de son armée, Raoul de Nesle, connétable de
France, son frère Gui, maréchal de l'armée,
et le comte de Saint-Paul, pour arrêter un
corps de Flamands qui s'approchoit de Lille,
sans doute avec l'intention de ravitailler cette
ville. Ils le rencontrèrent à Comines, à quatre
lieues environ du quartier-général, et après un
combat obstiné, ils le mirent également en déroute. Robert de Béthune ayant reçu la nouvelle de ces deux défaites, et commençant à
manquer de vivres dans Lille, se détermina à

(1) *Chron. Nangii.* 1297, p. 52. — *Gio. Villani.* VIII,
20, 358. — Oudegherst, c. 135, f. 221. — Chron. de Saint
Denys, f. 124.

1297.
évacuer cette ville ; il alla rejoindre son père à Bruges, tandis que les bourgeois, après avoir obtenu une capitulation qui leur garantissoit leurs biens et leurs vies, ouvrirent leurs portes à Philippe. (1)

Tandis que les Flamands éprouvoient ces revers, le roi Édouard d'Angleterre entroit avec sa flotte dans l'Escaut, et après avoir débarqué mille chevaux et autant de gens de pied, il venoit à Bruges se réunir au comte de Flandre, qui avoit attendu de lui des renforts bien plus considérables. Mais Édouard avoit soulevé contre lui le peuple anglais par la violence de ses exactions. Ses chevaliers avoient refusé de le suivre sur le continent, pour une querelle qu'ils disoient leur être étrangère (2), et dès l'entrée de la campagne, il avoit senti qu'il ne pourroit remplir l'engagement qu'il avoit contracté envers le comte de Flandre, de se trouver auprès de lui le dimanche après l'octave de la fête de Saint-Jean-Baptiste (3). Il avoit alors convoqué un parlement, mais cette assemblée n'avoit retenti que de plaintes et de remontrances. Enfin le 14 juillet il s'étoit adressé, les larmes aux

---

(1) *Gio. Villani.* L. VIII, c. 20, p. 358. — *Chron. Nangii.* p. 52. — Oudegherst, c. 135, f. 221.

(2) H. de Knyghton. L. III, p. 2495.

(3) *Epistola Eduardi comiti Flandriæ* 2 *augusti in Rymer.* T. II, p. 777.

yeux, à cette réunion de ses barons, « deman-
« dant très-humblement pardon, de les avoir
« gouverné moins bien et moins pacifiquement
« qu'il ne convenoit à un roi de le faire; et les
« assurant que s'il avoit accepté quelque portion
« de leurs biens, qu'ils lui avoient donnée, ou
« que ses ministres leur avoient extorquée à son
« insu, c'étoit pour repousser les efforts inju-
« rieux de leurs ennemis, qui étoient altérés
« du sang anglais. (1)

Ces pleurs du roi, ce langage soumis, cette
accusation peu généreuse contre ses ministres,
pour ce qu'ils avoient fait d'après ses ordres,
calmèrent la mauvaise volonté du parlement;
la noblesse anglaise promit de seconder le chef
de l'état, mais déjà un temps précieux avoit été
perdu : ce fut seulement le 22 août qu'Édouard
put s'embarquer à Winchelsea; il amenoit aux
Flamands bien moins de monde que ceux-ci
n'en avoient perdu dans les deux dernières
batailles ; il ne recevoit aucunes nouvelles
d'Adolphe, qui auroit dû être entré depuis
long-temps en campagne, et une partie du pays
qu'il venoit secourir, étoit déjà aux mains de
ses ennemis. (2)

De nouveaux sujets de mortification atten-

(1) *Matth. Westmon.* 1297, p. 430. — *Rymer.* T. II,
p. 783.
(2) *Rymer.* T. II, p. 791.

doient à Bruges le roi d'Angleterre ; la ville étoit mal fortifiée et peu en état de soutenir un siége ; surtout la bourgeoisie, qui avoit eu de graves sujets de se plaindre du comte de Flandre, et qui l'accusoit d'avoir violé tous ses priviléges, commençoit à témoigner hautement sa prédilection pour les Français. Philippe, après avoir laissé une bonne garnison à Lille, s'étoit avancé vers Courtrai, et il y étoit entré presque sans résistance ; dès lors il avoit pris la route de Bruges, et il étoit arrivé jusqu'à Ingelsmunster. Les princes n'osèrent pas l'attendre dans une ville mécontente. Édouard, le comte Gui, et son fils Robert de Béthune, en partirent précipitamment pour Gand, tandis que les habitans de Bruges envoyèrent des députés à Philippe IV, et lui ouvrirent leurs portes. (1)

La campagne des puissances coalisées contre la France, qu'Édouard avoit préparée avec tant de soins, et pour laquelle il avoit déjà sacrifié tant d'argent, avoit complétement échoué. Le roi des Romains, Adolphe de Nassau, sur lequel il avoit compté pour attaquer la France orientale, commençoit à sentir qu'il étoit lui-même entouré d'ennemis en Allemagne. Au couronnement de Venceslas, roi de Bohême,

---

(1) Oudegherst, c. 135, f. 221. — *Chron. Nangii*, p. 52. — *Gio. Villani.* L. VIII, c. 20, p. 358.

le 2 juin 1297, quatre électeurs et un grand nombre de princes, qui se trouvoient réunis à Prague, étoient convenus de travailler à faire déposer Adolphe, pour lui substituer Albert d'Autriche, fils de Rodolphe de Habsbourg (1). Il est difficile de suivre les négociations secrètes des cours de France et d'Autriche, qui, toutes deux, s'entouroient d'un même mystère, mais quand on apprend que de grandes sommes furent, à cette occasion, distribuées parmi les électeurs, il devient probable que, comme l'affirme Villani, Philippe-le-Bel avoit dirigé cette intrigue, et promis ses secours au duc d'Autriche, pour le pousser à la révolte. (2)

Les autres alliés sur lesquels Édouard avoit compté, l'abandonnoient également au moment du besoin. Le comte de Bar avoit été battu ; les seigneurs de Franche-Comté, après s'être partagé les subsides de l'Angleterre, ne faisoient plus aucun mouvement ; le duc de Bretagne avoit suivi Philippe à l'armée de Flandre : les Gascons découragés n'essayoient point avec leurs seules forces de secouer le joug français ; à la réserve d'un très-petit nombre de forteresses, dont les garnisons anglaises n'osoient pas sortir, tout le reste de l'Aquitaine obéis-

---

(1) Schmidt, *Hist. des Allem.* L. VII, c. 2, T. IV, p. 369. — Coxe, *Hist. de la maison d'Autriche*, c. 5, p. 122
(2) *Gio. Villani.* VIII, 20, p. 358.

soit à Philippe ; Édouard avoit écrit le 21 août « aux barons, chevaliers, et tous autres gentils-« hommes de Gascogne, qu'il avoit été obligé « de destiner à l'armée des Pays-Bas, tous les « gens d'armes, chevance, et deniers qu'il avoit « promis d'abord de leur envoyer à Bayonne; « de quoi, ajoutoit-il, nous vous prions chère-« ment, que par cette raison nous veuillez tenir « pour excusés ; car nous ne pouvons autre « chose faire quant à cres. » (1)

Édouard avoit pu se flatter l'année précédente que son rival alloit se brouiller avec l'église, et qu'ayant provoqué Boniface VIII, et ayant attiré sur lui en retour des bulles offensantes, son clergé lui donneroit trop d'occupation pour qu'il pût pousser la guerre avec vigueur; mais contre ce qu'on devoit attendre de deux caractères aussi orgueilleux et aussi irascibles, la querelle de Boniface VIII et de Philippe IV demeuroit assoupie; une autre cause de colère avoit fait oublier au bouillant pontife, celle qu'avoit provoquée le roi des Français. Dans le collége des cardinaux, deux seigneurs de la maison Colonna qui étoit à la tête des Gibelins dans l'état pontifical, avoient opposé quelque résistance à ses volontés. Son orgueil blessé avoit redoublé sa haine contre une faction ennemie ;

(1) *Rymer*. T. II, p. 789.

il avoit chassé les Colonna du sacré collége; il avoit dénoncé leur maison à l'exécration de la chrétienté, il avoit levé des troupes pour l'exterminer, et il étoit alors occupé à leur faire la guerre (1). Aussi, loin d'assister, tout au moins par des bulles et des légations, le roi d'Angleterre et le comte de Flandre, il ne songeoit plus qu'à se réconcilier avec le roi de France. Il donna le 31 juillet 1297, une nouvelle bulle pour expliquer et modifier celle qu'on désignoit par les mots *clericis laïcos*, contre laquelle l'archevêque et le clergé de Reims, lui avoient eux-mêmes porté des plaintes (2). Il déclaroit que son intention n'avoit point été d'empêcher quant à la France, ni les dons gratuits du clergé, ni les services féodaux qu'il devoit pour des fiefs relevant de la couronne, ni enfin les subventions extraordinaires que, dans une nécessité pressante, un roi de France majeur jugeroit convenable de demander à son clergé, sans avoir obtenu préalablement l'assentiment de la cour de Rome (3). En sorte que ce pontife si fier et si inflexible, avoit cédé au roi de France, à peu près sur tous les points qui étoient en dis-

---

(1) *Raynaldi Ann. Eccles.* A. 1297, §. 27-41. — *Gio. Villani.* L. VIII, c. 21, p. 359. — *Chr. Nangii.* 1297, p. 52.

(2) Preuves du différend de Boniface, p. 26.

(3) Preuves du différ. p. 39. — *Raynaldi Ann. Eccles.* 1297, §. 49-50.

cussion entre eux. En même temps, et comme moyen non moins sûr de le flatter, il venoit, le 11 août de cette année, de déclarer la canonisation de son aïeul Saint-Louis, après un long examen fait par la cour de Rome, des miracles qu'on assuroit avoir été opérés au tombeau de ce roi (1). Boniface lui-même ne donnoit point cette canonisation comme un simple acte de justice, il vouloit que Philippe en fût reconnoissant, et qu'il sentît bien que c'étoit pour l'obliger que le pape ouvroit à son aïeul la porte du ciel. En effet, au milieu de la discussion de l'année précédente, il lui avoit écrit : « Songe, « ô notre cher fils, quel a dû être le sentiment « du siége apostolique; tandis que nous vaquions « avec nos frères à l'examen et à la discussion « des miracles que l'on dit avoir été faits à l'in- « vocation de ton aïeul Louis, d'illustre mé- « moire; les offrandes que tu nous fais, les dons « que tu nous envoies sont tels que tu provo- « ques par eux la colère de Dieu, et non pas « notre indignation seulement, mais celle de « l'église. » (2)

Tandis qu'Édouard apprenoit la nouvelle de la canonisation de Saint-Louis, qui lui indiquoit la réconciliation de son rival avec l'église,

(1) *Raynaldi Ann.* 1297, §. 58-66. — Miracles de Saint-Louis à la suite de Joinville, p. 391.
(2) Preuves du différ. p. 17 — *Raynaldi Ann.* 1296, §. 27.

et qu'il commençoit à entrevoir l'orage qu'Albert d'Autriche excitoit en Allemagne contre son allié Adolphe de Nassau, les objets qu'il avoit immédiatement sous les yeux étoient plus décourageans encore; le comte Gui de Flandre, qu'il avoit déterminé à la guerre, avoit perdu depuis le commencement de la campagne, Lille, Courtrai, Furnes, Berg-Saint-Vinox, Cassel, Dixmuden, Nieuport et Bruges; Philippe bâtissoit des forteresses dans ces villes, indiquant ainsi l'intention de les garder : les milices flamandes paroissoient découragées par deux défaites, le trésor du comte Gui étoit vide; il ne pouvoit, pour le remplir de nouveau, lever de contributions dans la partie la plus riche de ses états, car c'étoit celle qu'occupoit l'ennemi : dans celle qui lui restoit, le mécontentement des bourgeois le menaçoit d'un soulèvement prochain. Enfin, Philippe, qui avoit quelque temps laissé reposer son armée à Bruges, se mettoit en mouvement de nouveau, et menaçoit Gand d'un siége. (1)

Ni Édouard, ni le comte de Flandre ne crurent devoir en courir la chance; ils envoyèrent demander un armistice, et Philippe, qui préféroit les négociations aux combats, qui voyoit

---

(1) *Gio. Villani.* VIII, c. 20, p. 358. — *Chr. Nangii.* 1297, p. 52. — Oudegherst, *Chr.* 135, f. 221. — *Raynaldi Ann.* 1297, c. 43. — *Matth. Westmon.* p. 431.

approcher l'hiver, et qui désiroit le mettre à profit pour se fortifier dans ses conquêtes, ne refusa point une suspension d'armes qui le laissoit en possession de tout ce qu'il avoit gagné, et qui lui préparoit les moyens d'acquérir bientôt de nouveaux avantages. Un premier armistice, commun à tous les alliés, fut signé entre les deux rois, le 9 octobre, pour durer seulement jusqu'au 30 novembre suivant; il fut ensuite renouvelé et prolongé par des conventions postérieures. (2)

Le résultat de la campagne de 1297, dut causer quelque surprise. Le roi de France, sans réputation militaire, sans appui dans l'opinion publique, entouré de princes qu'il avoit offensés, servi par des peuples qu'il avoit opprimés, avoit remporté de brillans avantages sur son rival, le roi d'Angleterre; quoique celui-ci eût en sa faveur une longue expérience, des talens reconnus, de nombreux alliés, et les vœux de l'Europe. Philippe avoit réussi à se faire un parti puissant dans les villes de Flandre, en annonçant qu'il vouloit y protéger une liberté qu'il écrasoit dans ses propres états; car ceux qui souffrent, ceux qu'on opprime, prêtent toujours une oreille crédule à quiconque leur promet du soulagement. La même politique lui

(1) *Rymer.* T. II, p. 795 et 799.

réussissoit également à Lyon. Cette puissante ville, si heureusement située pour le commerce, depuis que les empereurs ne conservoient plus qu'une autorité nominale sur le royaume d'Arles, s'efforçoit de se gouverner en république. Mais l'archevêque et les chanoines, faisant valoir d'anciens diplômes impériaux, vouloient tourner à leur seul profit toutes les conquêtes que l'esprit de liberté avoit faites. Philippe-le-Bel se déclara pour les bourgeois, il promit de protéger leurs priviléges, et il acquit ainsi, dans cette grande cité, une influence, un parti, des droits qui, plus tard, la donnèrent à la France. (1)

Parmi les voisins de la France, le comte de Luxembourg, le comte de Hainaut, le dauphin de Viennois, messire Godefroi de Brabant, et plusieurs seigneurs de Gascogne et de Flandre, s'étoient attachés au parti favorisé par la victoire, et avoient demandé à être compris dans la trève, parmi les alliés de Philippe IV (2). Au pied des Pyrénées, la supériorité de la France étoit tellement reconnue, que les sénéchaux du roi ne s'opposèrent point, lorsque la trève y fut publiée, au renouvellement des hostilités entre les comtes de Foix et d'Armagnac, pour la succession de Béarn. Ces deux princes, on ne sait pas au juste à quelle époque,

(1) *Raynaldi Annal.* 1297, §. 54.
(2) *Rymer Acta.* T. II, p. 800.

avoient d'abord voulu terminer leur différend par un combat judiciaire, qu'ils devoient livrer à Gisors, en présence du monarque. Philippe IV, après en avoir permis les apprêts, interdit aux deux champions de passer outre. En 1296, une ordonnance royale suspendit les guerres privées et les gages de bataille, tant que la guerre des Anglais dureroit. Ces combats recommencèrent dès que la querelle des deux royaumes fut suspendue, mais il se passa long-temps sans qu'ils amenassent aucun résultat. (1)

De son côté, Édouard avoit éprouvé combien les coalitions entre de nombreux petits états, séparés par de grandes distances, sont impuissantes lorsqu'elles essayent de combiner leurs mouvemens contre un seul. Tantôt il avoit sacrifié l'allié qu'il avoit engagé, pour faire diversion, à entrer en campagne par une frontière opposée, tantôt il avoit, au contraire, été vendu lui. Cependant il ne renonça point à ce système politique : il passa l'hiver en Flandre, occupé à renouer la coalition à la tête de laquelle il comptoit recommencer la guerre, et le 7 mars 1298, il signa un nouveau traité de subsides avec les barons de la Franche-Comté ; les comtes de Montbelliard, les sires d'Arlay,

---

(1) *Chr. Nangii.* 1293, p. 49. — Marca, *Hist. de Béarn*. L. VIII, c. 29, p. 793. — Ordonn. de France, T. I, p. 328. Hist. de Languedoc, L. XXVIII, c. 16, p. 68, c. 53, p. 93.

de Montfaucon, et de Neuchâtel, par lequel il leur promettoit trente mille livres tournois par année, pour aussi long-temps que dureroit la guerre, tandis que ces seigneurs s'engageoient de leur côté à ne point poser, sans son consentement, les armes qu'ils avoient prises contre Philippe (1); mais huit jours après, il fut rappelé dans son île, par des embarras de la nature de ceux qu'il vouloit susciter au roi de France.

Soit que Philippe eût envoyé de son côté des agens parmi les Écossais, pour pousser ces fiers montagnards à la révolte, en leur promettant des secours, soit qu'Édouard n'eût, parmi les Écossais, pas de plus grand ennemi que lui-même, et le ressentiment qu'il avoit excité par ses perfidies et sa cruauté, le roi anglais ne tarda pas à apprendre qu'il devoit de nouveau combattre ceux qu'il croyoit avoir conquis. Les grands seigneurs de l'Écosse, occupés de sauver les débris de leur fortune, ou de soustraire leurs personnes mêmes à la vengeance du vainqueur, n'osoient faire aucun mouvement; mais un jeune héros, né dans une condition plus obscure, Guillaume Wallace leva l'étendard de l'indépendance nationale. Il appela à lui tous ceux que la férocité des Anglais avoit laissés sans

---

(1) *Rymer Acta Publica.* T. II, p. 811.

ressource et sans asyle ; tous ceux qui ne pouvoient souffrir la honte d'un joug étranger. Ces hommes furent d'abord regardés comme des brigands ; souvent ils en avoient la férocité aussi-bien que l'audace ; ils évitoient les combats en rase campagne ; mais dans les embuscades, les attaques nocturnes, les surprises de place, ils avoient des avantages journaliers. Édouard ordonna à ses lieutenans de purger l'Europe de ce ramassis de proscrits ; et ces lieutenans furent battus, au passage du Forth, près de Stirling. Bientôt Wallace réussit à chasser les Anglais de toutes les places qu'ils occupoient en Écosse ; alors il se fit nommer régent du royaume par les soldats qu'il avoit rassemblés, non sans exciter ainsi la plus vive jalousie parmi les grands seigneurs, qui voyoient dans ses victoires la condamnation de leur propre lâcheté. (1)

La nouvelle du soulèvement de l'Écosse acheva de dégoûter Édouard des guerres continentales où il avoit eu si peu de succès. Il n'avoit d'abord demandé une suspension d'armes que pour se donner le temps de former contre la France une coalition nouvelle ; mais désormais il désiroit changer cet armistice en une paix durable.

(1) *Henric. de Knyghton de event. Angl.* p. 2513 *et seq.* — *Buchananius rerum Scoticar.* L. VIII, p. 235. — Rapin Thoyras, L. IX, p. 72.

Les deux rois avoient eu recours aux exactions les plus violentes pour se procurer de l'argent, et le mécontentement des peuples que la guerre accabloit, commençoit à se prononcer d'une manière qui pouvoit devenir inquiétante (1). Édouard jugea qu'en recourant à la médiation du pape, il pourroit terminer honorablement une querelle où il n'éprouvoit que des revers; il fit partir pour Rome six ambassadeurs de la plus haute dignité, auxquels il donna de pleins pouvoirs, en date de Gand, du 18 février 1298, pour compromettre entre les mains de Boniface VIII la décision de tous ses différends avec le roi de France (2). Après avoir manifesté ainsi son désir sincère de faire la paix, il se hâta de quitter la Flandre pour l'Angleterre, et il vint débarquer au port de Sandwich, le 14 mars. (3)

Philippe étoit également disposé à la paix, et il n'avoit aucune raison de se défier de Boniface, qui continuoit à cette époque même à favoriser de tout son pouvoir les intérêts des Français en Italie; mais il ne vouloit pas qu'un prononcé du pape pût présenter à l'avenir l'ombre d'un titre contre l'indépendance de sa couronne. Il accepta donc Boniface VIII comme médiateur; il s'engagea, de même qu'Édouard,

(1) *Raynaldi Ann. Eccles.* 1298, §. 1.
(2) *Rymer.* T. II, p. 825.
(3) *Rymer.* T. II, p. 813.

sous une dédite de cent mille marcs d'argent, à tenir ferme et inviolable la sentence arbitrale que ce médiateur prononceroit; mais il voulut que ce fût comme personne privée, comme Benoît Caietan, et non comme souverain pontife, qu'il fût nommé arbitre entre les deux couronnes. Le compromis avec cette clause fut en effet signé à Rome, le 14 juin 1298. (1)

Ce fut en cette qualité, comme simple particulier, choisi par la confiance des deux parties, que Boniface VIII prononça, le 30 juin, sa sentence arbitrale. Par elle, il prolongeoit la trève convenue antérieurement, en attendant qu'il pût établir une paix perpétuelle. Pour la rendre plus stable, il vouloit que le roi d'Angleterre épousât Marguerite, sœur du roi de France, qui lui porteroit quinze mille livres de dot; qu'Isabelle, fille de Philippe, fût promise également à Édouard, fils aîné d'Édouard, avec dix-huit mille livres de dot : de ce jeune couple, l'époux n'avoit alors que treize ans, et l'épouse que sept. Il vouloit, en outre, que tous les vaisseaux, les marchandises et les biens meubles saisis avant la guerre, et qui existeroient encore, fussent restitués de part et d'autre de bonne foi; que ceux qui seroient consommés fussent compensés par des dommages

---

(1) *Rymer*. T. II, p. 823.

à établir à l'amiable, ou à soumettre s'il y avoit lieu à l'arbitrage du pape; que le roi d'Angleterre rentrât en possession d'une portion à régler plus tard, des terres, des vassaux et des biens qu'il avoit avant la guerre dans le royaume de France, sous les conditions d'hommage et de fidélité sous lesquelles son père les avoit tenus; le pape se réservant de régler ultérieurement les querelles de juridiction qui étoient pendantes, et de procurer des sûretés au roi de France, contre une rébellion future du roi d'Angleterre; et se réservant aussi de prononcer sur la distribution de ces mêmes terres, entre les deux rois, et jusqu'à ce qu'il l'eût fait, demandant qu'elles fussent données en garde à ses officiers. (1)

1298.

Quoique cette bulle soit intitulée *prononcé final*, on voit qu'elle n'étoit rien moins que définitive; les questions les plus importantes demeuroient encore en suspens; seulement elle manifestoit déjà suffisamment la bienveillance de Boniface pour Philippe, puisqu'il n'annonçoit qu'une restitution partielle des états confisqués sur Édouard. Le pape témoigna davantage encore de quel côté il penchoit, en adressant, le 3 juillet suivant, une nouvelle bulle à Philippe, pour lui promettre qu'il n'ajouteroit rien

---

(1) Le prononcé dans Rymer, T. II, p. 819, 822. — *Raynaldi Ann.* 1298, §. 6.

1298. à ce prononcé, sans son consentement exprès, signifié par lettres-patentes, et par un messager spécial (1); tandis qu'il adressoit, au contraire, le 10 juillet, à Édouard, une bulle pour l'inviter à renoncer à toute expédition, à tout mouvement de guerre contre l'Écosse (2). Cette sentence arbitrale fut acceptée; elle fut publiée en France et en Angleterre, et elle fut mise à exécution, sans qu'on trouve dans aucun écrivain original la moindre indication de ce que rapportent Mézeray et Velly, sur la colère du roi de France et du comte d'Artois, à la lecture de ce prononcé, ou sur les clauses qu'ils y ajoutent, savoir, la restitution des villes de Flandre, ou l'obligation imposée à Philippe, de marcher à la croisade. (3)

1299. Le 22 avril de l'année suivante, Édouard ayant reçu une lettre que le pape lui écrivoit un mois auparavant, pour l'exhorter à prendre confiance en lui, et à accepter la sentence arbitrale que le roi de France avoit déjà acceptée, adressa à tous ses vassaux de Gascogne, des lettres-patentes, dans lesquelles, après avoir récapitulé le compromis pur et simple qu'il avoit

(1) Preuves du différend de Boniface, p. 41.
(2) *Rymer*. T. II, p. 827.
(3) Mézeray, T. II, p. 322. — Velly, T. IV, p. 77. — Observations de M. Gaillard sur une bulle de Boniface VIII, dans les Mémoires de l'Acad. des Inscr. et Belles-Lettres, T. XXXIX, p. 642.

fait avec le roi de France ; ainsi que la sentence du pape qui ordonnoit que toutes les terres, vassaux et biens qu'Édouard tenoit dans le royaume de France, fussent remis en la main et au pouvoir du pape, il ajoute : « Et comme
« le dit roi de France soit assenti et accordé,
« que toute chose se fasse tant comme à lui en
« affiert..... nous pour honneur et pour révé-
« rence dudit pape..... avons jà mis et assigné
« en la main et le pouvoir de l'honorable père
« R., évêque de Vicence, messager du dit pape,
« toutes les terres, vassaux, biens et autres
« choses que nous tenions au royaume de France,
« le jour que la dite prononciation fut faite.....
« par quoi nous vous prions et requerrons.....
« que soyez dès l'heure que vous aurez ces let-
« tres reçues..... obéissants et en toute chose ré-
« pondants au dit évêque, ou à son mande-
« ment, en nom du devant dit pape, comme
« à nous-mêmes. (1)

Le 12 mai, Amédée V, comte de Savoie, fut chargé par Édouard son cousin, comme son procureur spécial et celui de son fils, de contracter mariage avec les deux princesses françaises, Marguerite et Isabelle, que le père et le fils devoient épouser (2). Le 19 juin, un traité

(1) *Rymer.* T. II, p. 832, 833, 834, 835.
(2) *Rymer.* T. II, p. 836. — Guichenon, *Hist. généalog.* T. I, p. 355.

1299.

destiné à l'accomplissement du prononcé, fut signé à Montreuil-sur-Mer, par les ambassadeurs des deux rois, et sous l'entremise de l'évêque de Vicence. Il fut ratifié le 3 août par le roi de France; mais ce traité laissoit toujours en suspens, et soumis à l'arbitrage futur du pape, le partage de l'Aquitaine entre les deux rois, et le règlement des juridictions et des ressorts (1). Boniface s'étoit abstenu de régler cette question difficile, dans l'espérance que les rois, rapprochés par un double mariage, s'entendroient entre eux; ils y réussirent en effet; ils convinrent, tout en prolongeant l'armistice, que chacun retiendroit ce qu'il possédoit actuellement, et Édouard sacrifia ainsi la plus grande partie de l'Aquitaine : Boniface en étant prévenu, sanctionna ce nouvel arrangement, par sa bulle du 29 juillet, datée d'Anagni (2). Marguerite, sœur de Philippe, fut ensuite conduite au roi Édouard, par le duc de Bretagne, et leur mariage fut célébré à Cantorbéry, le 12 septembre. (3)

Les mariages des princes faisoient alors l'objet des négociations les plus importantes de la diplomatie : les droits auxquels les peuples étoient

---

(1) *Rymer.* T. II, p. 840, 851.
(2) *Rymer*, T. II, p. 850.
(3) *Rymer*. T. II, p. 854. — Hist. de Bretagne, L. IX, c. 29, p. 288.

le plus attachés, les provinces qu'ils avoient
défendues avec le plus d'acharnement, étoient
sacrifiés, quelquefois comme dot, quelquefois,
au contraire, comme prix de la main d'une
princesse. Édouard, pour épouser la sœur de
Philippe, abandonnoit la plus grande partie de
l'héritage des Plantagenets, et consentoit à oublier la surprise et la mauvaise foi avec lesquelles son futur beau-frère l'avoit dépouillé.
Le retour à des sentimens pacifiques sembloit,
aux yeux des peuples, compenser ces sacrifices;
mais si les mariages des princes mettoient fin
aux guerres présentes, ils en préparoient de
plus cruelles pour l'avenir. Isabelle, fille de
Philippe IV, qui par ce même traité de Montreuil fut promise à Édouard II, porta en dot
à l'Angleterre les prétentions qu'Édouard III fit
valoir sur la France, et un siècle de combats,
de violences et de ruine.

Peut-être Édouard, lorsqu'il rechercha cette
pacification, s'étoit-il dégoûté par expérience
de ses alliances continentales, et n'espéroit-il
plus que les subsides qu'il avoit prodigués jusqu'alors pour susciter des ennemis à Philippe,
pussent procurer aucune diversion avantageuse
à ses intérêts. En effet, depuis qu'il avoit signé
le compromis sur lequel la nouvelle trêve avoit
été établie, il avoit perdu le plus puissant de
ses alliés. Quoique le roi des Romains, Adolphe

de Nassau, n'eût donné aucune suite à la déclaration de guerre qu'il avoit adressée au roi Philippe, celui-ci n'avoit point oublié cette marque d'inimitié, et il avoit travaillé avec ardeur, mais dans l'ombre, à s'en venger. Albert d'Autriche, dur, avide, farouche, mais habile guerrier, avoit été écarté du trône impérial, par les électeurs, à la mort de son père Rodolphe de Hapsbourg, comme il étoit repoussé par ses sujets autrichiens, qui s'efforçoient de se soustraire à son pouvoir. Il se sentoit cependant humilié et aigri de n'avoir pas été élevé au trône électif de l'empire, et il poursuivoit de sa haine son rival Adolphe de Nassau. Philippe lui offrit des secours, lui fit passer des subsides, et lui promit l'appui de son crédit auprès du pontife romain (1). L'archevêque de Mayence, le duc de Saxe, et le duc de Brandebourg, s'engagèrent à le seconder. Ces trois électeurs s'étant réunis à Mayence, y prononcèrent le 23 juin 1298 une sentence de déposition contre Adolphe, qu'ils déclarèrent incapable d'administrer l'empire, pour s'être abandonné au conseil des jeunes gens; en même temps ils élurent pour le remplacer, Albert d'Autriche, que de leur seule autorité ils nommèrent roi des Romains. Cet acte de la minorité des électeurs, qui s'attri-

(1) *Chron. Colmar Anno.* 1298 *apud Raynaldum*, §. 12 et 12

buoient un pouvoir refusé même à la majorité, ne pouvoit être considéré que comme une révolte, condamnée par le droit des gens et les lois de l'empire ; mais Albert d'Autriche étoit déjà prêt pour la seconder avec une vaillante armée. Le 2 juillet 1298, il se trouva en présence de son adversaire, à Gelheim, entre Spire et Worms ; il avoit recommandé à ses soldats de s'attacher uniquement à la personne de son rival, et de ne pas souffrir qu'il sortît vivant du combat : en effet, dès le commencement de la bataille, Adolphe fut tué avec des circonstances au moins suspectes, et sa mort entraîna la défaite de son armée. (1)

Malgré sa victoire, Albert d'Autriche sentoit combien son usurpation pouvoit encore paroître scandaleuse; il convoqua donc de nouveau le collége électoral, à Aix-la-Chapelle ; il gagna par des promesses, les électeurs de Trèves et de Cologne, aussi-bien que l'électeur palatin ; il renonça formellement à tout droit qu'auroit pu lui donner sa précédente élection, et il fut réélu le 9 août 1298, et couronné le 24. L'église refusa quelque temps encore de le reconnoître. Boniface VIII ne vouloit voir en lui qu'un duc

(1) *Raynaldi Ann.* 1298, 13. — *Gio. Villani.* VIII, 22, 359. — *Chron. Nangii*, p. 53. — *Matth. Westmon.* p. 431. — Coxe, *Maison d'Autr.* T. I, p. 123. — Schmidt, *Hist. des All.* T. IV, p. 371.

d'Autriche, un sujet, qui avoit égorgé son souverain pour se saisir de sa couronne (1); mais Philippe IV se hâta, au contraire, de rechercher son amitié; il lui demanda une conférence, pour en resserrer les liens; les deux monarques se rencontrèrent à Vaucouleurs, au mois de décembre 1299. Blanche, sœur de Philippe, fut promise en mariage à Rodolphe III, duc d'Autriche, et fils d'Albert; la discussion sur les droits de l'empire à l'ancien royaume d'Arles fut laissée en suspens, et Philippe ne fut point arrêté dans ses usurpations, soit en Franche-Comté, soit à Lyon, d'où vient que le bruit se répandit parmi le peuple, qu'Albert les avoit approuvées. (2)

On ne sait pas jusqu'à quel point Philippe accomplit la promesse qu'il avoit faite à Albert, de le seconder de tout son crédit auprès de Boniface. Ce crédit, qui étoit grand encore, à cause des passions politiques du pape, avoit été ménagé par le roi de France, tant qu'avoient duré les négociations avec l'Angleterre. Les deux cours traitoient ensemble avec le ton de la bienveillance et du respect, et Philippe savoit fort bien mettre en oubli leurs discussions passées,

(1) *Ptolomei Lucensis Histor. Ecclesiast.* p. 1220.
(2) *Raynaldi.* 1298, § 15. — *Guillelmi Nangii.* 1299, p. 53, et 1300, p. 54. — *Gio. Villani.* VIII, 33, p. 364. — *Coxe, Hist. de la maison d'Autr.* c. 6, p. 127.

tandis que Boniface sembloit placer une entière confiance dans le roi français. En effet, le 5 octobre 1298, il lui recommanda le roi d'Arménie, cruellement pressé par les Musulmans, comme s'il avoit compté sur une nouvelle croisade, ou qu'il se tînt du moins pour assuré que si Philippe ne se rendoit pas lui-même à la Terre-Sainte, il y feroit passer, par égard pour lui, de puissans secours (1). Boniface regardoit aussi comme une preuve du zèle religieux de Philippe, et de son dévouement au Saint-Siége, l'ordonnance qu'il avoit obtenue de lui, au commencement de septembre 1298, et qui étoit copiée presque mot pour mot de celle que Boniface avoit insérée lui-même dans les décrétales (1). Elle portoit « que pour faire prospérer
« les affaires de l'inquisition, contre la méchan-
« ceté des hérétiques, pour la gloire de Dieu et
« l'augmentation de la foi, il enjoignoit à tous
« les ducs, comtes, barons, sénéchaux, baillis
« et prévôts de son royaume, s'ils vouloient
« être tenus pour fidèles, d'obéir aux évêques
« diocésains, et aux inquisiteurs députés, ou à
« députer par le siége apostolique, pour traduire
« devant eux, toutes les fois qu'ils en seront
« requis, tous les hérétiques, leurs croyans,
« fauteurs, et receleurs, et d'exécuter immé-

(1) *Raynaldi.* 1298, §. 19.
(2) *Decretal. de hæretius.* VI, c. 18.

« diatement les sentences des juges de l'église, « nonobstant tout appel et toute réclamation « des hérétiques et de leurs fauteurs, auxquels « les bénéfices de l'appel et de la réclamation « sont expressément interdits. » (1)

Mais depuis sa réconciliation avec le roi d'Angleterre, Philippe avoit beaucoup moins besoin du pape : aussi retranchoit-il sans cesse sur les égards qu'il lui avoit d'abord montrés, et ne craignoit-il plus, par des exactions levées sur son clergé, de renouveler leurs premières querelles. A la mort de l'archevêque de Reims, il se saisit de son temporel ; et comme il ne le rendoit point ensuite à son successeur, Robert de Courtenai, Boniface fut obligé de lui écrire, le 27 avril 1299, pour lui demander avec instance de renoncer à cette usurpation (2). Dès le mois de janvier de la même année, il lui avoit déjà écrit pour se plaindre de vexations bien plus exorbitantes que les ministres royaux exerçoient, sous prétexte des droits de régale, sur les bénéfices d'un rang inférieur (3). Les seigneurs que le roi protégeoit ne traitoient pas les églises avec plus de ménagement, et Boniface fut obligé dans le même temps, d'interposer son autorité en faveur de l'évêque de Pamiers,

(1) Ordonn. de France, T. I, p. 330.
(2) *Raynaldi Annal.* 1299, §. 23.
(3) *Raynaldi.* 1299, §. 25.

contre le comte de Foix, et en faveur de l'évêque de Cambrai, contre le comte Robert d'Artois. (1)

Au reste, ces exactions doivent moins être attribuées au désir d'humilier le pape, qu'au besoin insatiable d'argent, dont Philippe étoit tourmenté. On ne nous a point expliqué la détresse où se trouvoient habituellement ses finances : ses états étoient en même temps beaucoup plus considérables et beaucoup plus riches que ceux de Saint-Louis : ses revenus devoient être beaucoup plus amples, ses dépenses beaucoup moindres, si l'on songe aux sommes énormes que la Terre-Sainte coûta au premier. Cependant Saint-Louis eut toujours de l'argent en abondance. Philippe IV fut toujours réduit aux expédiens pour s'en procurer. Il paroît qu'il enrichissoit démesurément ses créatures, toutes choisies dans une classe alors dépourvue de fortune comme de naissance ; qu'il employoit la corruption, les pensions secrètes et les présens, à faire réussir ses intrigues politiques; qu'enfin il ignoroit entièrement les principes des finances, en sorte que ses opérations fiscales étoient infiniment plus ruineuses pour ses peuples qu'elles n'étoient profitables pour lui.

Il ne pressuroit pas les juifs moins avide-

---

(1) *Raynaldi.* 1299, §. 22.

ment que les prélats : c'étoient les deux classes d'hommes auxquelles, à cette époque, il voyoit le plus d'argent. Le 29 juin 1299, il rendit une ordonnance pour annuler tous les engagemens qu'aucun de ses sujets pourroit avoir pris envers des juifs, ou des usuriers notoires, et pour interdire à ses tribunaux de les faire exécuter. Il savoit que les juifs, effrayés d'une telle menace, ne manqueroient pas de lui offrir une grosse somme d'argent, pour qu'il leur permît de nouveau de faire valoir leurs droits (1). Une autre ordonnance également fiscale, qu'il avoit rendue l'année précédente, fut moins applaudie par les prêtres et les nobles, mais plus avantageuse au royaume. Au mois d'avril 1298, il abolit la servitude personnelle dans les sénéchaussées de Toulouse et d'Albigeois, et commua les droits sur ses serfs, auxquels il renonçoit, en une redevance de douze deniers tournois, sur chaque sétérée de terre (2). Cette commutation ne lui fut pas moins avantageuse qu'aux malheureux qu'elle affranchissoit. Il étoit fort difficile au roi de tirer parti des services personnels d'hommes dispersés dans ses vastes domaines, à une si grande distance de lui; et leur servitude n'enrichissoit que les of-

(1) Ordonn. de France, T. I, p. 333.
(2) Hist. de Languedoc, L. XXVIII, c. 54, p. 94. — L'ordonnance dans les preuves, n. 49, p. 111.

ficiers du gouvernement qui voloient en même temps le roi et les pauvres. Mais il faut savoir gré à Philippe d'avoir su reconnoître son intérêt dans une mesure conforme à l'humanité, et d'avoir donné l'exemple de ces affranchissemens graduels, qui retirèrent peu à peu le plus grand nombre des Français d'une condition plus rapprochée de celle des brutes que de celle des hommes.

Édouard Ier et Philippe IV, en remettant au pape Boniface la décision de toutes les querelles et de tous les sujets de guerre qui pouvoient exister entre eux, avoient trouvé moyen de se dégager doucement, et sans causer de scandale, de leurs obligations envers leurs alliés. Au moment où ils signèrent le compromis, ils ne comptoient peut-être pas de les abandonner, ils sentoient le besoin qu'ils pouvoient avoir de nouveau de leur assistance. Mais quand la réconciliation future entre les deux couronnes fut garantie par un double mariage, les rois ne se sentant plus liés, Philippe envers les Écossais, Édouard envers les Flamands, que par leurs promesses, purent y manquer sans s'écarter d'aucune de leurs habitudes.

Philippe étoit allié en même temps avec Jean Baillol, le roi d'Écosse détrôné, et avec les Écossais soulevés par Guillaume Wallace; mais ce dernier, affoibli par la jalousie des grands seigneurs, avoit été vaincu à Faldkirk, le 22 juillet 1298, par Édouard ; dix mille Écossais étoient demeurés sur le champ de bataille ; les Anglais avoient de nouveau parcouru et ravagé tout le royaume, et Wallace étoit réduit à se cacher avec un petit nombre de compagnons, dans les bois ou les marais (1). Philippe ne tenta rien pour lui, ni pour adoucir le joug imposé à la nation écossaise ; mais il n'abandonna pas entièrement Jean Baillol. Il engagea Édouard à le remettre en liberté. Le 14 juillet 1299, ce malheureux prince fut consigné à l'évêque de Vicence, qui le conduisit en France, où il eut la permission de s'établir dans la petite terre de Bailleul, près d'Argentan en Normandie, qu'il possédoit par héritage, et dont il portoit le nom. (2)

Édouard, de son côté, sacrifia bien plus complétement et plus honteusement son allié Gui, comte de Flandre. Il l'avoit compris dans l'armistice signé le 9 octobre de l'année précédente. Il l'avoit compris de même dans l'accord qui avoit laissé au pape la décision de ses différends avec Philippe. Mais Boniface évitoit de se com-

(1) *Matth. Westmon.* 431. — Henri de Knyghton, L. III, p. 2527. — Rapin Thoyras, L. IX, p. 75. — *Buchanan rerum Scoticarum.* L. VIII, p. 237.
(2) *Rymer.* T. II, p. 840, 846. — *Matth. Westmon.* 432, 433. — *Raynaldi Ann.* 1299, 21.

promettre en prononçant sur des questions trop épineuses. De même qu'il avoit toujours différé de régler les restitutions à faire en Gascogne, jusqu'à ce que les deux rois fussent demeurés d'accord entre eux, il laissoit en suspens tout ce qui regardoit les affaires de Flandre. Le comte Gui n'est pas même nommé dans le prononcé de Boniface, tel qu'il nous a été conservé dans les archives d'Angleterre et dans celles de Rome. Cependant une querelle entre les soldats anglais en garnison à Gand, et les bourgeois de cette ville, que ces hôtes indisciplinés pilloient sans miséricorde, fit répandre assez de sang, et donna aux Anglais un prétexte plausible, pour séparer absolument leurs intérêts de ceux des Flamands, et pour évacuer leur pays, sans rien stipuler avec la France en leur faveur. (1)

L'armistice entre la France et l'Angleterre, qui avoit été déclaré commun à la Flandre, et qui avoit été prolongé pendant les négociations de paix entre les deux premières puissances, expiroit aux fêtes du commencement de l'année 1300. Dès qu'il y eut moyen de tenir la campagne, Charles de Valois assembla près d'Arras une nombreuse armée française, avec laquelle il se rendit maître en

---

(1) Oudegherst, *Chron. de Flandres*, c. 156, f. 223.

peu de temps de Douai et de Béthune. Près de Courtrai il rencontra le fils aîné du comte de Flandre, Robert de Béthune, qu'il mit en fuite. Il occupa ensuite Bruges, et il vainquit le même Robert auprès de Dam. En peu de temps toute la Flandre lui fut soumise, à l'exception de Gand, la plus forte et la plus riche des villes de ce comté, où le comte Gui s'étoit retiré, et où il pouvoit encore opposer une longue résistance aux Français. (1)

Charles de Valois, que le Dante accuse d'avoir été plus disposé à jouter avec les armes de Judas qu'avec la lance (2), ne voulut pas courir les chances d'une plus longue guerre; il conseilla au comte de Flandre de ne point s'obstiner dans une lutte inégale, mais de se confier plutôt à la générosité du monarque français, et à la justice de la cour des pairs, dont il étoit lui-même l'un des membres les plus distingués; qu'il se remît avec toute sa famille, et cinquante des premiers gentilshommes du pays, aux avant-postes français, pour bien convaincre Philippe qu'il se soumettoit sans arrière-pensée, sans se réserver de moyens pour recommencer la guerre, et le comte de Valois qui lui en faisoit la proposition, engageoit sa loyauté et son honneur, comme frère du roi, à faire en sorte que le

(1) *Chron. Nangii.* p. 53.
(2) *Purgatorio.* canto XX, verso 73.

comte de Flandre, après cette soumission, fût rétabli dans la souveraineté de toutes ses provinces, dans ses prérogatives et dans son rang de premier comte et de pair de France. Gui de Dampierre, comte de Flandre, se voyoit entouré de dangers. Il connoissoit le mécontement de ses bourgeois, il craignoit de derniers revers de fortune. Il étoit dans cette disposition de l'âme où le présent inspire si peu de confiance qu'on saisit avec avidité toutes les chances de l'avenir; où l'on se fie aux promesses des autres, parce qu'on ne se fie plus à sa fortune. Il accepta les offres qui lui étoient faites; il se remit avec ses deux fils aînés et les principaux seigneurs de sa cour, entre les mains de Charles de Valois; il lui ouvrit les portes de Gand, avec toutes les forteresses qui lui restoient; il lui livra ses arsenaux, ses soldats, ses archives; et quand il eut tout donné, il fut envoyé avec tous les siens, prisonnier à Paris, tandis que tout son héritage fut annexé au domaine de la couronne. (1)

(1) *Gio. Villani.* 32, p. 363. — *Matth. Westmon.* p. 432. — Oudegherst, c. 136, f. 224. — *Chron. Nangii,* 1300, p. 53. — *Chron. Nicol. Trivetti.* p. 224.

CHAPITRE XX.

Jubilé : autorité que Boniface VIII s'arroge sur les princes : il offense Philippe IV ; violence de leurs démêlés : soulèvement de la Flandre ; défaite des Français à Courtrai ; arrestation de Boniface à Anagni : sa mort. 1300-1303.

Les temps qui venoient de s'écouler n'étoient pas faits pour laisser des impressions bien douces ou bien consolantes dans l'esprit des peuples. Le premier monarque de la chrétienté, le roi des Romains, venoit de s'ouvrir le chemin du trône par un crime : il avoit fait massacrer son prédécesseur pour le remplacer. L'Italie voyoit éclater dans son sein de nouvelles factions plus violentes encore que les précédentes ; l'Espagne étoit déchirée par des guerres civiles, l'Écosse ravagée par un conquérant qui sembloit vouloir en détruire tous les habitans, l'Angleterre accablée par les impôts, l'Aquitaine partagée entre deux puissances rivales, la Flandre conquise et ruinée, la France entière humiliée par la perfidie dont avoit usé son roi envers le comte de Dampierre. Cependant la paix était rétablie, et les hommes ont un besoin si vif de secouer le souvenir de leurs calamités, qu'ils accueillirent l'année 1300 avec des fêtes et des réjouissances.

Philippe-le-Bel ne craignit point de prendre occasion d'un acte de mauvaise foi qui avoit étonné et effrayé l'Europe, pour se montrer en pompe à ses nouveaux sujets. Il savoit qu'une rumeur universelle l'avoit accusé de grande déloyauté envers le comte de Flandre; qu'en lui voyant jeter en prison, et dépouiller de tous leurs biens le père et les deux fils, on avoit été d'autant plus enclin à le soupçonner d'avoir fait périr par le poison, la fille qu'il avoit arrêtée quelques années auparavant, avec non moins de perfidie (1). Il crut qu'en bravant hautement tous ces rapports, il leur imposeroit silence, mieux qu'en cherchant à se disculper, et il ne se trompa pas. Au mois d'avril de cette année, il résolut de visiter sa nouvelle conquête. Le comte Gui avoit mal respecté les priviléges de ses sujets, et il en avoit été mal secondé à son tour; Philippe, en promettant d'accroître les libertés de la bourgeoisie, avoit réussi à former en Flandre un parti français, qui avoit vu sans regret la ruine de la maison de Dampierre, et qui se seroit attaché avec joie au roi, s'il avoit été fidèle à ses promesses.

(1) *Gio. Villani.* L. VIII, c. 32, p. 363.

1300.

Les villes de Bruges, de Gand et d'Ypres, que Philippe visita successivement après les fêtes de Pâques, le reçurent toutes avec les plus grands honneurs. Les corps de métiers se firent vanité d'étaler devant lui leurs richesses ; chaque corporation étoit habillée de vêtemens neufs et uniformes ; chacune entreprit de lui donner à son tour des jeux chevaleresques, et ces riches bourgeois ouvrirent la carrière pour des joutes et des tournois, où l'honneur de combattre étoit réservé aux seuls gentilshommes. Les barons et les chevaliers accoururent d'Angleterre et d'Allemagne, aussi-bien que de France, pour profiter du faste des marchands flamands. Mais cette magnificence même ne servit qu'à redoubler l'avidité de messire Jacques de Châtillon, frère du comte de Saint-Paul, que Philippe, en quittant la Flandre, y laissa pour gouverneur. Celui-ci dès lors ne songea plus qu'à imaginer de nouvelles assises, de nouvelles toltes, de nouvelles gabelles, pour ôter aux industrieux Flamands l'argent qu'ils avoient étalé à ses yeux. En vain les malheureux bourgeois recoururent à Philippe, et lui exposèrent toute l'injustice, toute la rapacité de leur gouverneur ; le roi fut sourd à leurs plaintes, et ne leur laissa d'autre ressource que celle à laquelle ils recoururent bientôt, la seule qui ait jamais garanti d'une manière efficace le droit des peuples. (1)

En même temps que le roi de France, le pape avoit aussi donné aux peuples le signal des fêtes et des réjouissances. Pour ranimer la dévotion, et peut-être aussi pour remplir les trésors du Saint-Siége, Boniface VIII avoit renouvelé le jubilé centenaire, inventé par Rome payenne. Il avoit promis la rémission entière de tous ses péchés à celui qui, dans l'année séculaire, visiteroit pendant trente jours de suite les églises de Saint-Pierre et de Saint-Paul, et les autres basiliques de Rome. Ni les luttes acharnées entre l'empire et le sacerdoce, ni les vices du pontife régnant, ni le progrès des lumières, n'avoient encore affoibli la foi dans le pouvoir des clés, que prétendoit avoir le successeur de saint Pierre; car la publication du jubilé fut reçue comme la plus grande grâce que le représentant de Dieu pût faire aux hommes. La foule enthousiaste préférant les observances aux devoirs, aimoit bien mieux gagner le ciel par des pèlerinages que par une vie vertueuse. Pendant toute la durée de l'année, les pèlerins se succédèrent les uns aux autres : on assure qu'il n'y eut jamais moins de deux cent mille étran-

(1) *Gio. Villani.* L. VIII, c. 32, p. 364. — Oudegherst, *Chron. de Flandres*, A. 1301, c. 137, f. 225. — *Continuat. Chronici, Guill. de Nangis*, 1301, p. 54.

gers dans les murs de Rome; le trésor apostolique fut rempli de leurs offrandes, et tous les citoyens romains se trouvèrent enrichis par les loyers de leurs maisons, et la vente facile de leurs denrées. (1)

Ce jubilé fut pour Boniface VIII une grande épreuve de sa puissance : il vit défiler devant lui, parmi les pèlerins, les hommes qui exerçoient la plus haute influence sur leurs compatriotes, par leurs richesses ou leur dignité, et ceux que la postérité devoit respecter et croire, à cause de la supériorité de leurs lumières, tels que Jean Villani, l'historien, et le Dante, le premier poète du siècle. Ils accouroient des extrémités de l'Europe pour se prosterner à ses pieds et recevoir sa bénédiction ; ils donnoient une foi entière à ses promesses de leur remettre leurs péchés; ils n'élevoient pas un doute sur l'authenticité des reliques, telles que le suaire de sainte Véronique, que Boniface présentoit à leur adoration : ils remplissoient son trésor de plus d'argent que n'en eût possédé aucun de ses prédécesseurs, et ils montroient plus d'empressement encore à obéir à tous ses ordres qu'à déposer leurs richesses à ses pieds. L'orgueil de Boniface se proportionna à cet accroissement de puissance et de richesse ; il ne douta

(1) *Gio Villani*. L. VIII. c. 36. p. 367. — *Raynaldi Annal. Eccles.* 1300, 1-9.

plus qu'il ne fût un Dieu sur la terre, et qu'il
ne dépendît de lui de châtier les rois, comme
les moindres des hommes, ou de briser leur
sceptre toutes les fois qu'il seroit mécontent
d'eux.

Cet orgueil ne pouvoit éviter de choquer
bientôt l'orgueil non moins illimité et non moins
ombrageux de Philippe. Cependant ce n'étoit
point le but que se proposoit Boniface ; au contraire, sa passion le portoit à favoriser la France,
et à faire de la maison royale des Capets, le
bras droit de l'église. Avant tout, il vouloit
agrandir la branche de cette maison qui régnoit
à Naples, et lui rendre la possession de la Sicile,
parce que tel avoit été l'ordre du Saint-Siége,
et que tous ses prédécesseurs l'avoient tenté :
il croyoit que c'étoit pour un pape, en même
temps une honte et une impiété, de céder à la
fortune ; il s'irritoit de toute résistance, et regardoit comme révoltés contre le ciel même,
ceux qui s'opposoient à ses volontés. Plus
Charles II, énervé par les plaisirs, se montroit
foible et incapable, plus Boniface sembloit empressé de se charger seul de tout le fardeau de
la guerre. Obéissant à ses ordres, don Jayme,
roi d'Aragon, avoit accepté en 1299 le gonfa-
lon de l'église, et il étoit venu attaquer son frère
don Frédéric, pour le dépouiller d'un royaume
qu'il lui avoit cédé, après l'avoir reçu en don

des peuples eux-mêmes (1). Les deux anciens champions de l'indépendance de la Sicile, Roger de Lauria et Jean de Procida, troublés dans leurs vieux jours par les censures de Rome, avoient consenti à se ranger parmi les transfuges, et à seconder les Français et les prêtres contre leurs compatriotes. Les Siciliens avoient éprouvé sur mer, le 4 juillet, une grande défaite devant le cap Orlando : dix-huit de leurs vaisseaux avoient été pris, trois mille de leurs soldats avoient péri dans le combat, et tout autant avoient été massacrés après la victoire : le roi Frédéric lui-même avoit été un instant prisonnier; mais les Catalans l'avoient laissé échapper (2). Don Jayme ayant ainsi réduit son frère aux abois, demanda au pape la permission de se retirer, pour que le sang de Frédéric ne retombât pas sur sa tête. Mais la guerre de Sicile ne fut pas plus tôt abandonnée aux princes français de la maison d'Anjou, que leur incapacité et leur présomption firent changer le sort des armes. Philippe, prince de Tarente, quatrième fils de Charles II, qui assiégeoit Trapani, se laissa surprendre le 1er décembre, dans

(1) *Raynaldi Ann. Eccles.* 1299, §. 1-5. — *Çurita indices.* L. II, p. 146.

(2) *Gio. Villani.* L. VIII, c. 29, p. 362. — *Costanzo Istor. di Napoli.* T. I, L. IV, p. 206. — *Summonte Hist. di Nap.* T. II, L. III, p. 341.

son camp, par don Frédéric; il demeura prisonnier, et son armée fut détruite. (1)

La déconfiture du prince de Tarente ne fit que redoubler l'acharnement de Boniface VIII contre les Siciliens, et son attachement aux Français, qu'il regardoit comme les protecteurs naturels des Guelfes. Mais entre ces Français, ceux dont les pères s'étoient établis dans le royaume de Naples, avec Charles d'Anjou, amollis par ce beau climat, ne lui inspiroient plus de confiance : c'étoit en France, c'étoit à la cour même de Philippe-le-Bel, qu'il voulut aller chercher de nouveaux champions de l'église. Il s'adressa d'abord à Robert, comte d'Artois, qui avoit acquis par sa victoire de Furnes, une grande réputation militaire; il lui écrivit plusieurs lettres pour l'engager à passer en Italie, et il lui accorda, pour faire ses armemens, le droit de lever pendant trois ans, des décimes sur le clergé de ses domaines (2). Cependant le comte d'Artois, après avoir touché l'argent de l'église, ayant fait naître des difficultés, Boniface, à la fin du mois de novembre 1300, s'adressa à Charles de Valois, frère de Philippe : il l'invita à venir prendre en Italie le commandement des Guelfes et des soldats de l'église, et il lui fit entrevoir comme récompense de son dé-

(1) *Gio Villani.* VIII, 34, 364. — *Raynaldi.* 1300, §. 12.
(2) *Raynaldi Ann. Eccles.* 1300, §. 20.

vouement, les chances les plus flatteuses pour son ambition. D'une part il lui assuroit la main de Catherine, fille de Philippe de Courtenai, empereur titulaire de Constantinople, et avec elle la succession au titre d'empereur d'Orient; d'autre part il lui promettoit de l'aider à se placer sur le trône de l'empire d'Occident, que la chrétienté ne pouvoit, sans scandale, laisser usurper à Albert d'Autriche. En attendant, il le nommoit vicaire impérial en Italie, et il joignoit à ce titre celui de pacificateur de la Toscane, parce qu'il le chargeoit avant tout d'y dompter une faction qu'il craignoit. A cette époque même le parti guelfe, qui jusqu'alors avoit dominé dans cette province, s'étoit divisé ; les Blancs, faction toute puissante à Florence et à Pistoia, étoient soupçonnés de favoriser secrètement les Gibelins, et Boniface jugeoit que leur triomphe pouvoit devenir également funeste au Saint-Siége et à l'influence des Français en Italie. (1)

Charles de Valois, avec l'agrément de son frère, accepta les offres avantageuses que lui faisoit le pape, et d'abord il commença par percevoir deux revenus ecclésiastiques que Boniface VIII avoit mis à sa disposition ; l'un étoit

(1) *Gio. Villani.* VIII, c. 42, p. 575. — *Chron. Guill. de Nangis*, 1300, p. 54. — Bouche, *Hist. de Provence*, T. II, p. 324.

les décimes du clergé d'une grande partie de la France; l'autre étoit le dépôt des biens mal acquis. Les confesseurs avoient ordre de n'accorder l'absolution aux pécheurs qu'autant qu'ils auroient fait restitution de ce qu'ils auroient injustement usurpé; mais comme cette restitution ne pouvoit souvent se faire sans inconvénient à ceux mêmes qui avoient éprouvé la spoliation, l'église en recevoit la valeur en dépôt, et s'attribuoit le droit d'en disposer, pour ce qu'elle nommoit de bonnes œuvres. Boniface la fit remettre à Charles de Valois, sous condition qu'il se mît en marche pour l'Italie, au plus tard le 2 février de l'année 1301. (1)

Tandis que le prince français rassembloit son armée, le pape songeoit à lui assurer cette couronne impériale qu'il lui avoit fait entrevoir comme pouvant devenir sa récompense. Il se regardoit comme le gardien et le défenseur des souverainetés légitimes, et du pouvoir des rois qu'il disoit délégué de Dieu. A ce titre il ne pouvoit supporter patiemment l'usurpation de la maison d'Autriche. Le 13 avril 1301, il écrivit aux trois archevêques, électeurs de l'empire : « Il appartient au pon- « tife romain, au successeur de saint Pierre,

(1) Raynaldi Ann. 1300, §. 20, 21.

« au vicaire de Jésus-Christ, qui siége sur un
« trône élevé, et auquel toute puissance a été
« donnée dans le ciel et sur la terre, de dissi-
« per tous les forfaits par son seul regard, mais
« surtout ceux qui n'ont pas même besoin
« d'une accusation, et que l'évidence du fait
« et la publicité de l'œuvre dérobent à toute
« tergiversation. Il en est un que l'univers en-
« tier, se pressant au pied du siége apostolique,
« a dénoncé avec une clameur sonore. Ce crime
« horrible, connu dans toutes les parties du
« monde, trouble les cœurs, offense les esprits
« de la multitude, et en précipitera plusieurs
« dans le chemin de la perdition : si du moins
« une telle faute échappoit au supplice, si un
« délit si notoire demeuroit impuni, et si le
« sang innocent qui a été versé, demandoit en
« vain justice et vengeance. » (1)

Boniface expose ensuite comment Adolphe
avoit été légitimement élu roi des Romains,
comment il avoit été reconnu par tout l'empire, et en particulier par Albert, duc d'Autriche, qui lui avoit fait hommage et serment
de fidélité; comment Albert, se révoltant ensuite contre le souverain de qui il tenoit plusieurs fiefs, s'étoit fait couronner à son tour,
et n'avoit trouvé de moyen de le vaincre qu'en

(1) *Raynaldi Ann.* 1301, §. 2.

combinant les efforts de ses soldats, pour le faire tuer. Il charge enfin les archevêques de faire publier dans toutes les terres d'où ils croiront que cette notification parviendra plus tôt à Albert, qu'il ait à envoyer avant six mois des ambassadeurs au Saint-Siége, pour se justifier, s'il lui est possible, des accusations qui pèsent à sa charge, « savoir du crime de lèze-« majesté, commis contre ledit roi Adolphe, « de l'excommunication encourue, des par-« jures manifestes, et de la persécution de « l'église, et pour montrer le droit qu'il peut « avoir au trône. » Par la même bulle, Boniface délioit de leurs obligations, tous ceux qui avoient prété serment à Albert, comme à un roi des Romains, et il leur interdisoit de lui obéir à l'avenir. (1)

Avec la même confiance, Boniface traduisoit d'autres rois encore à son tribunal, mais toujours l'avantage de quelque prince de la maison de France sembloit devoir résulter de ses attaques contre l'indépendance des trônes. La mort d'André III, surnommé le Vénitien, roi de Hongrie, survenue à Buda, le 30 mai 1301, fournit au pape l'occasion qu'il attendoit, de faire reconnoître comme roi, par les Hongrois, le petit-fils de Charles II de Naples. La cour de

(1) *Raynaldi*. 1301, §. 2.

Rome avoit été constante à nier tout droit des peuples dans la constitution du pouvoir souverain. Elle n'admettoit comme légitimité, que l'hérédité, ou la consécration par les prêtres. Forcée à reconnoître que la couronne de l'empire étoit élective, elle professoit du moins, qu'au Saint-Siége seul appartenoit « le droit et « l'autorité d'examiner la personne élue, pour « roi des Romains, de lui accorder l'onction, « la consécration, le couronnement, l'imposi- « tion des mains, de dénoncer enfin que cette per- « sonne étoit propre à l'autorité royale, ou qu'elle « en étoit indigne. » (1) Mais quant au royaume de Hongrie, quoique les peuples prétendissent également qu'il étoit électif, le pape ne vouloit y reconnoître d'autre droit que celui de l'hérédité, et celui du sacre conféré par l'archevêque de Strigonie. Aussi Marie, femme de Charles II de Naples, avoit toujours été reconnue à Rome pour reine de Hongrie; son fils Charles Martel avoit porté le titre de roi avec elle, puis son petit-fils Charobert, auquel Boniface s'intéressoit, et qui n'étoit alors âgé que de huit ans. Pendant ce temps, les Hongrois avoient placé sur leur trône, André III, qu'on nomma le Vénitien, du lieu de sa naissance. Celui-ci étant près de mourir, après dix

---

(2) *Bonifacii epistola in Raynaldi Ann. Eccles.* 1301, §. 2.

ans de règne, Boniface VIII fit partir pour la Hongrie le cardinal Nicolas, évêque d'Ostie, lui donnant le 15 mai 1301, pour instruction, d'y conduire Charobert, et d'y faire reconnoître pour roi ce jeune prince français. Bientôt il apprit que les Hongrois, malgré ses ordres, avoient convoqué des diètes électorales, et qu'un parti avoit déjà déféré la couronne à Wenceslas, fils du roi de Bohême, qui avoit même été sacré par l'archevêque de Colocz. Boniface écrivit le 17 octobre, à son légat, de sommer cet archevêque de se présenter sous quatre mois au Saint-Siége, pour excuser, s'il le pouvoit, sa conduite. Il écrivit le même jour à Wenceslas, roi de Bohême, pour lui reprocher l'usurpation de son fils, qui avoit violé le principe de l'hérédité, sauvegarde des rois. (1)

Boniface persistoit aussi, dans ses rapports avec la cour de Castille, à suivre les principes que la cour de Rome avoit adoptés, d'accord avec la cour de France : il continuoit à protéger les infans de la Cerda, petits-fils de Saint-Louis, par sa fille Blanche, que leur oncle Sanche avoit injustement dépouillés du trône. Don Sanche étoit mort en 1295, son fils Ferdinand IV, né d'un mariage illégal, étoit encore en bas âge : le pays étoit ravagé par des guerres civiles :

(1) *Raynaldi Ann.* 1301, §. 7, 8, 9 et 10

Philippe IV avoit cependant abandonné ses cousins, et ne demandoit point qu'ils fussent rétablis sur le trône : Boniface ne le demanda pas non plus; au contraire, il légitima Ferdinand IV, le 6 septembre, mais en même temps il lui recommanda les infans de la Cerda, petits-fils de Saint-Louis, et il insista pour qu'ils fussent mis en possession des fiefs qu'un précédent traité leur assuroit, en dédommagement de la couronne. (1)

Dans ses rapports avec l'Angleterre, Boniface VIII n'étoit pas moins fidèle aux intérêts de la France. Il continuoit, comme il l'avoit promis à Philippe, à ne point donner sa sentence définitive, prolongeant ainsi l'occupation de la plus grande partie de l'Aquitaine par les Français. En même temps cependant, il prorogea le 21 octobre 1300, les trèves existantes entre la France et l'Angleterre jusqu'au 6 janvier 1302 (2). D'autre part, il agit de concert avec Philippe IV, pour sauver les Écossais ses alliés, d'une destruction absolue.

L'oppression d'Édouard, et les violences des Anglais, avoient de nouveau forcé les Écossais à prendre les armes, et à déférer la régence de

---

(1) *Mariana.* XIV, 16, 637. — *Id.* XV, 1-3, p. 638-642. — *Raynaldi* 1301, §. 18, 19, 20, 21.

(2) *Raynaldi Ann. Eccles.* 1300, §. 26. — *Rymer.* T. II, p. 868.

leur royaume à Jean de Comyng, un de leurs principaux seigneurs. Il importoit à Philippe-le-Bel que ses belliqueux alliés ne fussent pas écrasés, et il envoya à Édouard l'abbé de Compiègne, pour les lui recommander comme ses amis (1). En même temps Boniface VIII les prit plus efficacement encore sous sa protection, en proclamant que le royaume d'Écosse, tributaire de l'église romaine, ne pouvoit être envahi par les Anglais, sans offenser Saint-Pierre. Il écrivit à l'archevêque de Cantorbéry et à Édouard I, pour exiger que tous les prélats écossais fussent remis en liberté, que tous les lieutenans du roi d'Angleterre fussent rappelés d'Écosse, et que des ambassadeurs anglais vinssent avant six mois à Rome, pour faire valoir devant l'église romaine, les droits auxquels prétendoit l'Angleterre. Édouard ne voulut reconnoître ni les prétentions de l'église romaine sur l'Écosse, ni l'alliance de Philippe avec les Écossais ; cependant il accorda à celui-ci, par le traité d'Anières, au mois d'octobre 1301, une suspension d'armes de quelques mois pour l'Écosse. (2)

Sur ces entrefaites, le frère de Philippe IV, Charles de Valois, entroit en Italie avec cinq

---

(1) *Matth. Westmonast.* p. 434. — *Henr. de Knyghton de eventibus Angliæ*, p. 2528. — Buchanan, L. VIII, p. 238.
(2) *Matth. Westmonast.* p. 435, 444. — *Rymer.* T. II. p. 873, 892.

cents chevaliers français environ, qui, comme lui, avoient voué leurs épées à la défense de l'église. Il s'avança par la rivière de Gênes et par Lucques, en évitant de toucher au territoire florentin ; il se présenta le 3 septembre à Boniface VIII à Anagni, et le même jour il fut nommé par lui capitaine-général du siége apostolique dans tous ses domaines temporels, comte de Bertinoro et d'Émilie, duc de Spolète, et pacificateur de la Toscane. On convint qu'il consacreroit l'hiver à ramener Florence sous l'entière dépendance du Saint-Siége, et le printemps suivant à soumettre la Sicile à l'église, et aux princes de la maison de France qui régnoient à Naples. (1)

Jamais, à ne juger que par les circonstances extérieures, la cour de Rome et celle de France n'avoient été plus intimement unies, jamais pape n'avoit paru mettre plus de prix à associer le pouvoir du monarque français à celui de l'église. Boniface lui-même, comptant sur le bien qu'il avoit déjà fait à Philippe, et sur celui qu'il vouloit lui faire encore, se croyoit assuré de lui : cependant de nouvelles discussions s'étoient déjà élevées entre eux. Boniface les avoit traitées avec cette hauteur qui lui étoit propre, il avoit adressé à Philippe un langage

(1) *Bulla in Raynaldi.* 1301, §. 13. — *Gio. Villani.* L. VIII, c. 48, p. 375. — *Contin. Chron. Nangii,* 54.

que celui-ci ne savoit point entendre, et entre deux hommes d'un caractère aussi orgueilleux et aussi irritable, l'explosion de la colère ne pouvoit tarder long-temps.

La mouvance de la vicomté de Narbonne, également réclamée par l'archevêque de cette ville et par le roi, donna occasion au renouvellement des anciennes querelles. Le prélat étoit disposé à conclure quelque arrangement avec la couronne, mais le pape s'y opposa avec impétuosité (1). Des prétentions des officiers royaux sur le comté de Melgueil, qui relevoit de l'église de Maguelonne, ajoutèrent encore au ressentiment de Boniface. « Si tu tolères, mon
« fils, de telles entreprises, contre les églises
« de ton royaume, écrivoit-il au roi, le 18 juil-
« let 1300, tu pourras craindre ensuite avec
« raison, que Dieu, le maître des jugemens,
« et le roi des rois, n'en tire vengeance : et cer-
« tainement son vicaire, à la longue, ne se taira
« pas; s'il attend quelque temps avec patience,
« pour ne pas fermer la porte à la miséricorde,
« il faudra bien enfin qu'il se lève, pour la pu-
« nition des méchans et la gloire des bons. Plût
« à Dieu que tu fusses sage, que tu comprisses,
« que tu pourvusses aux nouveautés : que tu

---

(1) Hist. de Languedoc, L. XXVIII, c. 61, p. 98.

puisse être accomplie au nom de la loi. Lorsque la cour avoit désigné l'homme ou le corps qu'il falloit perdre, les juristes savoient aussitôt rassembler contre lui une masse accablante de témoignages entre lesquels il nous est impossible aujourd'hui de distinguer les faits faux d'avec les vrais, ou d'avec ceux qu'ils défiguroient en les isolant : toutefois, on ne peut lire aucun de leurs volumineux procès, sans y reconnoître avec effroi toute la noirceur de la calomnie judiciaire.

Philippe offensé par l'évêque de Pamiers, le recommanda à ses hommes de loi, et ceux-ci chargèrent deux commissaires, l'archidiacre d'Auge et le vidame d'Amiens, d'aller recueillir dans la sénéchaussée de Toulouse, des informations secrètes contre ce prélat. (1). Vingt-quatre témoins furent interrogés, et l'on nous a conservé le précis de leurs dépositions. Ces témoins s'accordent presque tous à accuser l'évêque de Pamiers d'avoir répété un propos de Saint-Louis qui prophétisoit que si ses descendans n'observoient pas la justice, la race royale finiroit dans le dixième successeur de Hugues Capet, qui étoit Philippe IV. Plusieurs ajoutoient que l'évêque avoit montré comment ce roi méritoit en effet que la prédiction s'accomplît, qu'il

---

(1) Hist. de Languedoc, L. XXVIII, c. 63, p. 99.

l'accusoit de plusieurs injustices, et l'appeloit faux-monnoyeur. (1)

L'évêque de Pamiers, de retour dans son diocèse, fut averti qu'on y recueilloit des dépositions contre lui; il comprit son danger, et voulut se retirer à Rome : le vidame d'Amiens ne lui en laissa pas le temps : le 12 de juillet il entra de nuit dans le palais épiscopal, fit lever l'évêque, le cita à comparoître dans un mois devant le roi, et arrêta plusieurs de ses domestiques, qui furent ensuite mis à la torture, pour arracher d'eux des accusations contre leur maître. Ce prélat fut alors, malgré ses infirmités et sa vieillesse, amené à la cour, par le maître des arbalêtriers, et retenu en prison. Bientôt les accusations contre lui, rédigées par le chancelier Pierre Flotte, prirent une tournure beaucoup plus alarmante. On chercha dans ses propos la preuve d'un dessein d'enlever la couronne à Philippe, de faire révolter les pays de la Langue d'oc, et de les donner ou au comte de Foix, ou au roi d'Aragon. Selon l'usage constant du siècle, pour rendre odieux au peuple celui qui n'avoit offensé que le roi, on joignit à ces accusations celle d'hérésie, de blasphème et de simonie. (2)

(1) Le procès dans les preuves du différend de Boniface VIII, p. 631.
(2) Hist. de Languedoc, L. XXVIII, c. 64, p. 101. —

Le 24 octobre, l'évêque de Pamiers fut introduit devant le conseil du roi, qui se trouvoit alors à Senlis : on lui donna communication des accusations intentées contre lui, et on lui permit de se justifier. Il opposa à toutes une dénégation absolue, ce qui n'empêcha point le roi, à l'issue de ce conseil, d'envoyer un ambassadeur à Rome, auquel il donna pour commission, « de signifier au souverain pontife
« son père, qu'il le requiert de venger les in-
« jures de Dieu, du roi son fils, et de tout le
« royaume, et pour cela de priver de ses or-
« dres, et de tout privilége clérical, cet homme
« dévoué à la mort, et dont la plus longue vie
« corromproit les lieux qu'il habite. Et cela
« afin que le roi puisse en faire un sacrifice à
« Dieu, par la voie de justice ; puisqu'aussi
« bien, ce traître à Dieu et aux hommes est
« déjà plongé dans l'abîme des maux, et qu'on
« ne sauroit espérer son amendement en le
« laissant vivre, car dès sa jeunesse il a tou-
« jours mal vécu ; et la turpitude et la perdi-
« tion n'ont fait que s'affermir en lui par une
« habitude invétérée. » (1)

Avec quelque violence que se fût exprimé

Martene Thesaurus Anecdotor. T. I, p. 1319, 1336. — Preuves du diff. p. 627 *et seq.* — *Contin Chr. Nangii.* 1301, p. 54.

(1) Preuves du différend, p. 630.

le chancelier de France dans ces instructions,
Boniface VIII ne put voir dans les accusations
contre l'évêque de Pamiers, qui lui furent
communiquées, aucune raison d'abandonner
l'homme qu'il avoit chargé d'une mission délicate, en qui il avoit confiance, et qui ne
paroissoit point avoir démérité. Les immunités
ecclésiastiques avoient été violées, lorsqu'un
évêque avoit été arrêté par des arbalêtriers; ce
fut la seule considération sur laquelle insista
Boniface, dans la réponse qu'il adressa à Philippe, le 5 décembre, pour évoquer à lui le
jugement de l'évêque de Pamiers. « Nous le
« demandons à ta grandeur, lui dit-il, et nous
« t'exhortons attentivement, te mandant par
« cet écrit apostolique, de laisser partir libre-
« ment, et venir à nous cet évêque, dont nous
« voulons avoir la présence : nous te mandons
« encore de lui faire restituer tous ses biens,
« meubles et immeubles, ou ceux qui appar-
« tiennent à son église, qui ont été saisis ou
« séquestrés par toi ou par les tiens; en fai-
« sant une juste satisfaction pour ceux qui ne
« se retrouveroient pas. Nous t'avertissons de
« ne pas étendre à l'avenir tes mains ravis-
« santes ou celles des tiens sur des choses sem-
« blables, et d'éviter d'offenser la majesté divine
« ou la dignité du siége apostolique, pour ne
« pas nous réduire à employer quelque autre

« remède ; car il faut que tu saches, qu'à moins
« que tu ne puisses alléguer quelque excuse
« raisonnable et fondée en vérité, nous ne
« voyons point comment tu éviterois la sen-
« tence des saints canons, pour avoir porté des
« mains téméraires sur cet évêque. (1)

Boniface ne se contenta pas d'avoir adressé
à Philippe cette injonction apostolique de rendre la liberté à un prélat illégalement arrêté.
Il soupçonnoit que le privilége dont jouissoit
le roi de France, et ceux qui agissoient immédiatement par ses ordres, de ne pouvoir encourir l'excommunication, les avoit engagés à
braver d'une manière aussi notoire les immunités ecclésiastiques. Il en prit occasion pour
suspendre ces priviléges, par une bulle du
même jour (2). En même temps il convoqua le
clergé de France à Rome, pour le 1ᵉʳ novembre
de l'année suivante. Il disoit aux ecclésiastiques
français auxquels il adressa ses lettres encycliques, que la rumeur publique accusoit son fils
chéri le roi de France, et ses baillis et officiers,
de beaucoup d'excès contre les églises, comme
aussi contre les personnes séculières, et il vouloit consulter sur ces rapports le clergé même
de France, comme n'étant point suspect au roi,

(1) *Apud Raynaldum Annales*, 1301, §. 28.
(2) *Raynaldi*. 1301, §. 30. — Preuves du différend,
p. 42.

et comme étant cher au royaume (1). Enfin, il adressa à Philippe lui-même une bulle très longue, qui commençoit par ces mots devenus historiques : « *Ausculta fili*, écoute, ô mon « fils, les conseils d'un père tendre. » C'étoit en effet la réprimande d'un père qui, dans sa sévérité même, n'oublie pas toute son ancienne partialité.

« Que personne, lui dit-il, ne te persuade,
« ô mon cher fils, que tu n'as point de supé-
« rieur, que tu ne dois point de soumission
« au souverain pontife de la hiérarchie ecclé-
« siastique : car c'est un insensé que celui qui
« met dans de telles opinions sa sagesse; et s'il
« persiste à l'affirmer, il est infidèle, et exclu de
« la bergerie du bon pasteur.... Quelque ten-
« dresse que nous ayons pour toi, pour tes
« ancêtres, ta maison, ton royaume, nous ne
« pouvons, nous ne devons point passer sous
« silence combien tu nous troubles en offensant
« la majesté divine, lorsque tu accables tes su-
« jets, que tu affliges les laïques comme les
« prêtres, que tu aliènes, par des exactions de
« tout genre, les pairs, les comtes, les barons,
« les communautés, et la masse du peuple. »
Le pape détaille ensuite les exactions dont il se plaint, les obstacles mis à la collation des béné-

(1) *Raynaldi*. 1301, §. 29.

fices qui appartiennent à la cour romaine, l'usurpation par le roi d'une juridiction qui ne sauroit être à lui, dans les causes où il est à la fois juge et partie; l'oppression de l'église de Lyon, qui n'est pas même située dans les limites du royaume de France; la dilapidation des régales que les officiers royaux perçoivent illégalement; l'interdiction d'exporter du royaume ou de l'argent, ou des marchandises; enfin les changemens ruineux que les édits royaux font sans cesse éprouver aux monnoies. Boniface termine cette bulle en exhortant Philippe à songer plutôt à la délivrance de la Terre-Sainte, qu'à l'oppression des princes chrétiens ses voisins. (1)

La bulle *Ausculta fili*, que Boniface avoit adressée à Philippe pour ébranler sa conscience, ne fit qu'offenser son orgueil. C'étoit la première fois qu'un mortel avoit osé lui parler de ses péchés, et du sentiment de réprobation qu'il avoit excité contre lui. C'étoit la première fois qu'on lui faisoit connoître l'indignation des étrangers, la haine de son peuple, et le jugement de la postérité qui l'attendoit. Jusqu'alors il n'avoit été entouré que des hommages

(2) Cette bulle qui fut mutilée par ordre de Philippe, dans les registres pontificaux, n'est donnée qu'ainsi tronquée dans Raynaldi. Ann. 1301, §. 31 et 32. Mais elle a été rétablie dans son entier par Dupuy. Preuves du différend, p. 48-52.

de ses flatteurs, et de leurs protestations
d'amour et d'obéissance. Les reproches détaillés
que contenoit la bulle de Boniface l'offensoient
si mortellement, que quand il eut réussi à se
rendre maître de la cour de Rome, il les fit
effacer des registres pontificaux. Mais il auroit
voulu que son indignation fût partagée par
tous ses sujets, et ce n'étoit pas des reproches
aussi mérités qui pouvoient enflammer leur
colère.

Pour soulever la France contre Boniface, le
chancelier Pierre Flotte s'attacha à relever les
expressions de la bulle, qui sembloient indiquer
que la cour de Rome regardoit le roi de France
comme dépendant d'elle. Il qualifia surtout
d'usurpation injurieuse, cette phrase qui se
trouvoit au commencement de la bulle : « Dieu
« nous a constitués, quoique indignes, au-des-
« sus des rois et des royaumes, nous imposant
« le joug de la servitude apostolique, pour
« arracher, détruire, disperser, dissiper, et
« pour édifier et planter sous son nom et par
« sa doctrine; pour paître le troupeau du Sei-
« gneur, consolider les infirmes, guérir les
« malades, soulager et panser les blessés (1). »
Les Français, disoit le chancelier, ne pouvoient
sans lâcheté se soumettre à ce que leur royaume

(1) Preuves du différend, p. 48.

qui avoit toujours été libre et indépendant, fût ainsi placé sous le servage de la cour de Rome.

On ne peut point prévoir d'avance quel sens précis la cour de Rome attachera au langage figuré qu'elle aime à employer; dans quel cas elle donnera ses hyperboles pour l'expression de ses droits, dans quel autre elle ne voudra les faire considérer que comme les ornemens de son éloquence; mais quant à la bulle *Ausculta fili*, dès que le pape fut averti de l'offense qu'elle avoit donnée aux Français, il ne cessa de protester, que lorsqu'il avoit annoncé sa supériorité sur les rois et les royaumes, il n'avoit entendu parler que de sa juridiction sur les pécheurs, qu'aucun bon catholique ne pouvoit contester. Dans un consistoire, tenu le 26 juin 1302, le cardinal de Porto adressa un discours aux cardinaux ses confrères, qui fut ensuite envoyé à la cour de France. Il s'attacha à prouver qu'il n'y avoit pas un des mots de la bulle dont Philippe avoit pris ombrage qui ne fût emprunté à l'Écriture, et applicable à la circonstance (1). Dans la même assemblée, Boniface VIII prit à son tour la parole. « Un « nouvel Achitophel, dit-il, Pierre Flotte, « homme aigre et plein de fiel, homme qu'on

---

(1) *Votum cardinalis Portuensis*. Preuves du diff. p. 75.

« doit croire hérétique, car depuis qu'il con-
« seille son roi, il l'a précipité avec le royaume,
« de mal en pire, contre l'église, cet homme
« avec ses deux acolytes, le comte d'Artois et
« le comte de Saint-Paul, nous a accusé d'avoir
« mandé au roi, qu'il devoit reconnoître son
« royaume de l'église romaine. Il y a quarante
« ans que nous avons été reçu docteur en
« droit, et que nous savons que l'une et l'autre
« puissance vient de Dieu ; qui donc peut croire
« qu'une telle sottise, une telle fatuité ait pu
« entrer dans notre tête ? » (1)

La bulle *Ausculta fili* avoit été apportée de Rome à Paris, par Jacques des Normands, archidiacre de Narbonne. Le roi, qui en savoit le contenu, avoit convoqué les états du royaume, pour leur donner connoissance de ses démêlés avec le Saint-Siége, et exciter leur ressentiment pour l'affront qu'il recevoit. Il y avoit long-temps que la France n'avoit vu aucune convocation d'états. Les assemblées du Champ-de-Mars, sous les rois de la race carlovingienne, étoient tombées dans un entier oubli : les parlemens avoient pris leur place. Ces parlemens, qui étoient tantôt des congrès de puissances presque indépendantes, tantôt des assemblées des pairs du royaume ou du baronnage de

(1) *Votum papæ Bonifacii*. Preuves du diff. p. 77.

France, tantôt des cours de judicature, confondant sous un même nom des caractères si opposés, ne pouvoient avoir ni prérogatives bien définies ni rôle constant dans la constitution. La nation française étoit presque indifférente sur les affaires publiques, que ses rois lui cachoient complétement; et quand Philippe IV lui rendit ses états, qu'elle ne demandoit pas, elle ne s'aperçut point qu'il s'opérât aucun changement dans sa constitution; elle ne se crut point appelée à prendre une part plus active à ses affaires. Les anciens historiens ne virent dans ce changement rien d'assez notable pour l'indiquer dans leurs récits, même par une ligne (1). Cependant l'assemblée que convoqua Philippe-le-Bel, si elle avoit été animée de quelque esprit de liberté, si elle s'étoit associée par ses sentimens aux affaires publiques, auroit mérité d'être regardée vraiment comme représentant la nation; car elle étoit composée, non seulement des pairs du royaume, des prélats et des gentilshommes, mais aussi des députés des bonnes villes, dont la richesse commençoit à demander quelques ménagemens, et que le roi vouloit prémunir contre l'influence que leurs prêtres pourroient exercer sur eux.

On peut conjecturer que le roi et son chan-

(1) *Contin. Nangii.* p. 55. — *Pauli Æmilii veronensis Gesta Franco.* p. 250.

celier ne jugèrent pas convenable de communiquer à tous les ordres du royaume de France la bulle *Ausculta fili,* dans laquelle tous les manquemens de Philippe, non seulement envers l'église, mais aussi envers son peuple, étoient développés avec autant de modération apparente que de vigueur et d'éloquence dans le langage; en effet, Philippe IV redoutoit si fort cette bulle, qu'il fit usage de toute sa puissance pour la faire anéantir jusque dans les archives secrètes des pontifes romains. Elle contenoit des faits, elle auroit amené des discussions qui ne pouvoient être avantageuses à l'autorité royale. Pierre Flotte prenant apparemment pour prétexte sa longueur, car elle remplit cinq pages in-folio, jugea qu'un court résumé de cette bulle la feroit suffisamment connoître à la nation française. Voici celui qu'il présenta aux états assemblés : « Boni-
« face, évêque, serviteur des serviteurs de
« Dieu, à Philippe, roi des Francs; crains Dieu
« et observe ses commandemens. Nous voulons
« que tu saches que tu nous es soumis dans le
« temporel comme dans le spirituel; que la col-
« lation des bénéfices et des prébendes ne
« t'appartient point; que si tu as la garde des
« bénéfices vacans, c'est pour en réserver les
« fruits aux successeurs; que si tu en as conféré
« quelqu'un, nous déclarons cette collation in-
« valide, et nous la révoquons si elle a été

1302.

« exécutée, déclarant hérétiques tous ceux qui « pensent autrement. Donné au Latéran, aux « nones de décembre, l'an 7 de notre pontifi- « cat (1). » C'est la date de la bulle *Ausculta fili*.

Ce sommaire est connu dans l'histoire sous le nom de la petite bulle. Il a été rapporté par les historiens français comme l'ouvrage de Boniface VIII (2). Il est au contraire représenté par la cour romaine, et par Boniface VIII lui-même, comme une impudente falsification, dont celui-ci accuse le chancelier (3). On ne sauroit croire en effet que le pape, le jour même où il expédioit, de concert avec les cardinaux, une bulle qui avoit été l'objet de longues délibérations dans le consistoire, bulle dans laquelle les prétentions de la cour de Rome, exposées avec autant de mesure que de force, étoient encore revêtues de toutes les expressions de la tendresse paternelle, eût répété en cinq phrases rudes et hostiles, ce qu'il avoit pris tant de peine à cacher sous le langage poli de la cour. D'autre part, on répugne à croire que le chancelier, dans une occasion si solennelle, en présence de la France assemblée et de la chrétienté tout entière, se soit proposé de commettre un faux manifeste. Il semble plus pro-

(1) Preuves du différend, p. 44.
(2) Velly, *Hist. de France*, p. 98.
(3) *Votum papæ Bonifacii*. Preuves du différ. p. 77.

bable qu'il voulut seulement résumer en peu de mots l'objet de la dispute, pour le rendre populaire, et que ce qu'il présentoit comme l'esprit de la bulle, fut reçu par la France comme en étant le texte. Lorsque Pierre Flotte vit les Français prendre feu sur cette erreur, il jugea sans doute qu'il ne pourroit pas sans danger désabuser le public.

Il faut croire que ce fut pour se prêter à cette erreur que le chancelier donna connoissance au public d'une lettre de Philippe à Boniface, calquée sur la prétendue petite bulle, et qui cependant ne fut probablement jamais envoyée, car elle n'a jamais été le sujet des plaintes ou des récriminations de la cour de Rome. La voici :

« Philippe, par la grâce de Dieu, roi des
« Français, à Boniface, qui se donne pour pape,
« peu ou point de salut. Que ta très grande
« fatuité sache que nous ne sommes soumis à
« personne pour le temporel; que la collation
« des églises et des prébendes vacantes nous
« appartient par le droit royal, que les fruits
« en sont à nous, que les collations faites et à
« faire par nous, sont valides au passé et à
« l'avenir, que nous maintiendrons leurs pos-
« sesseurs de tout notre pouvoir, et que nous
« tenons pour fous et insensés ceux qui croiront
« autrement. » (1)

(1) Preuves du différend, p. 44.

Ce n'est que par conjecture que nous essayons de juger de l'authenticité de ces pièces, de l'usage qui en fut fait, et de la connoissance qui en fut donnée au public. Les pièces elles-mêmes sont restées, mais les faits qui s'y rapportent, ou ont été passés absolument sous silence par les historiens, ou ne nous sont indiqués que par quelques lignes d'écrivains obscurs, anonymes, dont nous ne pouvons apprécier ou les lumières ou l'impartialité, de manière à juger la confiance qu'ils méritent. C'est ainsi que sur la foi d'un vieux livre manuscrit, vu par le seul Dupuy, tous les historiens postérieurs français ont répété que le 26 janvier 1302, Philippe, en présence de toute sa cour, plus nombreuse ce jour là que de coutume, déclara qu'il renieroit ses fils, et les tiendroit pour indignes de lui succéder, s'ils consentoient jamais à tenir le royaume de France d'aucun autre que de Dieu seul; et que le 11 février, il fit brûler la bulle du pape en présence de toute sa noblesse, faisant ensuite publier cette exécution à son de trompe par la ville. (1)

L'assemblée des états du royaume, que Philippe avoit convoquée pour lui donner connoissance de ses démêlés avec Boniface VIII, se tint le 10 avril 1302, dans l'église de Notre-

---

(1) Preuves du différend, p. 59.

Dame à Paris. Le chancelier Pierre Flotte y exposa les prétentions du pape et les griefs du roi, et il donna aux états une connoissance sommaire des diverses bulles que Boniface avoit expédiées le 5 décembre précédent, pour retrancher au roi les grâces spéciales que lui avoient accordées les papes ses prédécesseurs, pour convoquer un concile à Rome, et pour toucher la conscience de Philippe en lui reprochant ses erreurs. Il paroît que les trois ordres se retirèrent ensuite dans trois salles séparées, que chacun, selon la demande qui lui avoit été adressée par le roi, écrivit une lettre à la cour de Rome, et que l'assemblée des états du royaume ne dura qu'un seul jour. (1)

La lettre des barons de France étoit adressée au collége des cardinaux ; elle est en français, elle commence par rappeler l'ancienne union de la France avec l'église ; « et pour ce que, « continuent-ils, trop griève chose seroit à « nous, si cette vraie unité, qui si longuement « a duré entre nous, se demenuisoit et défailloit « maintenant, par la male volonté et par l'ini-« mitié longuement nourrie sous l'ombre d'ami-

(1) Hist. de Languedoc, L. XXVIII, c. 67, p. 107. — *Raynaldi Ann. Eccles.* 1302, §. 11. — *Gio. Villani.* L. VIII, c. 62, p. 395. — *Vita Bonifacii papæ VIII ex manuscripto Bernardi Guidonis. Scr. Ital.* T. III, p. 671. — *Ejusd. vita ex Amalrico Augerio.* T. III, P. II, p. 438.

« tié, et par les torcionnaires et déraisonnables
« entreprises de celui qui en présent est au siége
« et gouvernement de l'église....; nous ne le
« voudrions souffrir en aucune manière, pour
« perte, peine ni méchef que souffrir en dus-
« sions.... Et plus encore d'autant qu'il a fait
« appeler les prélats, les docteurs en divinité,
« les maîtres en canons et en lois dudit royaume
« de France, pour amender et corriger les excès,
« les griefs, les oppressions et les dommages
« qu'il dit par sa volonté être faits par notre sire
« le roi, par ses ministres et par ses baillis, aux
« prélats, aux églises, aux personnes des églises,
« à nous, aux universités, et au peuple du dit
« royaume : encore que nous, ni les universités,
« ni le peuple du dit royaume ne requerrions
« ni ne voulions avoir ni correction ni amende
« sur les choses devant dites, par lui ni par son
« autorité, ni par son pouvoir, ni par autre,
« fors que par le dit notre sire le roi (1). » La
lettre des prélats, écrite le même jour, 10 avril,
est plus mesurée; d'ailleurs ils s'adressent à Boniface lui-même, et non à ses cardinaux. Cependant ils lui déclarent qu'ils se sont liés, par
un nouveau serment envers le roi, à défendre
l'indépendance de sa couronne (1). La lettre des
communes ne s'est pas conservée; nous ne la

---

(1) Preuves du différend, p. 60.
(2) Preuves du différ. p. 67.

connoissons que par la réponse que leur adressèrent les cardinaux, dans laquelle ceux-ci reprochent aux syndics et procureurs des communes d'avoir, aussi-bien que les barons, évité de nommer le pape, et de l'avoir seulement désigné par une phrase peu respectueuse. (1)

Boniface VIII étoit arrogant et emporté; mais il étoit doué d'un jugement net; il avoit une longue habitude des affaires, et lorsqu'il croyoit avoir besoin de montrer de la modération, il avoit un assez grand empire sur lui-même, pour que son courroux disparût, et qu'on ne retrouvât plus dans son langage que de la dignité et de la raison. Il avoit peut-être espéré d'effrayer Philippe, et de le faire reculer; mais quand il vit avec quelle animosité celui-ci se préparoit à la résistance, il comprit à quel adversaire il avoit affaire; et il ne se permit plus de démarche qui ne fût justifiée par sa dignité, par les préjugés du corps qu'il dirigeoit, et peut-être par ses devoirs. La cour de Rome prit à tâche de justifier ses démarches, de montrer qu'elle les avait faites avec gravité, avec concert, avec mesure. Elle déclara que, si Pierre Flotte avoit produit en public aucune autre bulle que celle *Ausculta fili*, c'étoit lui qui en étoit le fabricateur. Elle expliqua, dans des let-

---

(1) Preuves du différ. p. 71.

tres adressées par le pape aux prélats de France, par les cardinaux aux seigneurs et aux communes, qu'elle n'avoit jamais prétendu à d'autre souveraineté sur la France qu'à celle qu'exerçoit le pape sur tous les fidèles, en raison de leurs péchés, comme leur père spirituel et leur confesseur. Toutes ces réponses furent adressées, dès le 26 juin 1302, aux divers ordres du royaume de France; mais le pape déclara qu'il ne seroit plus convenable désormais qu'il écrivît au roi, puisqu'il le tenoit pour excommunié.(1)

Pendant la durée de l'été, de graves événemens survenus en Flandre firent, jusqu'à un certain point, diversion à la colère que Philippe IV avoit conçue contre Boniface VIII; Jacques de Châtillon, frère du comte de Saint-Paul, que Philippe avoit nommé gouverneur de la Flandre, l'avoit traitée en pays conquis : il avoit accablé le peuple d'exactions, il avoit bravé tous ses priviléges, et manifesté, dans toutes ses relations avec les corps de métiers, le mépris qu'il ressentoit, comme gentilhomme français, pour ces artisans qui prétendoient parler de leurs droits. Bruges étoit une des villes les plus industrieuses de la Flandre, une de celles où la bourgeoisie étoit en même temps plus nombreuse et plus fière, et où elle croyoit

---

(1) Preuves du différ. p. 63, 65, 67, 71, 72, 79. — *Raynaldi Ann. Eccles.* 1302. 12-14.

avoir mérité le plus d'égards par sa partialité
pour les Français. Ce fut celle que Jacques de
Châtillon traita avec le plus de mépris. Il
n'écouta que les conseils de quelques grands
propriétaires qui vouloient profiter du joug
étranger pour se faire craindre et obéir par
leurs concitoyens. Il fit arrêter trente chefs des
corporations d'arts et métiers, qui étoient venus
se plaindre à lui de ce que ses délégués ne leur
payoient pas des ouvrages qui leur avoient été
commandés par le gouvernement (1). Parmi ces
captifs on distinguoit Pierre König ou *Le Roi*,
consul des tisserands, et Jean Bride, consul des
bouchers. Le premier étoit un homme de
soixante ans, peu riche, qui avoit perdu un
œil, et dont le corps étoit maigre et la taille petite. Il ne savoit ni le français ni le latin; mais
la chaleur de son éloquence dans la langue flamande, la netteté de son esprit et l'intrépidité
de son caractère, lui avoient acquis un crédit
prodigieux parmi ses compatriotes.

Dès que les métiers furent avertis que König
et Jean Bride avoient été arrêtés, ils se soulevèrent, ils marchèrent en armes au château,
où siégeoient les échevins; ils tuèrent quelques
membres de l'oligarchie, ils forcèrent les prisons, et remirent les captifs en liberté. La que-

(1) *Gio. Villani.* L. VIII, c. 54, p. 382.

relle entre les métiers et la haute bourgeoisie, qui avoit embrassé le parti du gouverneur, fut alors portée par appel devant le parlement de Paris, et la sentence ne fut rendue qu'au bout de l'année. Cette sentence condamnoit les corps de métiers, et ordonnoit que leurs chefs fussent reconduits en prison. Les artisans se soulevèrent de nouveau; mais pour ne pas avoir à combattre à Bruges la garnison française, ils sortirent de la ville, et marchèrent vers Dam, dont ils s'emparèrent. De là il passèrent à d'autres villes et châteaux du quartier de Flandre qu'on nomme le Franc-de-Bruges, parce qu'il participe aux priviléges de cette ville. Leurs succès furent accompagnés d'assez d'effusion de sang; les commandans des bourgades dont ils s'emparoient, et les Français qui s'y trouvoient, furent presque tous massacrés. A la nouvelle de ce soulèvement, Jacques de Châtillon entra dans Bruges à la tête de quinze cents cavaliers; mais le parti du peuple, loin de se laisser décourager parce que ses adversaires avoient reçu un si puissant renfort, résolut de comprendre tous ses oppresseurs dans une commune vengeance. Philippe IV avoit fait raser les murailles de Bruges, en sorte que cette ville étoit ouverte. Pierre König, le chef des tisserands, et Jean Bride, le chef des bouchers, en profitèrent pour y introduire leurs troupes pendant la nuit. Tous les corps de métiers qui les atten doient prirent les armes en silence, des chaînes furent tendues dans les rues pour arrêter les charges de cavalerie : chaque bourgeois s'étoit chargé de dérober au cavalier logé chez lui sa selle et sa bride, puis tout à coup, le 21 mars 1302, les Français furent réveillés par le cri de *vive la commune ! et mort aux Français !* Ils furent attaqués en détail dans les rues et dans l'intérieur des maisons. Les femmes montrèrent contre eux plus d'acharnement encore que les hommes, et les précipitèrent des fenêtres. Ceux que l'on conduisoit prisonniers à la place des Halles, où la communauté étoit assemblée, y étoient immédiatement mis à mort. Le massacre continua trois jours entiers ; on compta que douze cents cavaliers et deux mille sergens à pied y avoient péri ; mais Jacques de Châtillon ne fut point de ce nombre : il s'étoit dérobé aux meurtriers par une prompte fuite. (1)

Pierre König avoit réussi ; mais il sentoit qu'aussi long-temps que les chefs de métiers se- roient seuls à la tête du peuple, quelque justes que fussent les motifs qu'ils pouvoient avoir de se soulever, ils seroient toujours considérés comme des rebelles, tandis que, si les princes

(1) *Gio. Villani.* L. VIII, c. 54, p. 383. — Oudegherst, *Chr. de Fland.* c. 137, f. 226. — *Contin. Chronici Nangii.* p. 54. — Chron. de Saint-Denys, f. 129.

de la maison de Flandre se joignoient à eux, ils entreroient alors sous la protection du droit public. Il s'adressa d'abord à Guillaume de Juliers, petit-fils, par sa mère, du vieux Gui de Dampierre, comte de Flandre, que Philippe retenoit prisonnier à Paris. Celui-ci avoit perdu un frère qui, fait prisonnier à la bataille de Furnes, avoit été conduit à Arras dans les prisons du comte d'Artois, où il étoit mort, et où l'on soupçonnoit qu'il avoit été tué. Guillaume avoit un désir ardent de venger son frère et sa patrie : aussi, quelque critique que fût la situation des insurgés, il accepta les offres de König; il rejeta l'habit de clerc qu'il portoit, et vint se mettre à Bruges à la tête des Flamands qui avoient secoué le joug de la France.

Dès son arrivée au milieu d'eux, il leur demanda de faire un effort vigoureux pour remettre Gand en liberté. Il marcha en effet, avec un corps nombreux de milices jusque devant les murs de cette ville; mais les Gantois ne firent aucun mouvement pour le seconder, et leur ville étoit trop bien fortifiée pour qu'il pût s'en emparer de vive force. Il se retira donc, mais sans se laisser décourager, il attaqua l'Écluse, Newport, Berghes, Furnes et Gravelines, et en peu de temps il soumit toutes ces villes à la commune de Bruges. C'est alors seulement que son oncle Gui le jeune, l'un des fils du comte de Flandre, vint le joindre. Les Flamands redoublèrent d'ardeur en voyant à leur tête un de leurs princes héréditaires: quinze mille hommes de milice à pied se mirent sous les ordres de Gui ; ils marchèrent à Courtrai, dont ils se rendirent maîtres, à la réserve du château ; ils laissèrent un corps d'observation pour l'assiéger. Ils soumirent encore quelques places moins importantes, et ils étoient venus assiéger Cassel, lorsqu'au mois de juillet, Robert, comte d'Artois, entra en Flandre avec l'armée formidable qu'il avoit été occupé à rassembler dès le commencement de la rebellion, et qui, au dire de Villani, alors résidant en Flandre, se composoît de 7,500 cavaliers, tous gentilshommes; 10,000 archers et 30,000 fantassins fournis par les milices des communes de France. (1)

Le jeune Gui de Flandre étoit revenu à Courtrai avec le gros de l'armée, et Guillaume de Juliers assiégeoit Cassel, lorsque ces deux seigneurs apprirent que Robert d'Artois étoit entré en Flandre par la route de Tournai. Guillaume leva le siége de Cassel, et vint rejoindre son parent devant Courtrai. Ils ne pouvoient cependant soutenir un siége dans cette

(1) *Gio. Villani*, l. VIII, c. 55, p. 384.

ville, dont le château étoit toujours entre les mains des Français : ils ne pouvoient non plus reculer devant une armée si puissante en cavalerie, sans s'exposer à être enveloppés et détruits dans ces vastes plaines. Ils prirent donc leur parti d'attendre le choc des Français, et de se ranger en bataille dans la plaine en avant de Courtrai, derrière un canal peu large, que l'ennemi n'avoit pas même remarqué, et qui porte dans la Lys les eaux de ces campagnes. Les gentilshommes flamands, qui seuls avoient des chevaux, mirent pied à terre pour partager la fortune des bourgeois. Ceux-ci, au nombre de vingt mille environ, armés de pieux ferrés qu'ils nommoient *guttentag*, dont ils appuyoient le bout sur le sol, formoient des phalanges serrées et hérissées de fer. Des prêtres avoient célébré la messe devant eux; mais au lieu de s'approcher pour recevoir la communion, chaque soldat, sans sortir de son rang, s'étoit baissé, avoit pris un peu de terre à ses pieds, qu'il avoit portée à sa bouche, et s'étoit ainsi voué en silence, pour la défense de son pays, à une mort qui paroissoit presque certaine. Gui de Flandre, cependant, et Guillaume de Juliers parcouroient les rangs, rappelant à ces hardis bourgeois que la victoire seule les déroberoit aux supplices que leur préparoient leurs ennemis ; en même temps ils affectoient une grande confiance, et en tête des divers bataillons, ils accordèrent l'ordre de chevalerie à Pierre König et à quarante de ses compagnons, chefs comme lui de métiers divers. (1)

1302.

Robert d'Artois avoit divisé son armée en dix colonnes : elles étoient commandées par les dix seigneurs qui lui avoient amené le plus grand nombre de chevaliers et de soldats. L'un d'eux, le connétable Raoul de Nesle, lui proposa une manœuvre par laquelle il auroit séparé les Flamands de Courtrai, et les aurait immanquablement mis en déroute. « Est-« ce que vous avez peur de ces lapins, con-« nétable, ou bien vous-même avez-vous de « leur poil? » lui dit le comte d'Artois. De Nesle, qui comprit qu'on vouloit jeter sur lui un soupçon de trahison, parce qu'il avoit épousé une fille de Guillaume de Flandre, répondit avec indignation : « Sire, si vous ve-« nez où j'irai, vous viendrez bien avant. » En même temps il se mit à la tête de son escadron, et il commanda la charge avec impétuosité. C'étoit le 11 juillet; la campagne étoit brûlée par le soleil, et de Nesle fut bientôt enveloppé dans un nuage de poudre. Cependant chaque escadron à son tour étoit parti pour le suivre, et l'armée entière marchant sur une

(1) *Gio. Villani.* L. VIII, c. 55. p. 385.

seule colonne, les derniers poussoient les premiers de toute leur force, sans soupçonner ce qui se passoit à la tête. Là le connétable avoit trouvé le canal qui couvroit les Flamands, et qui n'étant indiqué par aucune inclinaison du terrain, dans cette plaine toute de niveau, n'étoit aperçu que quand on étoit dessus. Il n'avoit que cinq brasses de largeur et trois de profondeur ; mais c'en étoit assez pour qu'on ne pût pas le franchir sans pont, d'autant plus que ses bords étoient taillés presque à angle droit. La colonne pressant toujours les premiers rangs, il fut cependant bientôt comblé de chevaux et de cavaliers. Comme le fossé formoit une demi-lune, il n'y avoit aucun moyen pour ceux qui arrivoient à la tête, de s'écouler par les côtés, et les chevaux quand on vouloit les pousser sur ce monceau de cadavres, se cabroient, renversoient leurs cavaliers, et augmentoient la confusion. La colonne française, arrêtée au front et sur les côtés, pressée en queue par les nouveaux arrivans, et resserrée au point de ne pouvoir se mouvoir, étoit jetée par les chevaux furieux dans le dernier degré de confusion. Ce fut le moment que saisirent Gui de Flandre et Guillaume de Juliers pour l'attaquer : ils commandoient aux deux ailes, et ils passèrent en même temps le fossé de l'un et de l'autre côté, en arrière du point sur lequel se précipitoient les Français, qu'ils vinrent ensuite prendre par les deux flancs. La résistance étoit déjà devenue impossible; les chevaliers, tout bardés de fer comme ils étoient, devoient attendre la mort, que leur donnoit sans danger un fantassin presque nu, et qu'ils étoient accoutumés à mépriser. (1)

Il y avoit bien long-temps que la France n'avoit éprouvé une aussi sanglante défaite, surtout l'on ne se souvenoit d'aucune où la noblesse eût autant souffert. Robert, comte d'Artois, y périt, percé de plus de trente blessures. Jacques de Châtillon, frère du comte de Saint-Paul, et lieutenant du roi en Flandre, le connétable de Nesle, Gui de Nesle, son frère, maréchal de France, le chancelier Pierre Flotte, Godefroi, duc de Brabant avec le seigneur de Vierzon son fils, les comtes d'Eu, d'Aumale, de Dammartin, de Dreux et de Soissons; Jean, fils du comte de Hainaut, le comte de Tancarville, grand chambellan, Renaud de Trie, Henri de Ligny, Albéric de Longueval, le comte de Vienne et Simon de Melun, maréchal de France, furent au nombre des morts, avec deux cents autres seigneurs de marque, et six mille cavaliers. Louis de Clermont, ancêtre de la maison de Bourbon, le comte Gui

(1) *Gio. Villani.* L. VIII, c. 56, p. 387.

de Saint-Paul, et le duc de Bourgogne n'échappèrent au massacre universel que parce qu'ils se dérobèrent au combat dès qu'ils virent que la fortune devenoit contraire. *Mais dès lors*, dit Villani, *ils portèrent toujours grande honte et reproche en France.* (1)

Philippe IV n'avoit jamais compris jusque alors qu'on pût opposer une résistance efficace à ses volontés. Les peuples indépendans lui paroissoient, non moins que ses propres sujets, coupables d'une révolte qui arrivoit presque à l'impiété quand ils disputoient ses ordres, et ceux qui prétendoient le juger par les règles communes de la justice, ceux qui osoient se plaindre de la violation des lois, comme on l'avoit fait à l'occasion de l'arrestation du comte de Flandre, ou du jugement de l'évêque de Pamiers, lui sembloient s'arroger le droit de juger les voies de la Providence, et pousser l'audace jusqu'à se mettre sur une sorte de niveau avec lui. La défaite de Courtrai lui révéla tout à coup le pouvoir qu'avoit conservé sur lui la fortune; il y avoit perdu en même temps son cousin le comte d'Artois, qui passoit pour son meilleur général, son chance-

(1) *Gio. Villani.* L. VIII, c. 56, p. 386, 388. — *Contin. Nangii*, p. 55. — *Matth. Westmon.* p. 444. — Chron. de Saint-Denys, f. 129. — Thom. Walsingham, p. 56. — *Raynaldi Ann.* 1302, §. 16. — Velly, *Hist.* p. 154.

lier, qui étoit le chef de son ministère, la fleur de sa noblesse et sa plus belle armée. Après un tel échec, il commençoit à craindre que l'inimitié de l'église ne lui suscitât dans l'intérieur de ses états des ennemis nouveaux, plus redoutables encore que les Flamands. Le roi d'Angleterre Édouard, qui jusqu'alors avoit paru se résigner à des conditions si onéreuses dans ses arrangemens avec la France, commençoit, de son côté, à changer de langage. Aux fêtes de Pâques, Édouard avoit envoyé des ambassadeurs à Paris, pour demander que Philippe remplaçât par une bonne paix la trève que leur avoit imposée Boniface. Philippe, qui étoit encore alors dans tout l'orgueil de sa puissance, référa Édouard, comme duc d'Aquitaine, au jugement des douze pairs. Mais après la défaite de Courtrai, Philippe invita Édouard à passer en France, l'assurant que tous leurs différends seroient bientôt arrangés dans une conférence entre les deux rois. Ce fut alors le tour du roi d'Angleterre de faire naître des difficultés; il avoit assemblé son parlement à Westminster, et lui avoit exposé tous les délais que la France avoit apportés à cette négociation. Il se fit supplier par lui de ne point sortir du royaume. (1)

1302.

(1) *Matth. Westmon.* p. 445.

Philippe sentit tout ce qu'il avoit à craindre; mais la connoissance du danger ne fit que redoubler son énergie et ses efforts pour écraser tous ses ennemis. Résolu à ne céder ni à la cour de Rome, ni aux Flamands, il songea en même temps à amasser de l'argent, à rassembler ses soldats, à intimider ses prêtres, et à calmer le mécontentement de ses peuples. Pour atteindre ces buts divers, il publia un plus grand nombre d'ordonnances qu'il ne l'eut encore fait dans aucune autre année. Les coffres de l'état étoient vides, et le roi étoit sans crédit. Le premier objet qui se présenta à son esprit pour faire de l'argent, fut la vaisselle des particuliers. Il rendit, le 23 août, une ordonnance pour obliger tous ses baillis, tous ses receveurs, tous ses officiers, à apporter toute leur vaisselle d'argent à la monnoie; il leur enjoignit en même temps de contraindre les particuliers à y porter aussi la moitié de la leur. De son côté, il s'engageoit à payer cette vaisselle au prix de quatre livres quinze sous le marc (1) : s'il l'avoit fait il n'auroit rien gagné à son opération; mais il avoit en même temps donné ordre à ses monnoyeurs de falsifier le titre de ses espèces. Celles d'argent, au lieu de onze deniers et demi de fin, ne durent plus

---

(1) Ordonn. de France. T. I, p. 347.

en tenir que six. Celles d'or, de vingt-trois carats et demi furent réduites à vingt carats ; de cette manière, les particuliers qui recevoient du trésor un poids égal d'argent monnoyé, en échange de leur vaisselle, ne savoient pas qu'ils subissent aucune perte, tandis que le roi gagnoit sur eux environ six mille livres chaque jour. Mais, lorsque la falsification fut découverte, et que les monnoies furent tombées à la moitié de leur ancienne valeur, les sujets se trouvèrent avoir perdu incomparablement plus que le roi n'avoit gagné (1). D'autres ordonnances imposoient des subventions pour la guerre de Flandre, tant aux nobles qu'aux roturiers (2). D'autres encore interdisoient les guerres privées, pendant que le royaume étoit en danger, ou appeloient à l'armée, pour servir à leurs frais, tous les sujets les plus aisés, forçant les autres à se cotiser en proportion de leur revenu, pour fournir au roi un soldat (3). D'autres enfin interdisoient de porter hors du royaume, l'or, l'argent, les matières précieuses, le blé, le vin et toutes les denrées nécessaires à la vie. (4)

Quelques prélats cependant, obéissant aux ordres du pape malgré les défenses du roi,

---

(1) *Gio. Villani.* L. VIII, c. 58, p. 390.
(2) Ordonn. de France, T. I, p. 350, 369, 375.
(3) Ordonn. R. p. 344, 345.
(4) Ordonn. R. p. 351, 372.

s'étoient mis en route pour se rendre au concile de Rome. Le 21 octobre, Philippe publia une ordonnance pour saisir les biens de tous les évêques, abbés, prieurs, maîtres et docteurs en théologie, qui seroient sortis du royaume sans une licence spéciale de sa majesté (1). Mais le roi, qui troubloit la conscience de ses sujets en même temps qu'il entamoit leur fortune, sentit bien qu'il falloit se recommander à eux de quelque manière, s'il vouloit qu'ils exposassent leur vie pour lui. Il rendit donc pour la réformation du royaume une ordonnance en soixante-deux articles, publiée le 23 mars 1303, qu'il destinoit surtout à se concilier l'affection de ses sujets. Il s'y engageoit à maintenir en faveur de tous les ordres de l'état, la bonne administration du royaume et l'égale distribution de la justice; il promettoit de protéger les ecclésiastiques qui seroient fidèles au serment qu'ils lui avoient prêté; de ne plus usurper les justices et les priviléges des barons; de ne plus souffrir la vénalité et la cupidité des juges; de garantir les personnes, les propriétés et les coutumes des bourgeois. Il sembloit enfin établir un bon gouvernement, si un tel gouvernement pouvoit être établi sur la simple parole de ceux qui, après l'avoir

---

(1) Ordonn. de France, T. I, p. 349.

donnée, ont le plus d'intérêt à la violer (1). Philippe ne compta pas cependant tellement sur l'effet de ses promesses, qu'il ne prît aussi des mesures rigoureuses pour réprimer tout soulèvement. Dans ce but, il réorganisa le châtelet avec ses sergens à pied, ses sergens à cheval, ses sergens de la douzaine, ses sergens du guet, tous appelés à faire la police à main armée. (2)

Il essaya aussi de détacher le peuple des ecclésiastiques, contre lesquels il vouloit être le maître de sévir, en révélant tout à coup au public toutes les horreurs qui avoient été commises par l'inquisition, et qui, jusqu'alors, avoient été sanctionnées par l'autorité royale. Le frère Foulques de Saint-George étoit alors grand inquisiteur à Toulouse, et aucun n'avoit autant que lui abusé du pouvoir de l'église et de la terreur qu'il inspiroit, pour satisfaire sa cupidité ou son goût pour voir souffrir des créatures humaines. Philippe écrivit à son sujet, à l'évêque de Toulouse. « La « clameur et les plaintes de nos fidèles, des pré- « lats, des comtes, des barons et d'autres per- « sonnes dignes de foi, nous ont appris que le « frère Foulques, de l'ordre des prédicateurs, « qui exerce dans le Toulousain les fonctions

(1) Ordonn. de France, T. I, p. 354.
(2) Ordonn. de France, T. I, p. 352

« d'inquisiteur de la dépravation hérétique,
« encourage les erreurs et les vices, que d'après
« son office, il auroit dû extirper; qu'il ne
« craint point de commettre comme licites, des
« choses qui ne le sont pas; des choses impies
« et inhumaines, sous prétexte de piété; et des
« forfaits qui soulèvent d'horreur les esprits
« des hommes, en prétendant défendre la foi
« catholique. Il afflige et accable nos fidèles et
« nos sujets, au moyen de son office d'inquisi-
« tion, par des exactions, des excès, des op-
« pressions et des charges sans fin. Il com-
« mence, au mépris des sanctions canoniques,
« ses procès d'inquisition, par l'arrestation et
« la torture, pour laquelle il invente des tour-
« mens inouïs. Ceux que, selon son caprice, il
« accuse ou d'avoir admis quelque hérésie, ou
« d'avoir renié le Christ, ou d'avoir, par quel-
« ques propos, attaqué les fondemens de la foi,
« il les force à des aveux mensongers, par la
« menace ou l'application des tourmens, et s'il
« ne peut ainsi leur arracher des paroles qui
« suffisent à condamner leur innocence, il su-
« borne contre eux de faux témoins. » En
conséquence, Philippe ordonne qu'aucune personne ne sera plus arrêtée par aucun autre ministère que celui de son propre sénéchal, et
que celui-ci n'exécutera les arrestations ordon-
nées par l'inquisiteur, qu'autant que l'évêque

aura muni le mandat d'arrêt de son consentement (1). Une ordonnance que Philippe adressa le 3 mai aux sénéchaux de Toulouse, de Carcassonne et de Beaucaire, les prévint des bornes qu'il mettoit au pouvoir des inquisiteurs ; une autre ordonnance, adressée le 30 juin à ses sénéchaux, baillis et prévôts dans tout le royaume, retira les juifs de la juridiction de l'inquisition, et enjoignit à ses officiers de ne point permettre qu'ils fussent traduits devant les tribunaux de la foi, sur des accusations de magie ou d'usure. (2)

Philippe IV ayant ainsi calmé l'agitation de ses sujets, autant qu'il dépendoit de lui, et ayant fait un effort pour regagner leur affection, ne songea plus qu'à rassembler de l'argent et des soldats. Il vendit, à cette occasion, la liberté à beaucoup de serfs de la couronne, et la noblesse à un certain nombre de roturiers, qui se trouvoient en état de payer ses faveurs; et l'une et l'autre concession tourna à l'avantage de la France entière, bien plus encore qu'au sien propre (3). Il se rendit ensuite à Arras, où il avoit convoqué sa noblesse et ses milices, et

(1) Preuves à l'Histoire de Languedoc, T. IV, n. 54, p. 118. — *Martene collectio amplissima.* T. V, p. 511 et suiv. — Ordonn. de France, T. I, p. 340.
(2) Ordonn. T. I, p. 346.
(3) Hist. de Languedoc, L. XXVIII, c. 75, p. 112.

l'on assure qu'au mois de septembre, il s'y trouva à la tête de dix mille cavaliers et de soixante mille fantassins. (1)

Avant d'entrer en Flandre avec cette formidable armée, il crut convenable de rappeler de Rome son frère, Charles de Valois, pour le mettre à la tête d'une armée de réserve, et se préparer en lui un vengeur, s'il venoit à éprouver une nouvelle déroute. D'ailleurs Valois, qui, sous le nom de pacificateur de la Toscane, y avoit allumé la guerre civile, et qui, s'annonçant comme le conquérant de la Sicile, y avoit été forcé à une paix honteuse, étoit devenu pour les Italiens un objet de mépris; et la brouillerie de son frère avec Boniface rendoit presque indécent qu'il continuât à conserver le commandement des troupes pontificales. (2)

Les Flamands s'étoient, de leur côté, préparés à défendre leur pays ; deux des fils du comte de Flandre, Jean et Gui, se trouvoient alors à leur tête. Ils avoient donné rendez-vous à Douai aux milices de toutes ces villes populeuses, dont la victoire de Courtrai avoit doublé le courage. On prétend qu'on y compta quatre-vingt mille hommes richement équipés, et formant la plus belle infanterie qu'il y eût

(1) *Gio. Villani.* L. VIII, c. 58, p. 390.
(2) *Gio. Villani.* L. VIII, c. 49, p. 379. — *Contin. Nangii.* p. 55. — *Raynaldi Ann. Eccles.* 1302, §. 1-10.

alors au monde. Philippe s'avança jusqu'à Vitry sur la Scarpe, à deux milles de Douai. Pendant tout le mois d'octobre, il y eut de fréquentes escarmouches entre les deux armées. Presque dans toutes, le fantassin flamand, avec son pieu ferré, remporta l'avantage sur le cavalier français. Cependant des pluies continuelles avoient inondé le terrain, et fait déborder toutes les rivières : les convois de l'armée française se perdoient dans la boue; les vivres manquoient au camp, et Philippe IV fut enfin obligé de se retirer, sans avoir pu livrer bataille. Il paroît qu'avant de licencier son armée, il signa avec les Flamands une suspension d'armes, qui devoit durer tout l'hiver. (1)

L'irritation n'avoit cessé de s'accroître entre Philippe-le-Bel et Boniface VIII, par les efforts mêmes qu'on avoit faits pour les réconcilier. Quarante-cinq prélats français avoient obéi aux sommations du chef de l'église, et s'étoient rendus à Rome pour le concile. Cette obéissance, qui, à leurs yeux, étoit un devoir, leur avoit été imputée à crime (2); leurs biens avoient été saisis; des poursuites avoient été commencées contre leurs personnes; et si Boniface per-

(1) *Gio. Villani.* L. VIII, c. 58, p. 391. — *Cont. Nangii.* p. 55. — *Matth. Westmon.* p. 444.

(2) On en trouve la liste, Preuves du différ. p. 86.

mettoit qu'ils fussent victimes de leur zèle, s'il ne réussissoit pas à protéger efficacement son clergé, il devoit renoncer même à l'autorité spirituelle que ses prédécesseurs avoient exercée sur l'église. Il étoit aisé de voir que des mesures plus violentes se préparoient de part et d'autre. Tous les ennemis de la cour de Rome étoient accueillis par la cour de France, et les Colonna, que Boniface avoit poursuivis avec un si scandaleux acharnement, parce qu'ils étoient Gibelins, étoient protégés et comblés de faveurs par Philippe, qui se donnoit pour le chef des Guelfes. Les deux rivaux, comme pour se préparer à se saisir corps à corps, cherchèrent, chacun de leur côté, à apaiser toutes leurs autres querelles, et à ne garder point d'autres affaires sur leurs bras.

Boniface VIII, dans son empressement à se réconcilier avec tous ceux qui n'étoient pas amis du roi de France, mit de côté la passion qui avoit eu jusqu'alors le plus d'influence sur sa conduite, sa haine contre les Gibelins. Pour s'attacher les partisans de l'empire en Italie, il falloit, avant tout, reconnoître leur chef, Albert d'Autriche, comme roi des Romains, et le détacher de la France : Boniface lui fit des avances, il savoit qu'Albert avoit vaincu le parti des électeurs qui avoient voulu mettre des bornes à son pouvoir : il savoit que ce

prince, ambitieux et perfide, abandonneroit
aisément un ancien allié pour l'ami nouveau qui
lui offriroit de plus grands avantages. Par sa
bulle du 21 avril 1303, il le reconnut comme
roi des Romains, ratifiant son élection, et suppléant par son autorité apostolique à tout ce
qu'elle avoit pu avoir d'irrégulier (1). On ne
connoît d'autres détails sur la négociation qui
amena ce résultat, que ceux que Boniface
donne lui-même dans sa bulle. Il y dit « qu'Al-
« bert, en fils dévot et prudent, qui se confie
« dans la bonté éprouvée de son père, a im-
« ploré humblement non son jugement, mais
« sa miséricorde, s'offrant cependant, selon son
« pouvoir, à prouver son innocence des fautes
« qui lui étoient imputées, et s'engageant à
« s'acquitter des pénitences qui lui seroient
« imposées par le Saint-Siége (2). » Boniface
écrivit aux princes de l'empire, pour leur recommander d'obéir à Albert; et celui-ci, de son
côté, publia à Nuremberg, le 17 juillet, une
bulle par laquelle il soumettoit, autant qu'il
pouvoit le faire, la couronne impériale à l'église
romaine, reconnoissant que c'étoit d'elle, pour
son utilité et sa défense, que les empereurs
tenoient le glaive temporel, et que les électeurs,
dans la désignation d'un roi des Romains, ne

(1) *Raynaldi Ann. Eccles.* 1303, §. 1-13.
(2) *Raynaldi ib.* 1303, §. 4.

faisoient qu'user d'un droit qui leur avoit été concédé par le pape (1). Philippe avoit lieu de se plaindre de ce que son allié, bien plus jaloux de ses sujets que d'un maître étranger, abandonnoit ainsi les prérogatives des trônes que les deux rois s'étoient engagés à défendre ensemble. Les historiens français modernes ont prétendu qu'en retour, Boniface offrit à Albert la couronne de France, si celui-ci vouloit la conquérir : on ne trouve aucune trace de cette offre dans leur correspondance. (2)

Il étoit également important pour Boniface de se réconcilier avec l'empereur, et de ne pas aliéner le roi de Naples. Ce dernier, proche parent de Philippe IV, français de naissance, et entouré de Français, s'il avoit partagé les ressentimens du chef de sa famille, auroit eu, comme plus proche voisin de l'état de l'église, mille moyens d'aider le roi de France à se venger. Mais Charles II, qui régnoit alors à Naples, s'abandonnant aux voluptés et aux délices de ce beau climat, désiroit surtout que rien ne le tirât de son repos. L'ambition avoit peu de prise sur son âme, et la première grâce qu'il demandoit à Boniface, c'étoit de l'aider à renoncer à la Sicile, pour laquelle, depuis

---

(1) *Raynaldi Ann. Eccles.* 1303, §. 9-13.
(2) Velly, T. IV, p. 134. — Mézeray, T. II, p. 233. — Coxe, *Hist. de la maison d'Autriche*, c. 6, p. 133.

quinze ans, il avoit combattu contre son gré. Il lui demandoit pour cela de confirmer le traité que Charles de Valois, frère de Philippe, avoit signé l'année précédente à Calatabellote, avec Frédéric d'Aragon, auquel on donnoit désormais le nom de roi de Trinacrie. Boniface y consentit, et par sa bulle du 21 mai, il reçut en grâce don Frédéric, et le reconnut comme tributaire du Saint-Siége. (1)

Le petit-fils de Charles II, Charobert, disputoit alors le trône de Hongrie à Wenceslas, fils du roi de Bohême; les ambassadeurs de l'un et de l'autre étoient à la cour de Rome, quoique le second n'eût point reconnu sa juridiction. Boniface VIII prononça entre eux, par sa bulle du 31 mai, accordant le trône de Hongrie au prince français, et le 11 juin il écrivit à Albert d'Autriche pour l'engager à soutenir cette décision par ses armes, en attaquant la Bohême. (2)

De son côté, Philippe ne montroit pas moins d'empressement à terminer toutes les querelles qui auroient pu encourager à lui résister les partisans que Boniface avoit peut-être en France; surtout il vouloit éviter tout renouvellement

---

(1) *Raynaldi Ann. Eccles.* 1303, §. 24-28. — *Muntaner Chronica dels Reys.* c. 198, f. 159. — *Çurita Anales de Aragon.* T. I, L. V, c. 56, f. 406.

(2) *Raynaldi Ann. Eccles.* 1303, §. 14-17. — *Bonifacii epistolar.* L. IV, ep. curr. 55.

d'hostilités avec les Anglais. La trève entre les deux royaumes n'avoit toujours d'autre fondement que le prononcé de Boniface. Celui-ci ne l'avoit point fait suivre, comme il l'avoit annoncé d'abord, d'une sentence définitive qui réglât les droits des deux couronnes, et depuis le 7 novembre précédent, Philippe lui avoit retiré, dans sa colère, les pouvoirs de médiateur qu'il avoit exercés jusqu'alors (1). Sur ces entrefaites, les habitans de Bordeaux, qui depuis l'armistice avoient toujours eu une garnison française, se soulevèrent, chassèrent les soldats de Philippe; et, sans se déclarer pour l'un ou l'autre monarque, remirent aux magistrats de leur commune le gouvernement de leur ville. La nouvelle des échecs que les Français avaient éprouvés en Flandre, leur avoit fait comprendre qu'ils ne tarderoient pas à changer de maîtres, et ils ne vouloient pas courir les chances des désordres qui précéderoient et accompagneroient l'évacuation de leur ville. (2)

Il est probable que le soulèvement de Bordeaux inspira aux deux rois un égal désir de terminer leurs différends par un traité définitif. Édouard continuoit à diriger toute son attention sur l'Écosse, qui l'épuisoit d'hommes et d'argent. Dans l'année précédente, trois corps

(1) Preuves du différend, p. 84.
(2) *Chronicon Nangii Contin.* 1302, p. 55.

d'armée de son lieutenant Segrave avoient été 1303.
successivement défaits par les Écossais. Ceux-ci
avoient ensuite assiégé pendant l'hiver le château de Sterling, et ils venoient de s'en rendre
maîtres par capitulation (1). Édouard accueillit
donc avec joie les nouvelles ouvertures qui lui
furent faites par Philippe, qui lui offroit d'ex-
clure les Écossais du traité qu'il se proposoit
de conclure. A cette condition, Édouard envoya à Paris les mêmes ambassadeurs qu'il avoit
déjà chargés, à plusieurs reprises, de ses différentes négociations, Amédée de Savoie et Othon
de Grandson. Ces deux seigneurs signèrent, le
20 mai, en son nom, un traité de paix définitif, entre la France et l'Angleterre, par lequel
Philippe rendoit à Édouard le duché d'Aquitaine, avec toutes les seigneuries, les fiefs et
les immeubles qu'il lui avoit enlevés, tandis
qu'Édouard s'engageoit à rentrer sous la foi et
l'obéissance de Philippe, comme duc d'Aquitaine, et pair de France, et à se présenter à lui
à Amiens, le 8 septembre suivant, jour de la
Nativité de la Vierge, pour lui faire hommage.
D'ailleurs les deux monarques, avec une égale
mauvaise foi, abandonnèrent de part et d'autre
tous leurs alliés, et n'en firent aucune mention

(1) *Matth. Westmon.* 1303, p. 445. — Rapin Thoyras,
L. IX, p. 79. — Buchanan, *Rer. Scot.* L. VIII, p. 239.

dans ce traité (1). Des nobles écossais résidoient alors à Paris pour représenter auprès de Philippe son allié Jean Comyn, régent d'Écosse. Le roi dissimula avec eux jusqu'au bout, pour leur cacher la manière honteuse dont il les avoit abandonnés. Cinq jours après la signature du traité, ils écrivoient encore à Comyn qu'un armistice, jusqu'au 8 septembre, avoit été stipulé pour l'Écosse, tandis que, le même jour, 26 mai, Édouard passoit la frontière avec son armée, pour porter le fer et le feu dans leur pays. (2)

Philippe s'étant, de cette manière, débarrassé de tout autre souci, ne songea plus qu'à faire repentir Boniface de la résistance qu'il avoit apportée à ses volontés. Dès le 1er décembre précédent, il avoit expédié des lettres de convocation aux archevêques et évêques de son royaume, les invitant à se rendre à Paris pour y traiter, disoit-il, d'affaires qui concernoient l'indépendance de sa couronne (3). Les archevêques de Sens et de Narbonne, et les évêques de Meaux, de Nevers et d'Angers, furent les seuls qui obéirent à cette sommation : le 12 mars,

(1) *Rymer Acta Publica.* T. II, p. 923, 934. — *Contin. Nangii.* 1303, p. 56. — *Matth. Westmon.* p. 446. — *Gio. Villani.* L. VIII, c. 66, p. 399.
(2) *Rymer.* T. II, p. 929. — *Matth. Westmon.* p. 445.
(3) **Preuves du différend**, p. 85.

ils se réunirent au Louvre, avec les principaux barons de France, qui y étoient rassemblés.

Guillaume de Nogaret avoit été choisi par Philippe pour porter la parole devant les prélats et les seigneurs du royaume. Nogaret étoit né dans le diocèse de Toulouse ; il avoit été professeur de droit et juge-mage dans la sénéchaussée de Beaucaire ; et comme il y avoit fait preuve d'un dévouement à l'autorité, qu'aucun scrupule ne pouvoit arrêter, il avoit été, en 1299, anobli par Philippe IV, appelé à son conseil, et armé chevalier. (1)

C'étoit alors l'usage, pour les discours civils, aussi-bien que pour les discours religieux, de prendre un texte dans l'Écriture. Nogaret fit choix de ces paroles : « *Il y a eu de faux pro-*
« *phètes parmi le peuple, et parmi vous il y*
« *aura des maîtres de mensonge.* C'est le glo-
« rieux prince des apôtres, dit-il, c'est le bien-
« heureux saint Pierre, qui, nous annonçant
« les choses futures, nous a prédit l'arrivée des
« maîtres de mensonge qui introduisent les
« sectes de la perdition.... Et en effet, dans la
« chaire même de saint Pierre, nous voyons
« siéger aujourd'hui le maître des mensonges ;
« c'est lui-même qui, n'ayant jamais fait que
« du mal, se fait cependant appeler *faiseur de*

---

(1) Hist. de Languedoc, L. XXVIII, c. 80, p. 117.

« *bien, Boniface.* » Après ce début, Nogaret, dans un discours digne de son commencement, et tout plein d'invectives, s'attacha à prouver que Boniface avoit usurpé le pontificat sur Célestin V, qu'il n'étoit donc pas un vrai pape, qu'il devoit être retranché du sein de l'église comme hérétique, qu'il étoit notoirement simoniaque, qu'il étoit enfin tellement endurci dans le péché, qu'on ne pouvoit garder aucune espérance de sa conversion; en conséquence il demandoit que Boniface fût arrêté et gardé en prison, jusqu'à ce qu'il pût être jugé par le futur concile. Nogaret demandoit encore qu'un notaire apostolique lui donnât acte de ce discours; et en effet, le notaire Jacques de Jassenis attesta qu'il avoit été prononcé devant les archevêques de Sens et de Narbonne, les évêques de Meaux, de Nevers et d'Auxerre, et les vaillans hommes Charles, comte de Valois, Louis, comte d'Evreux, Robert, duc de Bourgogne, Jean de Challons, seigneur de Harlay, J. de Dampierre, sire de Saint-Didier, G. de Châtillon, connétable de France, et plusieurs autres qui avoient été spécialement convoqués à cet effet. (1)

Jusqu'ici la cour de Rome conservoit dans cette controverse l'avantage d'une modération

---

(4) Preuves du différend, p. 56-59.

de langage qui ne lui est pas ordinaire. Elle avoit fait encore dans l'hiver précédent une nouvelle tentative de conciliation.

Jean-le-Moine, cardinal de Saint-Marcellin, natif de Picardie, étoit arrivé en France, sous prétexte de sommer de se rendre au concile convoqué à Rome, ceux des prélats français qui n'avoient point encore obéi aux ordres du pape; mais il portoit en même temps des instructions sur douze griefs divers, sur lesquels la cour de Rome demandoit satisfaction. Le plus grave de tous étoit celui d'avoir fait brûler la bulle en présence du roi; les autres étoient des droits contestés, et le pape demandoit qu'ils fussent reconnus. Ces instructions, qui nous ont été conservées, n'ont rien d'offensant dans leur forme. Les réponses du roi sont aussi écrites avec quelque modération : il cherche même à faire prendre le change sur la bulle brûlée, comme s'il s'agissoit d'une bulle détruite dans un procès de l'évêque de Laon, et non de celle qui avoit offensé la cour de France; toutefois, en répondant article par article, il ne fait aucune concession. (1)

Le pape s'étoit flatté que Philippe montreroit plus d'empressement à faire sa paix; le comte d'Alençon et l'évêque d'Auxerre l'en avoient

1303.

(1) Preuves du différend, p. 89. — *Raynaldi Annales*, 1303, §. 33-34.

assuré, en sollicitant l'envoi en France du cardinal de Saint-Marcellin. Boniface VIII témoigna combien il avoit été déçu, dans une lettre qu'il leur écrivit le 13 avril. En même temps il leur déclaroit qu'il n'y avoit plus de doute que Philippe ne se trouvât compris, malgré sa dignité royale, dans les sentences générales d'excommunication et d'anathème, prononcées contre ceux qui empêchent des prélats de se rendre au concile auquel ils ont été convoqués par le Saint-Siége ; et il ordonnoit au cardinal de Saint-Marcellin, de signifier au roi lui-même cette excommunication, et d'assigner son confesseur, le père Nicolas Dominicain, à se rendre avant trois mois à la cour de Rome pour s'y justifier. (1)

Cette dernière décision de Boniface mit le comble à l'indignation de Philippe. Il fit arrêter deux prêtres chargés d'apporter les bulles d'excommunication, et il les fit enfermer dans une prison à Troyes. En même temps il convoqua pour le 13 juin une nouvelle assemblée du baronnage de France : elle se tint dans son palais du Louvre. Devant tous ces prélats, ces comtes et ces barons, Louis, comte d'Evreux, frère du roi, les comtes de Saint-Paul et de Dreux, et Guillaume de Plasian, chevalier et

(1) Preuves du différend, p. 95, 99.

jurisconsulte, présentèrent à Philippe IV une nouvelle accusation contre Boniface, et sommèrent le roi, comme champion de la foi, de rassembler un concile général pour y faire droit. (1)

L'accusation rédigée au nom des princes français par leur jurisconsulte, se compose de vingt-neuf articles; plusieurs il est vrai ne sont que des répétitions, et presque tous les chefs d'accusation sont fondés sur des inductions plutôt que sur des faits. Ainsi, par exemple, Boniface est accusé de ne pas croire à l'immortalité de l'âme, car il a dit faire plus de cas d'un chien que d'un Français, ce qu'il n'auroit pu dire s'il avoit cru au Français une âme immortelle. Il est accusé de ne pas croire à la transsubstantiation, car il permet que son trône soit plus orné que l'autel sur lequel repose l'hostie (2). Il est accusé d'avoir un démon familier, car il a dit qu'il est impossible aux hommes de le tromper. Les autres accusations sont celles par lesquelles on a cherché dans tous les temps à exciter la populace contre une victime dévouée, en faisant planer sur elle le soupçon des vices les plus impurs. On y joignoit l'accusation de simonie, qu'il est toujours facile de renouveler contre tous les papes, tant qu'on payera à

---

(1) *Contin. Nangii.* 1303, p. 56. — Hist. de Languedoc, L. XXVIII, c. 78, p. 115.

(2) **Preuves du différend**, §. 1-5, p. 103.

la chancellerie romaine les bulles qu'elle est supposée expédier gratis. Enfin, pour exciter le ressentiment des Français, on accusoit Boniface d'avoir souvent exprimé sa haine et son courroux contre la *superbe française*. (1)

Guillaume de Plasian, après avoir lu l'acte d'accusation devant l'assemblée réunie au Louvre, jura sur l'Évangile qu'il le croyoit vrai dans tous ses articles; qu'il regardoit Boniface comme un parfait hérétique, et que ce n'étoit point par haine contre lui, mais par zèle pour la foi et pour l'église, qu'il présentoit cette accusation. Il somma le roi de convoquer un concile pour la juger, et il se mit par avance sous la protection de ce concile. Philippe répondit ensuite qu'il adhéroit à cet appel, aussi-bien qu'il avoit déjà adhéré à celui de Guillaume de Nogaret; qu'il travailleroit de toutes ses forces à la convocation d'un concile œcuménique, et qu'il protestoit contre toute sentence d'excommunication ou d'interdit que le pape, pour retarder la réunion de ce concile, pourroit prononcer contre lui ou contre les siens. On lut ensuite une protestation de cinq archevêques, de vingt-un évêques, et de plusieurs abbés et prieurs, qui déclaroient donner leur assentiment audit concile, qu'ils ju-

(1) Preuves du différend, p. 100-106.

geoient utile et nécessaire, ne fût-ce que pour faire éclater, comme ils le souhaitoient, l'innocence de Boniface VIII; mais qui cependant protestoient contre toute excommunication ou interdit qu'il pourroit publier à cette occasion, et qui se mettoient par avance, avec tous leurs adhérens, sous la protection du concile futur. (1)

Philippe IV écrivit ensuite, le 27 juin, à toutes les communautés religieuses, aux nobles, aux consuls et aux citoyens de toutes les villes de son royaume. Il leur disoit « que Bo-
« niface, actuellement président du siége apos-
« tolique, avoit été accusé devant lui de crimes
« énormes, par des personnes illustres, qu'ani-
« moit uniquement leur zèle pour la foi. » Il leur envoyoit la copie des actes de l'assemblée du Louvre, et il les invitoit « à consentir à la
« convocation du concile général, et à adhérer
« aux appels et aux provocations faits à ce con-
« cile. (2) » Le roi obtint en effet, des prélats, des communautés religieuses, des barons, et des villes, tant de France que de Navarre, plus de sept cents actes d'adhésion à son appel (3). Tous ses agens, dans toutes les provinces, avoient en grand soin d'avertir ses sujets qu'ils ne pouvoient espérer de la cour ni avance-

(1) Preuves du différend, p. 107, 108.
(2) Preuves du différend, p. 109.
(3) Preuves du différ. p. 111.

ment, ni faveur, ni même justice, s'ils ne secondoient pas la passion du roi. D'ailleurs, dès le 15 juin, Philippe avoit rendu une ordonnance pour prendre sous sa protection immédiate tous ceux qui interjeteroient appel au concile futur. (1)

Les communications entre la France et l'Italie étoient lentes et difficiles, et il paroît que Boniface VIII fut informé assez tard de ce qui s'étoit passé au mois de juin à l'assemblée du Louvre. En effet, ce fut seulement le 15 août que dans une bulle publiée à Anagni, il déclara que, les accusations portées contre lui, et l'appel à son successeur légitime et à un futur concile, étoient venus récemment à sa connoissance. Malgré l'impétuosité qu'on avoit en général remarquée dans son caractère, il est impossible de conserver plus de calme et de dignité qu'il ne fit, en repoussant des inculpations aussi insultantes. Sans doute qu'il sentoit l'importance de mesurer avec soin ses paroles, contre un tel adversaire, et qu'il employa la plume d'un des plus habiles écrivains de la cour de Rome.

Il n'entra point dans le détail des accusations intentées contre lui : celle d'hérésie lui paroissoit trop absurde pour être discutée. « Où donc a-t-on pu entendre dire dans

(1) Ordonnances de France, T. I, p. 374.

« le monde, dit-il, que nous soyons infecté
« d'hérésie? Qui jamais en a été accusé parmi
« nos parens, ou même dans toute la Campa-
« nie où nous sommes né? (C'étoit un sar-
casme indirect contre Nogaret et Plasian, tous
deux issus de l'Albigeois) Hier encore, l'au-
« tre jour, quand nous comblions ce même
« roi de bienfaits, certes, il nous tenoit pour
« très catholique. Aujourd'hui, il nous ac-
« cable de blasphêmes : quelle est cependant la
« cause de cette mutation subite, de cette irré-
« vérence filiale? Que tout le monde le sache ;
« c'est pour avoir voulu panser la plaie de ses
« péchés, c'est pour avoir voulu lui imposer
« l'amertume d'une pénitence que nous l'avons
« poussé à inventer de telles calomnies, à mettre
« en avant des accusations si insensées..... (1)
« L'église ne seroit-elle pas ébranlée, l'auto-
« rité des pontifes romains ne seroit-elle pas
« avilie, si une telle voie étoit ouverte aux
« rois, aux princes et aux puissans? En effet,
« dès que le pontife romain, successeur de
« saint Pierre, qui, d'après les paroles mêmes
« de saint Pierre, préside à tous les autres,
« s'attacheroit à la correction de quelque prince
« ou de quelque puissant; dès qu'il porteroit la
« main aux grands remèdes, il seroit accusé

(1) Preuves du différend, p. 166. — *Raynaldi Ann. Eccles.*
an. 1311, §. 41.

« d'hérésie, et on accumuleroit sur lui les
« crimes et les scandales (1). » Boniface énumère ensuite les empereurs et les rois qui s'étoient soumis à l'autorité des papes, ou même à celle des simples archevêques; puis il se contente d'annoncer que si le roi et ses sectateurs ne se corrigent, il procédera contre eux en temps et en lieu, de manière à n'être pas comptable de leur salut éternel.

C'étoit le 8 septembre que Boniface VIII devoit exécuter cette menace; la bulle qu'il comptoit de publier ce jour-là étoit prête. Il y énuméroit tous les efforts qu'il avoit faits pour réveiller la conscience du roi; il racontoit comment il lui avoit envoyé Jacques des Normands, nonce apostolique, avec une bulle que Philippe avoit fait brûler publiquement; comment il avoit convoqué un concile à Rome, ce qui avoit donné lieu à Philippe d'interdire aux prélats français de se rendre aux pieds du prince des apôtres; comment il avoit envoyé à Paris le cardinal de Saint-Marcellin, avec des offres de pacification qui avoient été rejetées, tandis que le cardinal avoit été mis en surveillance; comment il avoit envoyé de nouveaux nonces apostoliques qui avoient été jetés en prison; comment Philippe avoit ac-

(1) Preuves du différ. p. 167. — *Raynaldi Ann. Eccles.* 1311, §. 42.

cueilli avec une faveur distinguée, Étienne Colonna, malgré l'excommunication prononcée contre lui, seulement parce qu'il étoit l'ennemi du pape et de l'église. Boniface montroit ensuite comment, selon les lois de l'église, Philippe, par chacun de ces actes, avoit encouru les excommunications générales qu'elle a prononcées d'avance. Mais puisqu'il n'avoit pas voulu prêter l'oreille aux avertissemens nombreux qui lui avoient été donnés, Boniface se voyoit réduit à prononcer lui-même solennellement qu'il étoit excommunié, et il délioit tous ses sujets de leur serment de fidélité. (1)

Tandis que Boniface se figuroit que les foudres de l'église suffiroient pour terrasser son ennemi, Philippe préparoit contre lui des armes plus efficaces; il vouloit exécuter l'appel qu'il avoit interjeté, et représenter Boniface prisonnier devant le concile qu'il se proposoit de convoquer. Le 7 septembre, veille du jour fixé pour la publication de la bulle, le complot ourdi par ses agens éclata.

Dès le 7 mars 1303, Philippe IV avoit muni de pleins pouvoirs ce même Guillaume de Nogaret, qui, peu de jours après, interjeta le premier appel contre le pape; il lui avoit adjoint Jean Musciatti Franzesi, banquier florentin,

(1) Preuves du différ. p. 182. — *Raynaldi Ann. Eccles.* 1311, §. 44-49.

qui avoit été le principal intendant de ses finances, et deux docteurs en droit; enfin, il leur avoit donné un crédit illimité sur les Peruzzi, banquiers de Florence, énormément riches, qui faisoient alors les affaires de la cour de France (1). Nogaret et Musciatti étoient venus au printemps s'établir sur la route de Florence à Sienne, au château de Staggia, qui appartenoit à ce même Musciatti. Ils avoient annoncé qu'ils étoient chargés de traiter de la réconciliation de Philippe avec Boniface, et que c'étoit là le but des nombreuses conférences qu'on leur voyoit avoir, aussi-bien que l'emploi des sommes considérables dont ils disposoient. (2)

Cependant Boniface étoit venu passer l'été à Anagni, sa ville natale. Ce fut surtout dans cette ville que Nogaret chercha à se procurer des intelligences; il y gagna entre autres Arnolphe, le capitaine de justice, ou chef de la police et de la milice d'Anagni, et Reginald de Supino, seigneur de Férentino, homme qui jouissoit d'un grand crédit dans toute la campagne de Rome. « Ce dernier, dit Nogaret lui-même, dans « un acte notarié, lui avoit affirmé être bien- « veillant, zélé et fidèle contre la commune « d'Anagni, et contre les parens dudit Boni-

---

(1) Preuves du différ. p. 175.
(2) *Gio. Villani.* L. VIII, c. 63, p. 395.

« face, tant pour la vie que pour la mort dudit
« Boniface, pour le confondre, et venger l'in-
« jure du seigneur roi. Le même avoit donné
« asile à Guillaume de Nogaret, aussi-bien pour
« la mort que pour la vie dudit Boniface. » (1)

Nogaret s'étant ainsi préparé, et s'étant assuré l'appui d'un grand nombre de barons de la campagne de Rome, qu'il avoit corrompus à prix d'argent, partit secrètement de Staggia, et vint rejoindre, non loin d'Anagni, Sciarra Colonna, frère des deux cardinaux que Boniface avoit déposés. Celui-ci avoit rassemblé une troupe de trois cents cavaliers, avec un grand nombre de gens de pied. A leur tête, il entra dans Anagni, où le pape ne se défioit de rien, et ne s'étoit préparé à aucune résistance. La troupe de Colonna marchoit en criant : *Mort à Boniface, vive le roi de France!* Arnolphe, le capitaine de justice, qui auroit dû lui opposer quelque résistance, s'étoit secrètement vendu ; et le peuple, à qui Colonna abandonna le pillage des maisons des cardinaux, du palais et du trésor pontifical, fut sourd à l'appel du pape et de son neveu, qui le supplioient de prendre les armes.

Colonna et Nogaret arrivèrent jusqu'au vieux pontife, qu'ils menacèrent, mais qu'ils ne purent

(1) Preuves du différend, p. 175.

contraindre à s'humilier. *Voilà mon cou, voilà ma tête*, répondit-il à toutes leurs menaces ; *mais trahi comme Jésus-Christ, et prêt à mourir, du moins je mourrai pape.* En vain les conjurés s'étoient préparés aux dernières violences, un respect involontaire les empêchoit de porter les mains sur ce vieillard. Nogaret le menaçoit de le faire conduire garotté à Lyon, pour le faire juger par un concile ; cependant il le laissa passer trois jours dans son palais, sans oser prendre un parti, sans rien exécuter. Il étoit embarrassé de son captif, qu'il ne savoit ni comment garder ni comment relâcher : aussi voyoit-il avec plaisir que pendant ces trois jours, le pape n'avoit pris aucune nourriture, soit qu'en effet on le laissât dépourvu de tout, soit qu'il craignît d'être empoisonné. Mais le 10 septembre, le peuple d'Anagni, revenu de son étonnement, tourmenté de remords pour le butin dont il s'étoit emparé, honteux de l'abandon où il laissoit son protecteur et son compatriote, prit tout à coup les armes contre les Français. Les paysans des villages voisins étoient venus pendant la nuit grossir les rangs des bourgeois d'Anagni, en sorte que les insurgés se trouvoient au nombre de dix mille personnes. Cette troupe, s'animant aux cris de *vive le pape, et meurent les traîtres !* reprit le palais pontifical, en chassa Sciarra Colonna,

Réginald de Supino, Guillaume de Nogaret et leurs gendarmes, tua plusieurs de ces derniers, et remit Boniface VIII en liberté. Toutefois le but que s'étoit proposé Philippe n'en étoit pas moins accompli. L'agitation que venoit d'éprouver le vieux pontife, la peur, la colère, peut-être la faim, avoient épuisé le reste de ses forces, et aussi-bien celles de son esprit que celles d'un corps usé par l'âge et par les maladies. Il se mit immédiatement en chemin pour retourner à Rome. Il paroît qu'il y fut saisi d'une fièvre chaude, dont il mourut le 11 octobre, justement un mois après avoir été tiré de sa captivité. (1)

(1) *Gio. Villani.* L. VIII, c. 63, p. 395. — *Contin. Nangii.* 1303, p. 56. — *Matth. Westmon.* p. 446. — *Raynaldi Ann.* 1303, §. 41, 44. — Thomas Walsingham, *Histor. Angl.* p. 56. — Chron. de Saint-Denys, f. 133. — Preuves du différend de Bonif. p. 192-202, où tous les fragmens d'historiens contemporains sont rapportés.

CHAPITRE XXI.

*Fin de la guerre de Flandre. — Philippe IV réduit la cour de Rome sous sa dépendance, et retient le pape en France ; il ruine ses peuples par l'altération des monnoies ; il fait arrêter tous les juifs en un même jour. — Mort d'Édouard I*er *d'Angleterre. —* 1303-1307.

L'orgueilleux Philippe IV avoit été offensé presque en même temps par les réprimandes que Boniface VIII lui avoit adressées en s'arrogeant sur lui une autorité qu'il ne vouloit point reconnoître, et par la résistance que les Flamands avoient opposée, et la victoire qu'ils avoient remportée sur ses troupes. Déjà il étoit vengé de Boniface, et la violence avec laquelle il l'avoit attaqué, le scandale qu'il avoit donné à son occasion à la chrétienté, montroient assez quel profond ressentiment la bulle *Ausculta fili* avoit excité en lui. Il vouloit aussi se venger des Flamands ; mais son âme étoit restée bien autrement calme à leur égard. Les généraux seuls avoient été battus, tandis que lui-même il n'avoit point été humilié par les insurgés ; il n'avoit point eu à entendre dans leurs discours l'exposé de ses fautes, ou à voir révéler au monde des vérités qu'il croyoit qu'une bouche humaine ne devoit jamais proférer. D'ailleurs se sentant respectable seulement parce qu'il étoit fort, il avoit à son tour un certain respect pour la force ; et comme il n'avoit point de goût, peut-être point de talent pour la guerre, il reconnoissoit sans hésiter, dans la victoire de ses ennemis, l'empire de la nécessité, et il s'y soumettoit.

Ainsi il ne s'étoit point senti humilié, lorsqu'à la fin de la campagne de 1302, qui avoit été marquée par l'une des plus grandes défaites que les Français eussent éprouvées, il avoit signé un armistice avec les Flamands, qu'il avoit d'abord regardé comme des sujets révoltés, mais que leur victoire à Courtrai et leur ferme contenance à Douai lui avoient appris à respecter. Au printemps de 1303, les hostilités recommencèrent ; mais il n'y mit de son côté aucun acharnement, et il n'essaya pas même de faire un effort vigoureux contre la Flandre, jusqu'à ce que la grande affaire de l'arrestation de Boniface fût terminée.

Les Flamands, au contraire, enhardis par leurs succès récens, recherchoient avidement de nouveaux combats. Ils avoient chassé les Français de toute la partie de leur territoire où l'on parle flamand ; et les villes qui s'étoient d'abord refusées à l'insurrection, se faisoient gloire désormais d'envoyer leurs milices sous des drapeaux que la victoire avoit illustrés. Toutes leurs rencontres avec les Français ne furent cependant pas également avantageuses. Ils désiroient s'emparer de Tournai, et un de leurs corps, qui s'approchoit de cette ville pour la faire insurger, fut surpris sur le chemin de Lille, le 18 avril 1303, par Foulcaud de Mule, l'un des maréchaux du roi, et mis en déroute avec une perte de deux cents chevaux et trois cents fantassins. (1)

Gui de Dampierre, comte de Flandre, étoit toujours prisonnier de Philippe avec ses deux fils aînés; mais il avoit eu un grand nombre d'enfans, dont plusieurs avoient été chercher fortune au loin. L'un de ceux-ci, nommé Philippe, étoit depuis long-temps établi dans le royaume de Naples, où il avoit obtenu en fief les comtés de Riéti et de Lanciano, en récompense des services que sa famille avoit rendus à Charles d'Anjou dès le temps de la conquête. Lorsqu'il apprit le soulèvement des Flamands, il restitua tous ses fiefs à Charles II, aimant mieux, dit Villani, servir sa patrie en pauvre chevalier, durant son danger, que de jouir loin d'elle de la paix et de la richesse. Il

(1) *Contin. Nangii.* A. 1303, p. 56.

appela à lui tous les chevaliers qui lui étoient dévoués, et il se mit en route pour la Flandre, où il arriva au mois de juin 1303. Les Flamands furent touchés de ce généreux dévouement ; ils le reçurent avec enthousiasme, et le nommèrent leur capitaine ; il étoit en effet l'aîné de Jean de Namur, qui les avoit commandés jusqu'alors ; d'ailleurs il avoit acquis dans les guerres d'Italie quelque expérience de l'art militaire. (1)

Les Flamands poussoient alternativement leurs ravages, tantôt dans l'Artois, tantôt dans la Hollande, la Zélande et le Hainaut, qui appartenoient à Jean d'Avesnes ; ce seigneur, par haine héréditaire pour les Dampierre, ayant embrassé le parti de la France. Dans presque toutes ces expéditions, les Flamands furent victorieux : ils conquirent Middlebourg, et la plus grande partie de la Zélande, ils ravagèrent le Hainault et l'Artois. Cependant, après avoir pillé les campagnes de Saint-Omer, ils furent surpris à Arques par les Français, qui leur avoient dressé une embuscade, et ils y perdirent près de trois mille hommes. Mais leurs milices étoient animées d'un si vif enthousiasme, que leurs pertes étoient bientôt réparées, et qu'elles ne suspendoient pas leurs

(1) *Gio. Villani.* L. VIII, c. 76, p. 410. — Oudegherst. *Chron.* c. 140, f. 231.

expéditions. Au mois de juillet, ils vinrent attaquer Térouane, ville à moitié ruinée, et qui n'étoit entourée que d'un simple fossé : toutefois ils y furent arrêtés quelque temps. Philippe, qui n'avoit point de bonne infanterie française, et qui n'en pouvoit point avoir, car la noblesse française en tenant le tiers-état dans l'esclavage, ne lui avoit permis d'acquérir ni bravoure ni sentiment d'honneur, s'étoit déterminé à prendre à sa solde un corps d'infanterie italienne qui, avec ses longues lances et sa discipline régulière, tenoit seul tête aux Flamands. Les Italiens disputèrent pied à pied le terrain dans Térouane, et se retirèrent ensuite à Tournai sans se laisser entamer; et les Flamands, après avoir brûlé Térouane, vinrent les assiéger dans Tournai. (1)

Philippe rassembloit une armée dans le Vermandois, son quartier-général étoit à Péronne au mois de septembre, et l'on s'attendoit à des combats sanglans; cependant il proposa lui-même une trêve d'une année aux Flamands, et cette trêve fut acceptée par l'entremise du comte Amédée de Savoie. Il offroit de remettre pendant sa durée le vieux comte Gui en liberté, pourvu qu'il s'engageât à rentrer dans sa prison, si avant l'expiration de la trêve les deux partis ne

(1) *Gio Villani*. L. VIII, c. 76, p. 410. — *Contin. Nangit* p. 56. — *Chron. Nicolai Trivetti.* p. 229.

convenoient pas d'une bonne paix. On ignore
si Philippe croyoit n'avoir pas d'autre moyen
de sauver Tournai, ou s'il se flattoit, en renvoyant aux Flamands leur vieux souverain, de
ralentir leur ardeur, et d'exciter des dis-
sensions parmi eux. La convention cependant
fut exécutée, le siége de Tournai fut levé. Le
vieux comte Gui, après avoir laissé des otages
à Philippe, fut rendu à ses sujets, et reçu par
eux avec une vive allégresse. Il les félicita de
leurs succès, il les remercia de ce que par leur
bravoure ils lui avoient procuré encore quelques jours de liberté; il embrassa et bénit ses
enfans, mais il ne chercha point à traiter avec
Philippe; il sentoit qu'on demanderoit et à ses
sujets, et à ses enfans des concessions perpétuel-
les en échange pour le peu de jours qui lui
restoit encore à vivre; il retourna donc dans
sa prison de Compiègne, où il mourut au mois
de février 1305, âgé de plus de quatre-vingts
ans. (1)

L'argent manquoit presque toujours à Philippe pour soutenir la guerre, et ce fut apparemment un de ses motifs pour conclure une
trève qui nuisit à sa réputation, et qui fut attribuée à sa pusillanimité. Les sommes que

_____
(1) *Gio. Villani.* L. VIII, c. 76, p. 411. — *Contin. Nangii.* p. 56, 57. — *Nicol. Trivetti Chron.* p. 229. — Oudegherst, *Chron.* c. 139, f. 231.

Nogaret avoit prodiguées pour gagner des traîtres à Anagni, avoient épuisé le trésor royal, et Philippe avoit eu recours aux expédiens les plus ruineux pour le remplir de nouveau. Il avoit commencé par appeler au service personnel pour la guerre de Flandre les roturiers qui avoient plus de vingt-cinq livres de revenu, et les nobles qui avoient plus de cinquante livres, *à moins qu'ils ne se fissent dispenser de ce service par une finance compétente*, car les dispenses du service militaire étoient un des moyens les plus efficaces qu'eût trouvés le roi pour lever de l'argent; par d'autres ordonnances, il avoit réglé que chaque cent livres de rente possédées par des nobles ou des gens d'église, dans le diocèse de Paris, lui fourniroit un cavalier armé; que chaque centaine de feux de roturiers pauvres lui fourniroit six sergens à pied. Cinq ordonnances différentes furent dans le cours de l'année publiées par le roi sur le même sujet (1). Mais après qu'il eut accordé une trève aux Flamands, il rendit aussi une ordonnance, le 20 octobre, pour accorder aux chevaliers et aux dames de Flandre qui avoient embrassé le parti français et qui avoient émigré, une subvention qui leur donnât les moyens de subsister. (2)

(1) Ordonn. de France, T. I, p. 369, 373, 382, 383, 391.
(2) Ordonn. de France, T. I, p. 385.

Les ordonnances sur les monnoies ne se suivoient pas avec moins de rapidité. Philippe prenoit soin de régler avec quelles espèces les impositions, les cens, les dettes seroient payées. Il seroit difficile et fastidieux de suivre leurs variations. Le roi changeoit plusieurs fois dans l'année le titre et le poids des monnoies qu'il faisoit frapper : il commençoit par établir leur cours fort au-dessus de leur valeur réelle ; mais quand le commerce avoit fini par reconnoître cette valeur, et que sa monnoie fausse étoit décriée, il rendoit une nouvelle ordonnance pour qu'elle ne fût pas reçue dans les caisses publiques (1). Philippe avoit encore prohibé de porter de l'or ou de l'argent hors du royaume ; d'exporter le blé, le vin ou les autres choses nécessaires à la vie, même quand on seroit muni d'une permission expresse de lui pour le faire ; de correspondre avec aucun Flamand, même par lettres ouvertes, et quel que fût le degré de parenté entre les deux correspondans. Le manquement à ces ordonnances devoit être puni par la confiscation des biens. (2)

Au milieu de toutes ces ordonnances fiscales qui signaloient plutôt l'inquiétude du pouvoir qu'aucun projet de réformer la législation, il y

(1) Ordonn. de France, T. I, p. 378, 379, 389.
(2) Ordonn. de France, T. I, p. 379, 381.

en eut cependant quelques unes qui donnèrent plus de régularité à l'administration; ainsi l'ordonnance pour la réforme du royaume, rendue le 23 mars 1303, et dont nous avons déjà parlé, donna aux tribunaux une périodicité qu'ils n'avoient point encore, en réglant qu'on tiendroit tous les ans deux parlemens à Paris, deux échiquiers à Rouen, et deux fois l'an les jours de Troyes, et qu'il y auroit aussi un parlement à Toulouse, si les gens de cette province consentoient à ce qu'il n'y eût point d'appel des présidens de ce parlement. (1)

Par une autre ordonnance, rendue le 9 janvier 1304, Philippe déclara que voulant suivre les exemples de son aïeul Saint-Louis, et du conseil de ses prélats et de ses barons, il interdisoit les guerres privées pour toujours, et les duels jusqu'à la paix générale; renvoyant aux tribunaux ceux qui prétendoient avoir le privilége de se faire ainsi justice à eux-mêmes. (2)

Cette dernière ordonnance fut publiée à Toulouse, pendant un voyage que Philippe avoit entrepris sur la fin de l'année 1303, dans ses provinces du midi. Plusieurs affaires avoient contribué en même temps à l'y attirer. D'une part, Hugues XIII de Lusignan, comte de la

(1) Ord. de Fr. T. I, p. 366, §. 62. — Hist. de Langued. L. XXVIII, c. 77, p. 114.
(2) Ordonn. de France, T. I, p. 390.

Marche et d'Angoulême, venoit de mourir sans
enfans; il avoit, deux ans auparavant, engagé
ces deux comtés au roi Philippe, pour une
grosse somme d'argent; et celui-ci vouloit se
mettre en possession de son héritage, comme
il le fit en effet, à l'aide d'une sentence de ses
tribunaux, au préjudice du frère et des deux
sœurs du dernier feudataire (1). D'autre part,
Philippe avoit sans cesse des disputes de juridiction avec le roi de Majorque, son oncle, et
autrefois son plus fidèle allié, qui résidoit à
Montpellier, et qui cherchoit en vain à défendre la souveraineté de cette ville, sur laquelle
Philippe avoit acquis les droits contentieux de
l'évêque de Maguelone (2). Enfin, les violences commises par l'inquisition de Toulouse
demandoient aussi son attention. Il avoit été
prouvé que les inquisiteurs, lorsqu'ils ordonnoient des incarcérations ou des tortures, n'a-
voient le plus souvent d'autre but que celui
d'arracher de l'argent à ceux qu'ils déclaroient
suspects d'hérésie. Le vidame de Péquigny, que
le roi avoit envoyé pour sénéchal dans ces provinces, avoit fait sortir de prison un grand
nombre de ces malheureux dont l'innocence
avoit été prouvée. Les moines, indignés de ce
qu'il avoit osé troubler leur juridiction, l'a-

(1) *Chron. Nangii Contin.* p. 56.
(2) Hist. de Languedoc, L. XXVIII, c. 69, p. 109.

voient excommunié; il avoit été contraint à partir pour Rome, où il avoit appelé de leur sentence, et arrivé à Pérouse il y étoit mort. (1)

Philippe, en se rendant en Languedoc, avoit peut-être aussi pour but de se tenir plus à portée de la cour de Rome, et de correspondre plus facilement, de Toulouse, où il arriva à Noël, et où il séjourna un mois, avec le nouveau pontife, sur lequel il lui importoit fort d'acquérir quelque influence. Il avoit vu avec quelque inquiétude que le successeur de Boniface avoit été nommé le douzième jour (22 octobre) depuis la mort de celui-ci; comme si les cardinaux avoient craint de s'exposer, par quelques délais, aux intrigues de la France. Ils avoient fait choix de Nicolas de Trévise, cardinal d'Ostie, qui devoit à Boniface son élévation, qui avoit été envoyé par lui comme légat en Hongrie pour y prêter son appui à Charobert, petit-fils du roi de Naples, et qui, revenu à Anagni, au moment de la prise de cette ville par Sciarra Colonna, s'étoit montré fidèle à son patron, dans ses plus grandes adversités. (2)

La cour de France pouvoit donc s'attendre à ce que le successeur de Boniface adoptât entiè-

---

(1) *Contin. Nangii.* A. 1303, p. 56.
(2) *Raynaldi Ann.* 1303, §. 45. — *Gio. Villani.* L. VIII, c. 66, p. 399.

rement sa politique, et ne songeât qu'à venger les outrages auxquels la chaire de saint Pierre avoit été exposée. Toutefois le nouveau pape, qui prit le nom de Benoît XI, hésitoit à s'engager dans une lutte qui avoit été si fatale à son prédécesseur, et à offenser un adversaire qui avoit montré qu'aucun respect divin ou humain ne pouvoit le retenir. Jusqu'à la fin de l'année 1303, il ne fit mention du roi de France ou de ses agens dans aucune de ses bulles, si ce n'est que le 13 décembre il excommunia ceux qui avoient pillé le trésor apostolique à Anagni. (1)

De son côté, Philippe écrivit au nouveau pontife pour le féliciter, et féliciter l'église sur son élection, sans faire d'autre allusion aux derniers événemens, que de mettre en contraste la prospérité dont l'église alloit jouir avec les douleurs qu'elle avoit éprouvées sous un *président mercenaire*. Par cette même lettre, il accréditoit auprès de lui trois députés, parmi lesquels on remarque ce même Guillaume de Plasian qui avoit intenté contre Boniface une accusation si odieuse (2). Peut-être Benoît XI auroit-il dû refuser de le recevoir; cependant il accueillit avec bonté les envoyés de Philippe; il

---

(1) *Raynaldi Annal.* 1303, §. 57.
(2) Preuves du différend, p. 205. — *Raynaldi Annales*, 1304, §. 9.

lui écrivit à lui-même, le 2 avril 1304, qu'il croyoit devoir se conduire à son égard comme le bon berger de la parabole, qui laisse quatre-vingt-dix-neuf de ses brebis pour courir après une seule qui s'est égarée (1). Puis, par une bulle du 13 mai, il releva les barons et les prélats de France des sentences d'excommunication qu'ils avoient encourues, soit dans les précédentes contestations avec Boniface, soit au moment de son arrestation. Le seul Guillaume de Nogaret fut exclus de cette faveur, le pape se réservant spécialement à lui-même de prononcer son absolution quand il le jugeroit convenable (2). Il semble que Benoît XI étoit encore dans ce moment sous l'impression de la terreur que lui avoit occasionnée la captivité de son prédécesseur, et les scènes de violence et de pillage dont il avoit été témoin. Il ne savoit plus en quel lieu il pourroit lui-même être en sûreté, et sa première pensée étoit d'apaiser un ennemi aussi redoutable. Cependant, lorsqu'il commença à prendre confiance en ses gardes, et dans les tours de son palais; lorsqu'il put reconnoître l'indignation que ressentoit la chrétienté à l'occasion du forfait commis contre son prédécesseur; lorsqu'il se sentit appuyé par l'opinion publique, il changea de langage, et le 7 juin il

(1) Preuves du différ. p. 207.
(2) Raynaldi Annal. 1304, §. 9.

publia à Pérouse une bulle, dans laquelle on trouve enfin l'expression des sentimens que tant d'outrages devoient exciter dans le cœur du souverain pontife. Après avoir nommé par leurs noms quinze chefs de la conjuration, qu'il avoit vus de ses yeux entrer à main armée dans le palais du pape, porter sur lui des mains impies, et le menacer par des blasphèmes et des cris funestes, il déclare que les quinze susnommés, *et tous ceux qui leur ont donné secours, conseil ou faveur*, ont encouru la sentence d'excommunication, et il les cite péremptoirement à comparoître devant lui, avant la fête de Saint-Pierre et de Saint-Paul, pour recevoir de lui une juste sentence. (1)

Cette bulle n'eut que le temps de parvenir à ceux qui pouvoient se regarder comme compris dans l'excommunication, et aussitôt ils y firent une terrible réponse, celle que sans doute Benoît XI avoit craint, lorsqu'il avoit tant tardé à la publier. La bulle d'excommunication avoit été donnée par Benoît le 7 juin, et le 7 juillet il avoit cessé de vivre. Une jeune femme voilée, qui se donna pour une converse des religieuses de Sainte-Pétronille à Pérouse, vint lui présenter, tandis qu'il étoit à table, un plat de figues, des premières de la saison, dont on

(1) *Raynaldi Annal.* 1304, §. 13, 14, 15.

savoit qu'il étoit fort avide ; il en mangea sans défiance : aussitôt il se trouva mal, et il mourut en peu de jours (1). Les auteurs contemporains accusent de cet empoisonnement Nogaret, les Colonna, Jean Muschietto Franzesi, et le cardinal Napoléon Orsini ; un seul d'entre eux, Ferretus de Vicence, a osé nommer Philippe : l'église se tut, le sacré consistoire trembla, et on n'intenta aucunes poursuites.

Philippe IV travailloit cependant à dissiper le mécontentement qu'il avoit excité parmi ses peuples. Il craignoit son clergé, il avoit humilié sa noblesse, et il cherchoit un appui dans les communes, qui n'étoient point encore assez éclairées ou assez puissantes pour limiter son autorité, et qui, toutes glorieuses et tout étonnées de se voir compter par lui pour quelque chose, s'empressoient de devancer toutes ses volontés. C'étoit parce qu'il avoit reconnu leur aveugle obéissance qu'il les avoit appelées le premier aux états-généraux, où leurs syndics n'avoient pas eu d'autres volontés que les siennes. Pendant son séjour en Languedoc, il continua à favoriser les communes ; il étendit

(1) *Gio. Villani.* L. VIII, c. 80, p. 416. — *Dino Compani.* L. III, T. IX. *Rer. Ital.* p. 519. — *Chr. Fr. Franc. Pipini.* T. IX, L. IV, c. 49, p. 747. — *Ferreti Vicentini Hist.* T. IX, p. 1013. — *Matth. Westmonaster Flor. Histor.* p. 447.

la juridiction des consuls de Toulouse ; il accorda aux bourgeois de cette ville des exemptions, soit quant au service militaire, soit quant aux péages ; il régularisa l'organisation des tribunaux ; il augmenta aussi les priviléges de Carcassonne, de Béziers, de Narbonne (1), et appela les syndics de toutes ces villes aux états de Languedoc ; et comme il avoit besoin d'une subvention pour continuer la guerre de Flandre, il nomma des commissaires pour traiter de cette subvention soit avec les seigneurs, soit avec les communes. Le traité que ces commissaires signèrent dans la semaine de Pâques, d'abord avec les nobles, ensuite avec les consuls des villes, nous montre pour la première fois les sujets défendant leurs droits, et traitant de puissance à puissance avec la couronne. C'est une capitulation dont chaque article est accepté ou modifié par les commissaires du roi, de telle sorte cependant que le droit des Languedociens de se taxer eux-mêmes y est expressément reconnu, et que les concessions qu'ils font sont compensées par l'acquisition de nouveaux priviléges. (2)

Philippe, qui étoit de retour à Paris le 1ᵉʳ mai, s'y préparoit avec ardeur pour la guerre de

(1) Ordonn. de France, T. I, p. 392-406.
(2) Hist. de Languedoc, L. XXVIII, c. 87, p. 124. — Le traité dans les preuves. — *Ib.* n. 62, p. 131.

Flandre. C'étoit l'énormité des dépenses qu'elle lui occasionnoit qui l'avoit contraint à se relâcher sur les prérogatives de la couronne, et à jeter chez ses sujets les germes d'une liberté qu'il ne croyoit pas avoir à redouter. Il assembla, à ce qu'on assure, pour cette expédition, douze mille cavaliers et cinquante mille fantassins. Cependant il désiroit surtout secourir son allié, le comte de Hainaut et de Zélande, qui étoit assiégé dans Ziriksée par Gui de Namur, fils du comte de Flandre, avec quinze mille fantassins. La marine française n'étoit pas en état de tenir tête aux Flamands, et Philippe prit à sa solde, pour porter la guerre en Zélande, Renier Grimaldi, avec seize galères génoises. Grimaldi rencontra au mois d'août la flotte des Flamands devant Ziriksée. Il prit peu de souci de sauver les vaisseaux français auxquels il étoit associé; presque tous furent pris ou mis en déroute; mais comme les Flamands se félicitoient déjà de leur victoire, il revint sur eux avec toute l'impétuosité du flux qu'il avoit attendu, il coupa leur ligne, il détruisit un grand nombre de leurs vaisseaux; il fit prisonnier Gui de Namur, qui s'étoit embarqué à son approche sur la flotte qu'il venoit de vaincre; il l'envoya à Paris, où tant de membres de sa famille avoient tour à tour été captifs, et il força la partie de l'armée flamande qui étoit demeurée à Ziriksée, à lever le siége. (1)

Pendant ce temps, Philippe-le-Bel avoit établi à Tournai son quartier-général ; et les Flamands avoient rassemblé devant Lille leur armée, où l'on comptoit, disoit-on, soixante mille fantassins. Elle étoit commandée par Philippe de Riéti, celui des fils du comte de Flandre qui avoit quitté le royaume de Naples. Il avoit avec lui ses deux frères, Jean et Henri de Namur, son cousin Guillaume de Juliers, et plusieurs barons des Pays-Bas et de l'Allemagne. Le roi Philippe résolut d'aller les attaquer ; il éprouva une vive résistance au passage de la Lys, mais enfin il s'empara du pont, qui lui avoit été long-temps disputé, et il se trouva en vue de l'ennemi qu'il cherchoit, près de Mons en Puelle, où les Flamands s'étoient campés. Ceux-ci, à l'approche de l'ennemi, levèrent leurs tentes, rangèrent leurs bagages sur leurs chars, et formèrent de ces chars une double enceinte qui leur servoit de retranchement. Leur ligne étoit interrompue en cinq endroits seulement ; c'étoient les portes qu'ils s'étoient ménagées. Si la gendarmerie française les avoit chargés immédiatement, comme ils s'y attendoient, cette enceinte de chars auroit arrêté

(1) *Gio. Villani.* L. VIII, c. 77, p. 411. — Oudegherst, *Chron.* c. 140, f. 232.

l'impétuosité des chevaux, et auroit assuré l'avantage à ceux qui la défendoient. Mais les Français avoient appris à respecter l'ennemi qu'ils combattoient, et ne vouloient plus négliger avec lui aucun des préceptes de l'art militaire. Ils commencèrent par reconnoître sa position, puis ils songèrent moins à l'y forcer qu'à l'y fatiguer, pour qu'il l'abandonnât de lui-même. Des corps de cavalerie qui se relevoient successivement menaçoient tour à tour les diverses portes, mais évitoient de s'y engager; les piétons, et surtout les Languedociens, qui étoient les plus lestes de l'armée française, attaquoient à coups de pierres et de flèches les Flamands placés à la garde des chars. Quoiqu'on fût déjà à la fin de septembre, il faisoit une chaleur étouffante, et les Flamands exposés à toute l'ardeur du soleil, ne pouvoient prendre le repos dont ils avoient un extrême besoin, parce que leurs vivres et leur boisson étoient tous chargés sur les chars qui leur servoient de retranchement. Vers la fin de la journée leur patience se lassa : ils sortirent tout à coup par trois portes, en trois divisions, commandées par Guillaume de Juliers, Philippe de Riéti, et Jean de Namur. Le premier marcha droit aux tentes de Philippe, qui, ne s'attendant point à être attaqué, étoit à pied, désarmé, et sur le point de se mettre à table. Les Fla-

mands s'emparèrent de son pavillon et le pillè- 1304.
rent; ils tuèrent un grand nombre de ses serviteurs, et ils l'auroient aisément tué lui-même,
ou fait prisonnier, s'ils l'avoient reconnu ;
mais Philippe, qui n'avoit gardé ni manteau
ni aucun ornement royal, put s'enfuir dans
la foule, et personne ne s'acharna à le poursuivre. Pendant le même temps les escadrons
de Charles de Valois, du comte de Saint-Paul,
et plusieurs autres encore avoient été rompus
et étoient en pleine fuite. Les Français avoient
déjà perdu près de quinze cents cavaliers, et
leur déroute sembloit certaine. On assure que
ce fut le roi qui les sauva. Dès qu'il eut réussi
à se faire reconnoître et à monter à cheval, il
rassembla sa gendarmerie, que les Flamands à
pied n'avoient pu poursuivre; il fit honte de
leur fuite à ses chevaliers, et il les ramena à la
charge. Les Flamands vainqueurs s'étoient dispersés pour piller; cependant ils se reformè-
rent avec courage sous la lance de leurs ennemis, ils se défendirent avec vaillance, et ils
continuèrent à combattre aux flambeaux lorsque la nuit fut venue. Mais enfin ils furent
rompus et renversés par la cavalerie; ils abandonnèrent le champ de bataille couvert de six
mille de leurs morts et de tous leurs bagages,
et ils se retirèrent partie à Lille, partie à Ypres;
tandis que Philippe-le-Bel, demeuré maître de

cette plaine ensanglantée, fit enterrer ses morts et défendit qu'on donnât la sépulture à aucun Flamand, pour les punir de ce qu'il nommoit leur rébellion. (1)

Le surlendemain de la bataille, Philippe vint mettre le siége devant Lille, où Philippe de Riéti s'étoit retiré. Les Français, qui en peu de semaines avoient remporté deux grandes victoires, l'une à Ziriksée, et l'autre à Mons en Puelle, croyoient les Flamands absolument découragés, et s'attendoient de jour en jour à ce qu'ils ouvrissent leurs portes; ce fut donc avec un extrême étonnement qu'en moins de trois semaines ils virent reparoître, sous le commandement de Jean de Namur, une nouvelle armée, forte de soixante mille hommes, et non moins bien pourvue que la précédente d'armes et d'équipages. Les bourgeois de Bruges, de Gand, d'Ypres, et des autres riches villes de Flandre, avoient tous quitté leurs métiers pour courir à l'armée, avec un courage indomptable, et ils s'étoient engagés par serment à ne pas revoir leurs foyers qu'ils n'eussent obtenu ou une bonne paix ou la victoire. *Il vaut mieux,* répétoient-ils à l'envi, *mourir*

---

(1) *Gio. Villani.* L. VIII, c. 78, p. 413-415. — Il visita le champ de bataille peu de jours après. — *Contin. Nangii.* 57. — Oudegherst. *Chron. de Flandre*, c. 140, f. 252. — *Chron. de Saint Denys*, f. 135.

dans la bataille que de vivre en servage ; ils méprisoient le fol espoir de sauver leurs richesses s'ils ne pouvoient sauver leur liberté, et ils offroient au service de leur patrie leurs bourses avec autant d'empressement que leurs bras. C'est ainsi qu'ils avoient complété leurs équipages de guerre avec une magnificence qu'on étoit loin de trouver dans le camp du roi.

Lorsque celui-ci, dont les lignes embrassoient six milles d'étendue autour de Lille, reçut le défi que lui portèrent les hérauts d'armes flamands, il s'étonna de voir qu'il avoit à recommencer la guerre, comme s'il n'avoit rien fait. Tous ses grands lui conseillèrent de traiter ; le duc de Brabant et le comte de Savoie s'offrirent à lui comme médiateurs, et la négociation commença. Philippe ayant consenti à reconnoître l'antique liberté et l'indépendance des Flamands, la paix fut bientôt conclue. Le roi s'engagea à remettre en liberté Robert de Béthune, fils aîné du comte Gui de Dampierre, avec ses deux frères Guillaume et Gui de Namur. Il reconnut le premier comme comte de Flandre ; Robert avoit épousé l'héritière du comté de Nevers, et son fils Louis l'héritière du comté de Réthel. Philippe s'engagea à mettre Louis en possession de ces deux comtés français ; il mit aussi en liberté tous les barons flamands qu'il avoit arrêtés avec leurs princes, et qu'il retenoit en prison dès le commencement des troubles. Mais, d'autre part, les Flamands lui abandonnèrent jusqu'à la Lys toute la partie de la Flandre qui parle français, avec les villes de Lille, de Douai et leurs dépendances, et ils s'engagèrent à lui payer, en certains termes, deux cent mille livres pour les frais de la guerre. (1)

Ainsi fut terminée la guerre de Flandre, qui la première avoit interrompu le cours des prospérités de Philippe IV, et qui lui avoit fait connoître qu'on pouvoit lui résister. Cette guerre avoit été la cause principale de ses levées exorbitantes d'hommes et d'argent, de la falsification de ses monnoies, des décimes qu'il avoit imposés au clergé, et par conséquent de ses brouilleries mêmes avec la cour de Rome ; elle avoit excité aussi la fermentation sourde que Philippe commençoit à remarquer dans son royaume, et qu'il s'efforçoit d'arrêter par des supplices. Une béguine de Metz, qui avoit fondé un ordre de pauvres religieuses, encourut ses

(1) *Gio. Villani.* L. VIII, c. 79, p. 415. — Oudegherst, *Chron.* c. 140, f. 233. — *Chron. Nicol. Trivetti. Spicil.* T. III, p. 230. — Flassan, *Diplom. Franc.* T. I, L. II, p. 137. Le traité définitif qui fut signé le 5 juin 1305 donna lieu à beaucoup d'accusations réciproques de surprise et de mauvaise foi ; les Flamands prétendirent n'avoir cédé la Flandre française que pour un temps, et comme gage de l'accomplissement des autres conditions.

soupçons et ceux de Charles de Valois, pour avoir tenu quelques propos sur la punition céleste qui attendoit la tyrannie, propos que les dévots avoient répétés comme des prophéties. Charles de Valois la fit saisir, et lui fit brûler la plante des pieds, pour lui arracher par les tourmens la confession que ses révélations venoient du diable. Il la fit ensuite enfermer dans la prison de Crespy (1). Le prévôt de Paris, de son côté, fit pendre un clerc de l'Université, accusé d'avoir parlé trop librement : mais tous les professeurs réclamèrent sur ce qu'il avoit ainsi violé leurs priviléges ; ils suspendirent leurs leçons, et ils forcèrent le prévôt, qu'ils avoient excommunié, à aller demander son absolution à Rome.

D'autre part, durant l'hiver, les blés manquèrent dans le nord de la France, et surtout à Paris; et la mauvaise économie du roi changea bientôt la disette en famine, parce qu'il voulut régler le commerce, fixer les prix, et approvisionner lui-même les marchés. Depuis la fête de la Toussaint (1er novembre), il rendit chaque mois de nouvelles ordonnances sur les blés: tantôt il en prohiboit l'exportation, tantôt il obligeoit à faire des recherches dans les greniers, pour porter au marché tout ce qu'il ju-

---

(1) *Contin. Nangii.* p. 57.

geoit superflu, tantôt il fixoit le prix du blé à quarante sous par setier, tandis qu'il étoit monté à cinq ou six livres : tantôt il retiroit cette ordonnance, parce qu'elle avoit fait disparoître le blé de tous les marchés; mais en même temps il défendoit à plus de cinq personnes de s'assembler soit dans les maisons, soit dans les rues. Ce ne fut que par cet excès de rigueur qu'il atteignit la nouvelle révolte, sans avoir laissé éclater de soulèvement. (1)

Les nouvelles de la cour de Rome continuoient à réclamer toute l'attention de Philippe. Après la mort de Benoît XI, les cardinaux avoient été enfermés en conclave à Pérouse, lieu où ce pape avoit fixé sa résidence : bientôt ils reconnurent qu'ils se partageoient en deux partis trop égaux pour qu'il fût possible qu'aucun candidat obtînt la majorité des deux tiers de leurs suffrages. D'une part, en effet, se trouvoient les membres du sacré collége qui avoient dû leur élévation à Boniface VIII, et qui lui avoient voué leur reconnoissance ; ils étoient dirigés par le cardinal Gaétani, neveu de ce pape, et par Matteo Orsini. Ils accusoient la cour de France de la mort de deux souverains pontifes, ils regardoient Philippe-le-Bel avec horreur, et ils ne vouloient pas s'exposer à recevoir un pape

---

(1) Ordonn. de France, T. I, p. 424-428. *Contin. Nangii.* p. 58.

de sa main. D'autre part se rangeoient ceux qui devoient leur grandeur à Nicolas IV, le zélé protecteur de la maison Colonna, qui désiroient rappeler au sacré collége les deux cardinaux de cette maison, exclus par Boniface VIII, qui penchoient secrètement pour les Gibelins, et qui recherchoient l'appui de la France. Le cardinal de Prato, et Napoléon des Orsini étoient les chefs de ce parti.

1304.

Pendant neuf mois, les cardinaux enfermés au conclave essayèrent successivement de s'accorder en faveur de quelqu'un des membres de leur collége, ou de quelqu'un des prélats plus marquans de l'Italie. Ce fut en vain; ils acquirent enfin la conviction que tous ceux qu'ils connoissoient s'étoient rangés trop ostensiblement sous l'une ou l'autre bannière, pour laisser aucune sécurité à la minorité, sans le concours de laquelle aucune élection n'étoit possible, et qui ne voudroit jamais agréer le choix de la majorité dans un moment où tant de ressentimens étoient excités. Cependant les cardinaux languissoient de sortir de leur captivité, de retrouver les jouissances de leur rang, et de remplir leur devoir en donnant un chef à l'église. Le cardinal de Prato ayant pu avoir en secret une conférence avec le cardinal François Gaétani, lui proposa un arrangement qui satisfit les deux partis. Que l'un des deux, dit-il, élise

1305.

1305.

trois prélats ultramontains, et que l'autre s'engage à faire, dans le terme de quarante jours, son choix entre les trois : qu'il soit de plus convenu que celui qui sera ainsi désigné aura, dans le scrutin public, les suffrages de tout le collége. Gaétani accepta la proposition, sous condition que ce seroit lui qui, de concert avec les créatures de Boniface VIII, désigneroit les candidats. Le parti qu'il dirigeoit fit choix, en effet, de trois archevêques, qui tous trois avoient été promus par Boniface VIII, et qui avoient manifesté leur attachement à sa mémoire et leur aversion pour Philippe. Le cardinal de Prato ne se laissa point décourager par ce choix. Il jugea que, puisque c'étoit son parti qui donneroit la couronne pontificale, il ne seroit pas difficile aux siens de gagner à ce prix la faveur de leur plus ardent ennemi. Il arrêta son choix sur Bertrand de Goth, de la famille des comtes de Lomagne, que Boniface avoit élevé, cinq ans auparavant, de l'évêché de Comminges à l'archevêché de Bordeaux (1). Le cardinal de Prato réussit, par l'entremise de son banquier, à faire expédier en secret un courrier à Philippe IV, pour lui faire connoître quel accord il avoit fait avec les autres cardi-

(1) *Fr. Franc. Pipini Chron.* c. 49, p. 747. — *Baluzii vitæ Papar. Avenion. Scr. It.* p. 451. — *Gallia Christiana*, T. II, p. 829.

naux, lui désigner Bertrand de Goth, et lui 1305.
recommander de tirer tout le parti possible de
leurs avantages.

Le courrier du cardinal de Prato arriva en
onze jours à Paris. Philippe IV savoit que
Bertrand de Goth, créature de Boniface VIII,
sujet d'Édouard roi d'Angleterre, et personnellement offensé par Charles de Valois, dans
le temps que celui-ci avoit été maître de Bordeaux, étoit rempli d'animosité contre la
France. Mais il connoissoit la cupidité et l'ambition de ce Gascon, et il lui expédia aussitôt
une invitation à venir le trouver en secret à
l'abbaye de Saint-Jean d'Angély. Six jours
après, ces deux grands personnages, accompagnés seulement par leurs plus affidés serviteurs, se rencontrèrent dans une forêt, à peu
de distance de l'abbaye. Philippe, après avoir,
pour juger mieux des dispositions du prélat,
demandé et obtenu qu'il se réconciliât pleine-
ment avec Charles de Valois, lui communiqua
la dépêche du cardinal de Prato, et lui fit voir
qu'il pouvoit le faire pape, pourvu que Bertrand de Goth lui donnât, en retour, des garanties de sa reconnoissance. Six conditions
étoient imposées par Philippe au prélat; sa
propre réconciliation pleine et entière avec
l'église; l'absolution de tous les agens qu'il avoit
employés contre Boniface; les décimes de cinq

ans du clergé de France; la condamnation de la mémoire de Boniface; la réinstallation des Colonna dans leur dignité de cardinaux, enfin une sixième grâce secrète, que le roi se réservoit de manifester seulement quand il en demanderoit l'accomplissement. Bertrand de Goth n'hésita sur aucune condition : il s'engagea à tout ce que Philippe lui demandoit, par un serment prêté sur l'hostie. Mais Philippe savoit bien qu'il alloit lui conférer le pouvoir de délier de tous les sermens. Pour plus de sûreté, l'archevêque donna donc au roi en otage, son frère et ses deux neveux, que celui-ci emmena à Paris, sous prétexte de les y réconcilier avec Charles de Valois. Cependant ils étoient d'accord sur tous les points, l'archevêque s'étoit séparé du roi, dans des transports de joie et de reconnoissance, et celui-ci avoit expédié au cardinal de Prato un courrier, pour lui dire de nommer Bertrand de Goth en assurance. Tout cela se fit avec tant de diligence, pour un temps où des postes régulières n'étoient point établies, que, le trente-cinquième jour, le cardinal de Prato avoit reçu son courrier de retour, qu'il avoit fait confirmer à ses adversaires leur engament, et que, le 5 juin, Bertrand de Goth avoit été proclamé pape, après un interrègne de dix mois et vingt-huit jours. (1)

(1) Cette relation circonstanciée est due à Villani. L. VIII,

La mort de Boniface VIII n'avoit point suffi
à Philippe IV pour assouvir sa vengeance, et il
avoit dès lors poursuivi la mémoire de son ennemi avec autant d'acharnement qu'il avoit
auparavant attaqué sa personne. Il est vrai
qu'il sentoit qu'après l'avoir fait prisonnier à
Anagni, il ne lui restoit plus que le choix ou
de le diffamer à jamais, ou de passer lui-même
pour sacrilége. Un grand nombre de pièces que
ses agens avoient publiées pendant le pontificat
de Benoît XI, ou pendant l'interrègne, ont été
conservées par l'historien de ce différend (1).
La plus importante est une protestation de Guillaume de Nogaret, du 7 septembre 1304, en
soixante-dix articles. Il y accuse Boniface d'hérésie, d'idolâtrie, de simonie, d'usure, d'homi-
cide, de sodomie et d'autres vices infâmes : il
récapitule les procédures intentées contre lui,
dans lesquelles Nogaret se présente toujours
comme l'accusateur ; il prétend ensuite que
comme Boniface a été « légitimement accusé,
« et qu'il n'a point cherché à se justifier, il s'est
« mis par là dans une manifeste contumace, il
« a cherché à se dérober à l'autorité de justice,

1305.

---

c. 80, p. 418. Elle a aussi été adoptée par l'annaliste de l'église,
Raynaldi, T. XV, 1305, 2-4. Les autres sont moins expli-
cites. — *Ferreti Vicentini.* p. 1015. — *Contin. Nangii.* p. 58.
— *Matth. Westmon.* p. 451.

(1) Preuves de ce différend, p. 209-282.

« et selon le droit il doit être considéré comme
« ayant confessé tous les crimes dessus dits, et
« en étant convaincu : cette présomption a lieu
« surtout quand il s'agit d'hérésie, pour la-
« quelle sa contumace suffit pour qu'il soit
« tenu pour hérétique condamné, et il l'est en
« effet, sans qu'il soit besoin pour cela de la
« constitution ou de l'approbation d'un concile
« général. (1)

Il ajoute encore : « que lorsque lui Guillaume
« vint à la maison dudit Boniface, et l'aborda
« en présence de plusieurs gens de bien, il lui
« exposa la cause de sa venue, savoir les procès
« intentés contre lui pour ses fautes et ses crimes,
« les subterfuges et les contumaces dudit Boni-
« face qui avoit refusé de se défendre, d'où
« vient qu'il devoit être tenu pour confessé,
« convaincu, et en cas d'hérésie, pour con-
« damné. Mais comme il étoit plus décent que
« cela fût déclaré par le jugement de l'église,
« avant qu'il fût exécuté à mort, ledit Guil-
« laume lui avoit exposé qu'il vouloit lui con-
« server la vie de peur qu'il ne fût tué sans ju-
« gement, à cause de ses démérites, par ceux
« qui avoient soif de son sang : qu'il vouloit
« donc le présenter au jugement du concile gé-
« néral. » (2)

(1) Preuves du différend, p. 246, §. 42.
(2) *Ibid.* p. 240, §. 54.

Quoique Guillaume de Nogaret prît sur lui la responsabilité de toute cette procédure, personne ne pouvoit ignorer qu'il agissoit seulement à l'instigation du roi; aussi Bertrand de Goth savoit tout ce que Philippe attendoit de lui, en exigeant qu'il condamnât la mémoire de son prédécesseur. Il savoit que le roi vouloit que le pape son ennemi fût dénoncé à la chrétienté comme coupable de tous les crimes les plus effroyables, et c'étoit sous cette condition qu'il avoit accepté la tiare. Il est probable que, comme garantie d'un marché si scandaleux, il avoit encore promis au roi, en sus des autres conditions déjà stipulées, qu'il ne sortiroit point de France avant de les avoir toutes accomplies. Lorsqu'il reçut le décret d'élection que lui envoyoit le sacré collége, il prit le nom de Clément V, et sous ce nom il envoya une sommation à tous les cardinaux, pour qu'ils eussent à venir à sa rencontre à Lyon, où il comptoit se faire couronner. Il y invita également les rois de France, d'Angleterre, d'Aragon, et les principaux barons de ces trois royaumes. Vers la fin d'août, il quitta Bordeaux pour se rendre à Lyon, en passant par Agen, Toulouse et Montpellier, et comme il vouloit déjà étaler tout le luxe d'un pape avant d'avoir pu percevoir aucun des revenus de la cour de Rome; il vécut avec son brillant cortége, pendant tout ce voyage, aux dépens des églises et des couvens qu'il visitoit, et il les soumit pour cela à des extorsions si excessives, que plusieurs furent réduits à la dernière pauvreté (1). Il arriva le 7 octobre à Montpellier, où les rois d'Aragon et de Majorque se trouvoient alors réunis. C'étoient les premières têtes couronnées qu'il voyoit se courber devant lui. Ces deux rois disputèrent à qui lui témoigneroit plus de respect; celui d'Aragon lui fit hommage pour la Corse et la Sardaigne que le Saint-Siége lui concéda en fief. (2)

Philippe-le-Bel et don Jayme Ier, roi de Majorque, furent les seuls souverains qui se trouvèrent à Lyon pour le couronnement de Clément V. Édouard, roi d'Angleterre, y avoit bien été invité d'une manière d'autant plus pressante que le nouveau pontife étoit né son sujet, dans le duché d'Aquitaine; mais il étoit toujours retenu sur les frontières d'Écosse, par les révoltes d'un peuple, qu'à plusieurs reprises il avoit cru avoir subjugué, et qui re-

---

(1) *Clementis V vita e Bernardo Guidonis Rer. Ital.* T. III, P. I, p. 673. — *Ejusd. vitæ a Baluzio editæ.* T. III, P. II, p. 451. — *Raynaldi Ann.* 1305, §. 8. 11. 12. — *Chr. Nangii contin.* p. 59.

(2) Hist. de Languedoc, L. XXIX, c. 9, p. 131. — *Raynaldi Annal. Eccles.* 1305, §. 8. — *Çurita Indices Rer. Arag.* L. II, p. 151.

prenoit tout aussi souvent les armes pour la défense de son indépendance. Après avoir pris Sterling et ravagé l'Écosse d'une mer jusqu'à l'autre, il avoit, avec une honteuse barbarie, envoyé au supplice Guillaume Wallace, le héros qui lui en avoit long-temps disputé la possession; mais il ne se fut pas plus tôt débarrassé de cet adversaire, que Robert Bruce, fils de celui qui avoit prétendu au trône, se présenta pour marcher sur ses traces. Édouard, qui s'étoit engagé à venir en personne rendre hommage à Philippe pour l'Aquitaine, n'osa point s'éloigner, et il donna le 27 septembre 1304, une procuration à son fils, pour qu'il vînt à la cour rendre cet hommage en son nom (1). Les mêmes causes l'empêchèrent, l'année suivante, de se conformer à l'invitation du pape et de se rendre à Lyon; cependant il n'en voulut pas moins profiter de la bienveillance que Clément V lui annonçoit; il lui demanda de vouloir bien le dispenser de tous les sermens qu'il avoit prêtés à ses sujets, pour l'observation de leurs droits et de leurs priviléges, particulièrement pour celle de la grande Charte, et de la Charte des forêts; et le pape s'empressa de lui accorder cette grâce de la manière la plus ample, par une

---

(1) *Rymer Acta Pub.* T. II, p. 952.

bulle datée de Lyon, du 29 décembre 1305. (1)

Quant à Philippe, il attendoit de trop grands avantages de son traité avec le nouveau pape, pour manquer au rendez-vous. Il arriva à Lyon avec Charles de Valois son frère, Jean II, duc de Bretagne, et plusieurs autres seigneurs. La cérémonie s'accomplit le 14 novembre dans l'église de Saint-Just. Une foule immense s'étoit assemblée pour voir la procession, dans laquelle Philippe à pied, conduisit la mule du pape par la bride. Après avoir donné pendant un certain trajet, cet exemple d'humilité, il remit la bride à son frère Charles de Valois et au duc de Bretagne, et comme ceux-ci continuoient leur marche, un mur chargé d'échafauds et couvert de peuple s'écroula tout à coup sur eux; le pape fut renversé de son cheval, Charles de Valois fut grièvement blessé, Jean II, duc de Bretagne, fut si maltraité qu'il en mourut au bout de peu de jours; il y eut encore douze autres personnes tuées, sans compter celles de la vie desquelles on ne tenoit alors aucun compte. (2)

Philippe IV ne prit congé du pape qu'après avoir obtenu l'exécution de plusieurs de ses promesses. Les deux Colonna furent rappelés au

---

(1) *Rymer.* T. II, p. 978. — Rapin Thoyras. L. IX, p. 83.
(2) *Contin. Nangii.* p. 58. — *Giov. Villani.* L. VIII, c. 81, p. 419. — Hist. de Bretagne, L. IX, c. 41, p. 291. — *Raynaldi Ann. Eccl.* 1305, §. 15.

cardinalat; dix autres prélats, sujets et créatures du roi de France, furent introduits dans le sacré collége; toutes les censures prononcées contre Philippe, et contre tous ses agens dans sa querelle avec Boniface, furent révoquées; la permission de lever les décimes sur les églises de France lui fut accordée, ainsi que plusieurs autres faveurs. Cependant, les deux conditions les plus essentielles, la condamnation de la mémoire de Boniface, et la grâce que Philippe s'étoit réservée de nommer en temps et lieu, demeuroient encore en suspens; aussi Clément V persistoit à séjourner en-deçà des Alpes, soit que Philippe ne lui donnât point congé de partir, ou que lui-même se complût à étaler sa dignité aux yeux de ses compatriotes. Il reprit donc la route de Bordeaux, mais en passant par Mâcon, Brives, Bourges et Limoges, et il dévora à son passage par cette route nouvelle, les biens de toutes les églises et de tous les couvens où logeoit sa cour. (1)

Cette année avoit été marquée pour Philippe IV par quelques malheurs domestiques. Sa femme Jeanne, qui lui avoit apporté la souveraineté du royaume de Navarre et du comté

---

(1) *Raynaldi Annal.* 1305, §. 14. — *Contin. Nangii.* p. 58, 59. — *Giov. Villani.* L. VIII, c. 81, p. 420. — *Mariana de Reb. Hisp.* L. XV, c. 8, p. 648.

de Champagne, mourut le 2 avril; l'histoire ne nous a rien conservé sur elle qui puisse nous aider à connoître ou son caractère, ou son influence sur son mari. Dans le même mois mourut, en Autriche, Blanche, sœur du roi, qui étoit mariée à Rodolphe, fils du roi des Romains, Albert (1). En même temps, tout le peuple commençoit à marquer en France, par quelques soulèvemens, combien il se sentoit accablé par les exactions de tous genres de Philippe, et surtout par les altérations continuelles qu'il faisoit subir à sa monnoie. Dans le cours de cette année, en effet, il ne rendit pas moins de cinq édits, pour changer autant de fois cette base de tous les contrats (2). Mais la rigueur excessive de Philippe ramenoit bientôt ses sujets à l'obéissance.

A Beauvais, le peuple se souleva contre l'évêque, et le contraignit à sortir de la ville; mais comme celui-ci étoit noble, il appela à lui les gentilshommes de son diocèse, qui se montrèrent empressés à le venger; il enleva un grand nombre de bourgeois qu'il jeta dans des cachots, il brûla un faubourg, et il auroit continué ses déprédations, si Philippe n'étoit intervenu pour

(1) *Rymer Acta Pub.* T. II, p. 961, 964. — *Cont. Nangii.* p. 58.

(2) Ordonn. de France, T. I, p. 428, 429, 431, 432, 433.

punir avec une égale sévérité l'un et l'autre parti. (1)

Dans le midi, les mécontens furent accusés d'avoir cherché de l'appui auprès d'un autre roi, pour se soustraire à la tyrannie de Philippe. A la fin de septembre, les huit consuls de Carcassonne furent pendus avec six autres bourgeois, pour avoir, disoit-on, voulu livrer leur ville à l'infant de Majorque. Carcassonne fut en même temps privée du droit de consulat, et condamnée à payer une amende de soixante mille livres (2). Quarante habitans de Limoux furent pendus la veille de la Saint-André, sur une accusation semblable : les villes de Clermont-Lodève, et de Narbonne furent à la même époque privées de leur consulat, mais le motif de ces dernières sentences n'est pas connu. (3)

Au reste, il étoit difficile que ces mouvemens eussent aucune conséquence sérieuse ; au-dedans ils n'étoient point appuyés par les grands, qui devenoient tous les jours plus dépendans de la couronne, et qui, cette année même, avoient encore été affoiblis par la mort du duc de Bretagne et du duc de Bourgogne (4); au-

---

(1) *Contin. Nangii.* A. 1305, p. 58.
(2) Hist. de Languedoc, L. XXIX, c. 6, p. 129.
(3) Hist. de Languedoc, L. XXIX, c. 7, p. 130.
(4) Jean II, duc de Bretagne, fut remplacé par son fils Arthur II, âgé de 43 ans ; et Robert II, duc de Bourgogne,

dehors aucun souverain n'étoit assez libre d'embarras pour donner de l'inquiétude à la France.

Édouard Ier, roi d'Angleterre, et le plus puissant des vassaux de la France, comme duc d'Aquitaine, n'avoit plus d'autre pensée que celle de subjuguer l'Écosse, d'autre désir que d'empêcher Philippe de donner quelque secours aux Écossais. Il avoit été alarmé, au mois de janvier 1306, par l'évasion de Robert Bruce, que jusqu'alors il avoit retenu à Londres, et qui, arrivé à Dumfries, y avoit tué dans l'église Jean Comyn, son plus puissant adversaire, parce qu'il prétendoit avoir été trahi ; après quoi il avoit soulevé toute l'Écosse. (1)

Édouard s'adressa d'abord au Saint-Siége, qui jusqu'alors avoit paru favorable aux Écossais, et qui, en prétendant qu'ils étoient vassaux de l'église, avoit servi la cause de leur indépendance. Mais Clément V, séparé en France de ses conseillers naturels, n'avoit point conservé les traditions de la cour de Rome, et il publia contre Robert Bruce une bulle d'excommunication (2). Pendant ce temps, Édouard avoit ras-

par Hugues V son fils encore enfant, sous la tutelle de sa mère. Hist. de Bretagne, L. IX, c. 42, p. 291. — Hist. de Bourgogne, L. IX, c. 195, p. 132.

(1) *Matth. Westmonast.* A. 1305, p. 453. — *Rymer.* T. II, p. 988. — Rapin Thoyras, L. IX, p. 85. — *Buchanani rer. Scotic.* L. VIII, p. 241.

(2) *Rymer.* T. II, p. 997. — *Raynaldi.* 1306, §. 15.

semblé une nombreuse armée, il parcourut
l'Écosse d'une mer jusqu'à l'autre, sans rencontrer nulle part de résistance, Bruce ayant déjà
été vaincu deux fois par les lieutenans du monarque anglais. La seule occupation d'Édouard
fut dès lors d'envoyer au supplice ceux qui
avoient pris les armes pour défendre l'indépendance de leur pays. Trois frères du nouveau
roi, et un nombre infini de barons écossais périrent sur l'échafaud ; les femmes ne furent
point épargnées. Les deux comtesses de Bucquhan furent enfermées dans des cages de bois et
exposées ainsi aux insultes du peuple. Philippe
ne fit aucune tentative pour dérober ses anciens
alliés à d'aussi horribles persécutions. (1)

1306.

Albert, roi des Romains, étoit, non moins
qu'Édouard, occupé loin de la France, de manière à ne causer aucune jalousie à Philippe. Il
ne songeoit qu'à rendre sa maison puissante
dans les pays de race slave qui relevoient de
l'empire ; il vouloit assurer à son fils Rodolphe
la couronne de Bohême. Il profita de la mort
de Venceslas II, en juin 1305, de celle de son
fils Venceslas III, assassiné à Olmutz le 4 juin
1306, et de l'extinction de cette maison royale,
pour faire élire Rodolphe III ; mais sa cruauté,
ses exactions, son mépris pour la liberté des

(1) *Matth. Westmon.* p. 455. — Rapin Thoyras, L. IX,
p. 86. — Buchanami, L. VIII, p. 242.

peuples multiplioient ses ennemis. Henri, duc de Carinthie, lui disputa la Bohême, dont les habitans ne défendirent pas leur indépendance avec moins d'obstination contre la maison d'Autriche, que les Écossais défendoient la leur contre Édouard. (1)

La Castille ne pouvoit non plus causer aucun souci à Philippe-le-Bel. Il y avoit déjà dix ans que Ferdinand IV y portoit le nom de roi, et il n'étoit encore parvenu qu'à sa vingtième année; en 1305, le traité de Campillo avoit terminé ses guerres avec l'Aragon, et celles avec les infans de la Cerda, qui avoient renoncé à leurs prétentions à la couronne; mais en 1306 il avoit poussé à la révolte la puissante maison de Lara, et il avoit ainsi recommencé des guerres civiles qui durèrent autant que son règne. (2)

Philippe auroit pu profiter de cette sécurité absolue dans laquelle le laissoient ses voisins, pour réformer son administration, et se relâcher un peu de sa rigueur excessive; mais telle n'étoit pas sa politique; plus il se sentoit puissant, plus il étoit enclin à abuser de son pou-

---

(1) *Olenschlager Geschichte des Rom. Kayserth*, §. 6, p. 16. Coxe, *Hist. d'Autriche*, T. I, c. 6, p. 136. — Schmidt, *Hist. des Allem.* L. VII, c. 3, p. 389. — *Raynaldi Annal.* 1305, §. 15, et 1306, §. 16.

(2) *Mariana.* L. XV, c. 7, p. 646, c. 8, p. 648.

voir. Sa soif d'argent étoit insatiable, et l'on ne sauroit comprendre comment il dissipoit les trésors qu'il ne cessoit d'amasser. Les comptes originaux de sa dépense pendant six mois de l'année 1308, que nous avons eus sous les yeux, ne jettent aucune lumière sur ses profusions, mais ils montrent seulement que de son temps, toute comptabilité étoit impossible; en effet, ce sont des tablettes en bois, enduites de cire, sur lesquelles le trésorier royal porte confusément toutes les dépenses les unes à la suite des autres, en chiffres romains, de manière à ne se laisser aucun moyen de les additionner. Il paroît, il est vrai, que le roi comptoit avec ce trésorier tous les vingt-cinq jours, et que sa dépense dans cet espace de temps arrivoit rarement à cinq mille livres. (1) Quelles que fussent les causes de la pénurie du trésor, Philippe saisit cette période de paix intérieure pour le remplir de nouveau par un coup d'état. Il expédia des ordres secrets aux commandans de toutes ses provinces, pour que le 22 juillet, jour de sainte Madelaine, ils eussent à surprendre tous les juifs dans leur domicile, et à se saisir de tous leurs biens. Guillaume de No-

(1) Ces tablettes ont été conservées dans la bibliothéque publique de Genève. Senebier les a fait imprimer dans le catalogue raisonné des manuscrits, p. 145-188, 1 vol. in-8. 1779.

garet fut celui qu'il chargea de l'exécution de cet ordre dans le Languedoc, peut-être pour que les prêtres lui pardonnassent à cette occasion l'outrage qu'il avoit commis contre le pape. (1)

Le secret fut si bien gardé que pas un seul juif n'échappa. Tous leurs biens, meubles et immeubles furent saisis, et la crainte des tourmens leur arracha la révélation de leurs richesses les plus secrètes. Le roi fit vendre tous les immeubles, mais en se réservant tous les trésors qu'on pourroit y découvrir par la suite (2). Il mit en recouvrement toutes leurs créances, au profit de son trésor, en réglant toutefois que les chrétiens ne seroient point tenus au paiement des intérêts, et qu'il y auroit prescription pour les prêts que les juifs eux-mêmes auroient abandonnés depuis vingt ans. D'autre part, les écritures des juifs furent admises comme faisant foi en justice, et à leur défaut, le dire d'un seul témoin devoit suffire pour prouver une créance au-dessous de dix livres (3). Après avoir enlevé aux juifs tout ce qu'ils possédoient, Philippe les fit tous déporter, menaçant de la peine de mort ceux qui rentreroient en France; plusieurs, nous dit-on, moururent

(1) Hist. de Languedoc, L. XXIX, c. 14, p. 135.
(2) Ordonn. de France, T. I, p. 443.
(3) Ordonn. de Fr. T. I, p. 470.

en chemin de lassitude et de douleur (1). Il semble qu'une aussi atroce injustice auroit dû révolter tous les sujets de Philippe, qu'ils auroient dû sentir que lorsqu'une classe dans la nation est sacrifiée, toutes les autres sont menacées; mais le monarque connoissoit mieux son siècle, et les auxiliaires sur lesquels il pouvoit compter. Il savoit que les prêtres étoient les meilleurs instrumens pour assoupir les consciences, et que, pour faire taire la morale, ils feroient parler la religion. Les prêtres, en effet, se hâtèrent de calomnier les juifs qu'on dépouilloit, et l'annaliste de l'église applaudit à la rigueur et à la rapacité du roi. *C'est ainsi,* dit-il, *que la France fut délivrée d'une grande peste.* (2)

Philippe n'avoit cependant pas renoncé aux autres moyens de lever de l'argent sur la société tout entière. Celui qui jusqu'alors lui avoit le mieux réussi, étoit l'altération des monnoies. Tantôt il en avoit diminué le poids, tantôt le titre, de sorte que le marc d'argent étoit monté durant son règne, de 2 livres 15 sous 6 deniers à 8 livres 8 sous (3). Avant que le cours de ses

---

(1) *Contin. Nangii.* 59. — *Vita Clementis V auctore Canon. Sancti Victori,* p. 452. — *Scr. Ital.* T. III, P. II.

(2) *Raynaldi Ann. Eccles.* 1306, §. 18. — *Bernardi Guidonis vita Clem. V,* p. 674.

(3) Le Blanc, *Traité des monnaies,* éd. de Hollande, p. 290.

espèces se fût établi sur leur valeur réelle, il avoit payé ses dettes, acheté ses munitions, et fait toutes les dépenses du gouvernement, avec un tiers seulement de ce qu'il auroit dû payer. La ruine du commerce et de l'agriculture qui en avoit été la conséquence, n'étoit point ce qui le touchoit ; mais lorsqu'il reconnut que toutes les rentrées du trésor public ne se faisoient plus qu'en monnoie altérée, et que celle-ci, quelque nom qu'elle portât, n'étoit plus reçue que pour sa valeur réelle, il s'aperçut qu'il commençoit à perdre autant qu'il avoit gagné jusqu'alors. Il résolut donc, au mois de juin de cette année, de faire battre de la bonne monnoie, au même titre qu'elle avoit sous Saint-Louis, et il ordonna, qu'à dater de Notre-Dame de septembre, elle eut seule cours dans le royaume, tandis que celle qu'il avoit auparavant frappée, ne seroit plus reçue que pour le tiers de sa valeur nominale. (1)

Le souverain peut réussir, et nous n'en avons que trop vu d'exemples, à contraindre les peuples à se soumettre à une banqueroute générale, et chaque créancier à se contenter du tiers de ce qui lui est dû. Mais forcer tous les débiteurs d'un pays à payer le triple de ce qu'ils doivent, est un acte au-dessus de sa puissance. Cependant tel auroit été le résultat de l'ordonnance qui

(1) Ordonn. de France, T. I, p. 441.

rétablissoit, *sous peine de corps et d'avoir*, le cours des espèces au tarif de Saint-Louis, et qui décidoit que trois deniers de Philippe IV ne seroient plus reçus que pour un denier de bonne monnoie. L'exaspération fut portée au comble, à l'époque où la grande majorité des bourgeois de Paris devoient payer les baux de leurs maisons, et où leurs propriétaires, d'un commun accord, leur demandèrent le triple du loyer convenu. La populace se précipita vers le palais du Temple où logeoit alors Philippe, et n'ayant pu être admise auprès de lui pour lui exposer ses plaintes, elle résolut de le soumettre par la famine, et elle empêcha qu'on ne portât aucune provision au palais. Cependant le bruit s'étoit répandu qu'un riche bourgeois nommé Étienne Barbet, avoit suggéré cette ordonnance, dont il comptoit tirer de grands profits, comme propriétaire de maisons; la foule, sur ce soupçon, quitta le voisinage du Temple pour se porter à la maison de Barbet, près de Saint-Martin-des-Champs, et la livrer au pillage. Philippe profita de ce moment de liberté pour mettre ses archers en mouvement; les mécontens qui étoient sans armes furent arrêtés par centaines; les potences manquant pour leur supplice, on en fit pendre à tous les arbres de toutes les avenues de Paris. Le roi vouloit que le peuple fût frappé de terreur par le nombre des cadavres qu'il auroit de tous côtés sous les yeux (1). Cependant il sentit d'autre part qu'il devoit modifier son ordonnance, et depuis le commencement d'octobre il en publia plusieurs autres, pour régler dans quels cas d'anciens engagemens seroient acquittés en bonne monnoie; dans quels autres ils le seroient en monnoie foible ; partant toujours du principe, juste peut-être dans l'application d'une loi injuste, que sa mauvaise foi ne devoit profiter qu'à lui seul, et non aux tiers créanciers. (2)

Peut-être Philippe s'apercevoit-il que par l'altération continuelle des monnoies, par les confiscations, par les supplices qu'il ordonnoit il avoit perdu la faveur populaire, et voulut-il, comme compensation, regagner la faveur de la noblesse, lorsqu'il se détermina à lui rendre l'institution du combat judiciaire, à laquelle elle étoit attachée : peut-être ne fit-il en cela que céder au besoin des temps. La procédure par témoins avoit multiplié les parjures; dans tous les cas douteux, les tribunaux avoient eu recours à la torture, et les hommes de loi vendus au pouvoir, avoient assez manifesté, qu'à leurs yeux, les jugemens n'étoient qu'un moyen de servir le roi, et d'accabler ses ennemis. Le

---

(1) *Contin. Nangii*, p. 59. — *Matth. Westm.* p. 456.
(2) Ordonn. de France, T. I, p. 442, 443, 445, etc.

hasard des batailles valoit mieux pour les prévenus que la certitude des prévarications, et l'ordonnance de Philippe IV, du 1ᵉʳ juin 1306, qui permettoit les gages de bataille dans les accusations graves, et qui régloit le formulaire des combats à outrance, fut probablement reçue avec plaisir. (1)

Philippe, accoutumé à ne respecter dans ses états aucune loi et aucune propriété, oublioit quelquefois que les peuples étrangers avoient un sentiment plus vif de leurs droits, et malgré son désir sincère de maintenir la paix avec l'Angleterre, malgré l'intérêt non moins pressant qu'avoit Édouard à ne point se brouiller avec lui, il se trouva, sans s'y être attendu, engagé dans un démêlé difficile avec les Anglais. Un marchand de cette nation, qui avoit acheté des draperies en Brabant pour l'usage d'Édouard, et qui les faisoit voiturer sur le territoire français, fut dépouillé de toutes ses marchandises, parce que Philippe les trouva à sa convenance, et les saisit pour son usage. Après de longues réclamations, le marchand obtint, il est vrai, que le roi les payât, mais à un prix que Philippe fixa lui-même, et qui étoit fort inférieur à leur valeur. L'Anglais recourut alors aux tribunaux anglais, et les biens de quelques mar-

(1) Ordonn. de France, T. I, p. 435.

chands d'Amiens et de Corbie furent arrêtés en Angleterre par représailles (1). Cependant des commissaires furent nommés de part et d'autre pour arranger ce différend, et prononcer sur d'autres réclamations de même nature. Ils s'en occupèrent avec diligence pendant toute l'année 1306 : toutefois, Clément V craignant que ces difficultés n'excitassent enfin des hostilités entre les deux royaumes, adressa plusieurs bulles à Édouard pour l'exhorter au maintien de la paix (2). Pierre Cardinal, évêque d'Ostie, fut même envoyé en Angleterre, pour hâter cette négociation, et faire accomplir le mariage entre Édouard, fils du roi d'Angleterre, et Isabelle de France, fille de Philippe. Mais Édouard demandoit au préalable la restitution du château de Mauléon, que le roi de France lui retenoit, contre la teneur des traités, et il ne fut pas possible d'arriver à une conclusion. (3)

Sur ces entrefaites, Édouard fut averti que Robert Bruce, prétendant au trône d'Écosse, étoit revenu des Hébrides, où il avoit cherché un refuge pendant la dernière invasion, que peu après les fêtes de Pâques de l'année 1307 il avoit surpris le comte de Pembroke, comman-

(1) *Rymer Acta Pub.* T. II, p. 999.
(2) *Rymer Acta.* T. II, p. 1000, 1033.
(3) *Matth. Westmon.* p. 457. — *Raynaldi Annal.* T. XV, A. 1307, §. 9.

dant des Anglais en Écosse, et avoit dissipé son armée; que trois jours après il avoit battu également le comte de Glocester, et que l'Écosse entière étoit soulevée contre les Anglais. Édouard Ier étoit alors âgé de soixante-huit ans, il étoit atteint d'une dyssenterie qui demandoit des ménagemens. Mais la conquête de l'Écosse avoit été la grande affaire, et à ses yeux la gloire de son règne. Il ne pardonnoit pas à ces peuples leur aversion pour son joug, comme si les efforts qu'il avoit faits pour les subjuguer pouvoient exciter autre chose que leur haine; chacune de leurs tentatives pour recouvrer leur indépendance excitoit en lui un redoublement de colère. Il partit donc pour le nord, malgré son état de maladie; il appela aux armes tous ses vassaux; il rassembla une puissante armée; il parloit d'exterminer la nation écossaise, quand déjà la force lui manquoit à lui-même. Il ne put pas même atteindre la frontière, et il mourut près de Carlisle, dans le Cumberland, le 7 juillet 1307, recommandant en vain à son fils de faire porter son corps devant l'armée, jusqu'à ce que l'Écosse entière fût subjuguée. (1)

1307.

---

(1) *Matth. Westmonast.* p. 458. — Henri de Knyghton, L. III, c. 13, p. 2530. — Thomas Walsingham, p. 64. — *Rymer*, T. II, p. 1059. — Rapin Thoyras, L. IX, p. 88. — Buchanan. L. VIII, p. 244. — *Gio. Villani.* L. VIII, c. 90, 427. — *Raynaldi*, 1307, §. 13.

1307.

Le fils auquel il laissoit la couronne n'étoit pas fait pour suivre des projets belliqueux. Tout étoit changé en Angleterre par la mort d'Édouard. A un grand monarque, doué d'un esprit adroit, d'un caractère vigoureux, de talens distingués pour la guerre, succédoit un beau jeune homme, efféminé, timide, et tellement dominé par quelques favoris, qu'il étoit impossible de ne pas reconnoître dans l'aveuglement de sa passion, le caractère d'un vice honteux. L'homme qui s'étoit alors emparé de lui étoit un Gascon, nommé Pierre Gaveston, qu'il aimoit avec une sorte d'idolâtrie. Édouard indigné de la foiblesse de son fils, et rougissant peut-être des infamies qu'elle lui faisoit soupçonner, ordonna, au mois de février, à Gaveston de repasser en Gascogne, lui assignant une pension pour qu'il pût y vivre, mais exigeant d'autre part qu'il s'engageât par serment à ne point revenir en Angleterre, et son fils à ne point l'y rappeler (1). Toutefois, au moment où Édouard Ier expira, son fils Édouard II écrivit à Gaveston pour l'engager à revenir au plus vite. En même temps, et avant que celui-ci eût débarqué en Angleterre, il lui donna le comté de Cornouailles, réservé ordinairement aux frères des rois, et il y joignit un nombre

(1) *Rymer Acta Pub.* T. II, p. 1043.

de manoirs et de baronnies qui l'égaloient en richesse aux plus grands princes. Avec la même précipitation il disgracia tous les conseillers de son père, il renonça à la guerre d'Écosse, et il revint à Londres pour s'y livrer à la mollesse et aux plaisirs. (1)

(1) *Rymer Acta.* T. III, p. 1 et 49. — *Matth. Westmon.* an. 1306, p. 457 *usque ad finem.* — Henr. de Knyghton, *de event. Angliæ.* L. III, c. 13, p. 2531. — Thom. Walsingham, p. 68. — Rapin Thoyras, L. IX, p. 91, 92.

CHAPITRE XXII.

Conférence de Poitiers, entre le pape et le roi; arrestation des Templiers; leur procès et leur supplice.—1307-1310.

Quoique Philippe-le-Bel eût déjà obtenu d'amples concessions de la faveur ou de la dépendance de Clément V, il étoit loin d'être satisfait; l'église avoit été en quelque sorte abandonnée à sa discrétion par l'élection de ce pontife; il vouloit profiter de tous ses avantages, il vouloit arracher à Clément V tout ce qu'un roi ambitieux, cupide et vindicatif pouvoit demander à un pape, et il l'invita, pour le printemps de l'année 1307, à une conférence dans laquelle les plus importantes affaires de l'église devoient être réglées. Clément V, qui depuis son couronnement avoit passé plusieurs mois à Bordeaux, et qui y avoit excité assez de mécontentement, par ses exactions sur les églises d'Aquitaine, chargées seules d'alimenter le luxe de la cour pontificale, consentit, selon la promesse qu'il avoit faite à Philippe, à venir l'attendre à Poitiers. Cependant il n'y fut pas plus tôt arrivé qu'il commença à se reprocher son imprudence, de s'être livré entre les mains d'un monarque qui avoit déjà abusé de son pouvoir sur lui, et qui se proposoit d'en abuser davantage encore. Il fit quelques tentatives pour échapper de cette espèce de captivité. « Le pape et les cardinaux qui étoient venus « à Poitiers, y firent, dit un auteur contempo- « rain, un plus long séjour qu'ils ne l'auroient « voulu, car le roi de France, ses complices et « ses ministres, les y retinrent, dit-on, en « quelque sorte par violence; le pape en se dé- « guisant, tenta à plus d'une reprise, de se « mettre en route pour Bordeaux, accompagné « de peu de domestiques, et précédé par quel- « ques mulets chargés d'or et d'argent. Mais, re- « connu par les serviteurs du roi, il fut tou- « jours forcé de revenir à Poitiers, avec les ef- « fets qu'il vouloit emporter. » (1)

Renonçant alors à se dérober à une conférence qu'il avoit de bonnes raisons de redouter, Clément V se résigna à gagner la faveur de son orgueilleux protecteur, par une extrême condescendance. Philippe IV se rendit à Poitiers, au mois de juin, avec une cour très nombreuse. Il conduisoit avec lui ses trois fils, dont l'aîné, nommé Louis, portoit, depuis la mort de sa

(1) *Clementis V Papæ Vita* auctore Joanne Canonico Sancti Victoris Parisiensis à Baluzio edita Script. Ital. T. III, P. II, p. 452.

mère, le titre de roi de Navarre. Il amenoit encore ses deux frères, Charles de Valois, son conseiller le plus habituel, et Louis, comte d'Évreux, fils de la seconde femme de son père. Il avoit donné rendez-vous, à Poitiers, à Robert, comte de Flandre, qui s'y rendit avec ses enfans, et à Charles II, roi de Sicile : des ambassadeurs d'Édouard Ier, qui mourut seulement le mois suivant, s'y trouvèrent aussi (1). Enfin, comme le pape et le roi avoient annoncé que ce congrès étoit destiné à pourvoir à la défense de la chrétienté et à la délivrance de la Terre-Sainte, on y vit arriver un envoyé du roi d'Arménie, nommé Aython, qui s'est fait un nom dans les lettres, en écrivant, à cette occasion, l'histoire de l'église d'Orient, et en signalant les mesures à prendre pour reconquérir la Judée et défendre l'Arménie. (2)

Plusieurs affaires importantes remplissoient alors l'esprit de Philippe-le-Bel, mais la guerre sacrée, ou le sort du royaume d'Arménie y avoient moins de part qu'aucune autre. Le projet qu'il avoit le plus à cœur, étoit celui d'accomplir sa vengeance sur Boniface, et de faire condamner sa mémoire. Il vouloit que son adversaire fût pour jamais couvert d'infamie, sentant

---

(1) *Gio. Villani.* L. VIII, c. 91, p. 427. — *Contin. Nangii.* p. 60.

(2) *Raynaldi Ann. Eccles.* 1307, § 2, 3.

bien que, s'il n'y réussissoit, il seroit lui-même condamné pour son impiété. Il s'étoit muni de tous les actes de l'accusation que Nogaret avoit dressée de toutes les dépositions des témoins qu'il avoit fait examiner; il offroit de prouver l'hérésie de Boniface sur quarante-trois chefs différens, et il demandoit en conséquence que ses os fussent retirés du tombeau pour être brûlés, qu'il fût déclaré usurpateur du pontificat, et que tous ses actes fussent annullés. Clément V s'étoit engagé, par serment, à faire pour lui toutes ces choses; mais ce n'est pas en vain que les papes ont le pouvoir de délier des sermens prêtés, ils en ont plus d'une fois fait usage pour eux-mêmes. L'église a même prononcé d'avance, et d'une manière générale, qu'ils ne sauroient être liés par les sermens qu'ils prêtent à l'occasion de leur élection. La peur, plus puissante que les sermens, étoit, il est vrai, garante des engagemens de Clément V; il avoit vu ses deux prédécesseurs périr à Rome, pour avoir encouru la colère du roi de France; il étoit lui-même en France, et entre ses mains; aussi il ne songea point à lui résister, il tenta seulement de le désarmer à force de soumission. (1)

Clément V sentoit bien qu'il ne pouvoit dé-

(1) *Gio. Villani.* L. VIII, c. 91, p. 427. — *Ferreti Vicentini Histor.* p. 1016.

clarer que Boniface VIII n'avoit jamais été pape, sans annuller toutes les nominations que ce pontife avoit faites, bouleverser ainsi le sacré collége, et entacher de nullité sa propre nomination. Comme il étoit dans cet embarras, le cardinal de Prato auquel il devoit son élection, et qui avoit dès lors conservé le plus de crédit sur lui, lui conseilla de gagner du temps, sans s'opposer ouvertement à Philippe, de représenter au roi qu'il ne falloit rien moins qu'un concile œcuménique pour condamner un pape, et de s'offrir à en convoquer un. Cette proposition ayant été agréée, la ville de Vienne, qui, comme Lyon, faisoit partie du royaume d'Arles, et qui étoit séparée par le cours seul du Rhône, d'avec le royaume de France, fut choisie pour le concile futur. En même temps Clément V, par une nouvelle bulle, abolit jusqu'aux dernières censures prononcées par son prédécesseur, contre Guillaume de Nogaret, et Reginald de Supino, à l'occasion de l'arrestation de Boniface, et du pillage de son trésor. (1)

Clément V, en entassant les faveurs sur Philippe et sa famille, cherchoit à lui faire oublier ses projets impies et sa vengeance. Il voulut d'abord gagner Charles de Valois, qui avoit le plus grand crédit sur son frère; Philippe, dès le

(1) *Giov. Villani.* L. VIII, c. 91, p. 428. — *Raynaldi Ann. Eccl.* 1307, §. 10, 11.

commencement de son règne, avoit voulu procurer à ce prince une couronne, mais malgré ses efforts, Charles, qui avoit été roi titulaire d'Aragon, qui étoit alors empereur titulaire de Constantinople, à cause de son mariage avec Catherine, fille de Philippe de Courtenay, n'étoit le plus souvent désigné que par le nom de Charles sans terre. Clément V essaya de lui faire recouvrer les états dont il portoit le titre. Dès l'année précédente, il lui avoit accordé, par une bulle du 14 janvier, deux années de décimes à lever sur le clergé de France, et les indulgences de la croisade en faveur de tous ceux qui l'aideroient à faire la guerre aux Grecs (1). Charles avoit recueilli soigneusement l'argent, mais n'avoit encore fait aucun préparatif de guerre. Aux conférences de Poitiers, Clément montra plus d'empressement encore à l'élever sur le trône des Grecs. Ce trône étoit alors occupé par Andronic Paléologue, dont les états étoient envahis à la fois par les Turcs, les Alains et une compagnie d'aventuriers catalans, qui s'étoient d'abord engagés à son service. Dans le désordre universel de la Grèce, et surtout de la Natolie, quelques seigneurs grecs s'étoient adressés à Charles de Valois; et, en lui demandant des secours contre les Barbares, lui avoient offert

---

(1) *Raynaldi Annal.* 1306, §. 2.

de le reconnoître pour leur monarque (1). Clément V s'empressa de le déclarer chef d'une croisade nouvelle qui s'armeroit pour conquérir Constantinople ; il adressa des bulles à toute la chrétienté, pour engager les fidèles à s'enrôler sous les étendards de Charles de Valois, et à gagner avec lui les indulgences qui lui étoient offertes. « Le zèle de la foi, y disoit-il, doit
« brûler dans vos cœurs comme une flamme,
« car si, et que Dieu détourne un pareil pré-
« sage, les Turcs, les Sarrasins et les autres in-
« fidèles qui attaquent sans relâche Andronic,
« venoient à s'emparer de son empire, notre
« mère l'église et toute la religion chrétienne
« en éprouveroient le plus grand dommage (2). »
D'après ce motif, on auroit dû s'attendre à ce que le pape exhortât les Latins à secourir Andronic, et à conserver à la chrétienté, de concert avec lui, la capitale de l'Orient ; au contraire, il ordonne de l'attaquer pour devancer les Turcs, il le déclare anathème, il interdit à tout prince chrétien de faire alliance avec lui, et il enveloppe dans sa condamnation tous ceux qui lui donneroient quelques secours. (3)

(1) Ducange, *Hist. de Constantin. sous les emp. français.* L. VI, c. 41, p. 110.

(2) *Raynaldi Ann. Eccles.* 1307, §. 6. — *Dat. Burdegal. Martii 2°. Idus.*

(3) *Raynaldi Annal.* 1307, §. 7. — *Dat. Pictavii 3 nonas Junii.*

Philippe avoit encore amené avec lui à Poitiers son fils Louis, auquel, par la mort de sa mère, appartenoit le trône de Navarre. On donnoit à ce jeune prince le nom de Hutin, qui revient à celui de *tumulte* ou *bagarre* : on ne nous a point appris à quelle occasion ce surnom lui fut donné, mais il parle assez de lui-même. Philippe vouloit envoyer Louis à Pampelune, pour y être couronné, et pour réprimer l'ambition de son lieutenant dans ce royaume, qu'on accusoit de songer à s'y rendre indépendant (1). Clément, pour faciliter les projets du jeune prince, leva l'interdit que l'évêque de Pampelune avoit mis sur cette ville, à l'occasion des discussions qu'il avoit avec les Français (2). Louis Hutin partit de Poitiers au mois de juillet, avec Gaulcher de Châtillon, connétable de France, à la prudence duquel son père l'avoit confié ; les sénéchaux des provinces qu'il devoit traverser lui fournirent des soldats et l'accompagnèrent ; le vice-roi de Navarre, que les auteurs du temps nomment Fortunio, n'osa faire aucune résistance, et le jeune roi fut reçu avec pompe, et couronné à Pampelune. (3)

(1) *Contin. Nangii.* p. 60. — *Joh. Canonici Sancti Victoris.* p. 453.

(2) *Raynaldi* 1307, §. 14.

(3) *Cont. Nangii.* p. 60. — *Joh. Canonici Sancti Victoris.* p. 454. — *Çurita Anales de Aragon.* T. I, L. V, c. 69, f. 424.

Philippe avoit encore appelé à Poitiers l'archevêque d'Arles, ambassadeur de son cousin Charles II, roi de Naples et comte de Provence, pour faire profiter ce feudataire de l'église, de l'ascendant qu'il avoit acquis sur le pape. Charles II, qui avoit eu beaucoup d'enfans, avoit perdu les deux aînés. Charles Martel, l'aîné, avoit laissé un fils nommé Charobert, ou Charles Robert, qui depuis long-temps faisoit valoir ses droits à la couronne de Hongrie, avec l'assistance de l'église ; mais depuis la mort de Wenceslas, roi de Bohême, son concurrent, la fortune lui étoit devenue beaucoup plus favorable. Clément V, toujours pour plaire à Philippe, prononça, le 10 août, à Poitiers, une sentence définitive, qui accordoit le royaume de Hongrie à Charobert, et frappoit d'anathème Othon, duc de Bavière, son nouveau compétiteur, s'il continuoit à le lui disputer. (1)

Un second fils de Charles II de Naples, nommé Louis, étoit mort évêque de Toulouse, le 19 août 1298. Clément, toutefois, ne l'oublia point dans les faveurs qu'il vouloit répandre sur toute la maison de France : il ordonna qu'une enquête fût instituée sur sa vie et ses mœurs, pour l'admettre ensuite au nombre des saints (2). Le troisième fils, Robert, étoit destiné à succéder

(1) *Raynaldi Ann.* 1307, §. 15-21.
(2) *Raynaldi Ann.* 1307, §. 22.

à son père. Enfin, Clément déchargea Charles II de la dette énorme qu'il avoit contractée envers l'église : elle montoit à 360,000 onces d'or; le pape lui en remit le tiers, et il voulut que les deux autres tiers fussent employés à la croisade de Charles de Valois. (1)

Mais avec quelque profusion que Clément V disposât en faveur de Philippe de toutes les grâces que l'église pouvoit accorder, il sentoit qu'elles ne pouvoient satisfaire ce monarque orgueilleux et vindicatif. Il regarda donc comme une bonne fortune la demande que lui fit le roi d'abolir l'ordre des Templiers, se figurant que la poursuite de cette nouvelle vengeance feroit quelque diversion, tout au moins, à sa rancune contre la mémoire de Boniface. Il ne faut point espérer d'arriver à connoître les vrais motifs de la haine de Philippe-le-Bel contre les Templiers et contre leur grand-maître, ou le degré de vérité qui peut se trouver mêlé aux calomnies produites contre cet ordre. Le siècle dont nous faisons l'histoire est celui de la plus grande corruption de l'ordre judiciaire; il n'y a pas un des procès intentés sous Philippe-le-Bel, qui ne porte des marques intrinsèques de faux témoignage; on y trouve sans cesse des attestations solennelles de choses évidemment

---

(1) *Raynaldi Ann.* 1307, §. 23.

controuvées, et le sens commun se révolte contre la preuve écrite qu'on lui présente. Quand on en est venu là, on ne peut plus espérer que des documens authentiques éclaircissent la vérité ; nous en avons déjà, nous en avons de reste, mais nous ne pouvons nous réduire à les croire : ce ne seront pas de nouveaux témoignages ou historiques ou juridiques, qui suffiront à confirmer ou à détruire ceux qui nous ont été conservés en si grand nombre. Toujours nous serons réduits à expliquer par des conjectures ce qui nous est présenté comme étant des faits.

Villani assure que le Prieur de Montfalcon, de la langue de Toulouse, et le Florentin Noffo Dei, tous deux retenus dans les prisons pour leur mauvaise conduite, y ourdirent le complot qui causa la ruine des Templiers. Ils avoient appris, par l'exemple du procès contre Boniface, pour lequel on avoit demandé des dépositions aux êtres les plus vils, que plus une accusation seroit infâme et effroyable, plus facilement elle seroit crue. Ils affirmèrent donc que ces moines armés, qui par zèle pour la religion s'étoient voués à la pauvreté, à l'obéissance et à des combats continuels contre les infidèles, renioient Dieu à leur entrée dans leur ordre, crachoient sur le crucifix, adoroient une idole difforme, étoient initiés par une cé-

rémonie dégoûtante, se soumettoient à une
prostitution infâme, toutes les fois qu'ils en
étoient requis, et trahissoient enfin la chrétienté au profit des infidèles (1). Plus on entre
dans le détail des accusations, plus on est rebuté par leur absurdité. Philippe, cependant,
qui avoit sans doute éprouvé l'orgueil des Templiers; qui, par un grand nombre de ses actions
avoit pu mériter leur critique, et qui ne la
supportoit pas; qui croyoit tous ses ennemis
dignes du dernier supplice, et qui n'étoit jamais
scrupuleux sur les moyens de s'emparer des
biens de tous, admit l'accusation comme vraie,
fit examiner par ses juges les deux dénonciateurs, et communiquant leurs dépositions à
Clément V, lui demanda de sévir contre l'ordre tout entier. Il est probable que Clément
promit seulement de s'en occuper, et renvoya
la décision de cette affaire au concile qu'il s'étoit
engagé à convoquer.

Mais Philippe aimoit les mesures promptes
et générales; il savoit par expérience que lors-

(1) *Gio. Villani.* L. VIII, c. 92, p. 429. Le récit d'Amalricus Augerii de Beziers, auteur à peu près contemporain, se rapproche fort de celui de Villani; mais il nomme différemment le dénonciateur : le Florentin Villani le nomme Noffo Dei, et dit qu'il étoit florentin; Amalric, qui lui-même est de Beziers, le nomme Squino de Florian, et le dit de Beziers, *Amalrici Augerii vitæ Romanor. Pont.* T. III. *Rer. Ital.* P. II, p. 443.

qu'il frappoit une classe tout entière, la richesse des confiscations se proportionnoit à l'universalité de ses ordres; qu'un despote lorsqu'il demande à tous ses sujets, une part de leur fortune, court risque de les réunir contre lui dans une opposition commune, tandis que lorsqu'il isole ceux qu'il veut dépouiller, en les dénonçant à la société, il est secondé par l'égoïsme du plus grand nombre, qui se réjouit d'échapper sain et sauf à un grand désastre. Trois fois durant son règne, il dépouilla une classe particulière de ses sujets, les Lombards d'abord, puis les juifs, et enfin les Templiers; chaque fois il résolut de faire périr ceux qu'il voloit, et chaque fois il s'assura l'aide du clergé pour les noircir de crimes effroyables. En 1291, les marchands italiens avoient été arrêtés en un même jour comme usuriers, en 1306, ce furent les juifs; en 1307 les chevaliers du Temple.

Ce fut le 14 septembre qu'il adressa des circulaires aux sénéchaux, et aux autres gouverneurs de ses provinces, dans lesquelles, après leur avoir exposé sommairement les accusations qui lui étaient parvenues contre les Templiers, il leur ordonnoit de prendre leurs mesures, pour qu'ils fussent tous arrêtés dans la journée du 13 octobre, et de garder soigneusement le secret jusqu'à ce jour. Les personnes des Tem-

pliers devoient être réservées au jugement de
l'église, et en particulier à celui de frère Guillaume Humbert de Paris, dominicain, grand-inquisiteur, et confesseur du roi, qu'il avoit commis à cet effet; mais les sénéchaux devoient cependant commencer à les interroger après les avoir tenus au secret; ils devoient les faire appliquer à la torture en présence du subdélégué de l'inquisition ; promettre le pardon à ceux qui avoueroient les crimes dont ils étoient chargés, et menacer du dernier supplice ceux qui les nieroient. En même temps, les sénéchaux avoient l'ordre de saisir le même jour tous les biens des Templiers, d'en dresser un inventaire, et de les retenir dans les mains du roi. (1)

Les ordres de Philippe furent exécutés avec autant de précision que de rigueur. Aucun Templier n'avoit le moindre soupçon du danger qui le menaçoit, lorsque toutes leurs maisons furent entourées, dans toutes les provinces comme à Paris, le vendredi 13 octobre, à l'aube du jour. Tous les chevaliers furent surpris avant d'avoir pu s'armer, et enfermés séparément dans des cachots ; tous leurs biens furent inventoriés et saisis par des commissaires royaux. Guillaume de Nogaret fut chargé avec

(1) Hist. de Languedoc, L. XXIX, c. 17, p. 138. Il cite Biblioth. du Roi, Baluze, rouleaux originaux, n. 7.

Réginald de Roye, de se rendre maître de la maison du Temple à Paris. Il y trouva cent quarante chevaliers avec leur grand-maître Jacques de Molay, qui étoit arrivé de Chypre, sur l'invitation de Philippe, pour se trouver aux conférences de Poitiers, et qui y avoit été reçu d'une manière flatteuse par les deux souverains, secrètement conjurés pour sa perte (1). Soixante Templiers furent arrêtés dans la sénéchaussée de Beaucaire; d'entre ceux-ci, quarante-cinq furent enfermés dans les prisons d'Aigues-Mortes, et quinze à Nîmes; trente-trois autres furent renfermés dans le château royal d'Alais. Nous n'avons pas le détail des autres sénéchaussées ; mais dans toutes, ces champions de la croix furent traités avec la même rigueur. (2)

Le dimanche 15 octobre 1307, Philippe fit proclamer dans la chapelle de son palais et dans les autres églises, les accusations infâmes dont les Templiers étoient chargés; immédiatement après, ses juges commencèrent à chercher tous les moyens d'arracher aux prisonniers l'aveu de ces crimes divers. Tantôt ils employoient les promesses de toute la faveur et de toutes les récompenses du roi, tantôt la menace des supplices, tantôt la faim, à laquelle on laissoit les

(1) *Joh. Canon. Sancti Victoris, Vita Clementis*, p. 453.
(2) Hist. de Languedoc, t. XXIX, c. 17, p. 157.

captifs en proie dans leurs cachots, tantôt des tortures si cruelles et si prolongées, que plusieurs Templiers moururent entre les mains de leurs bourreaux. Par ces moyens divers, on arracha à plusieurs d'entre eux des confessions quelquefois entières, quelquefois partielles, mais le plus souvent contradictoires, et qui presque toutes étoient révoquées, dès que les tourmens étoient suspendus. (1)

Les ministres royaux avoient annoncé que l'arrestation des Templiers étoit faite avec l'autorité de l'église, et du consentement du pape. Cependant Clément V ne s'étoit point attendu à ce que les immunités religieuses fussent si ouvertement violées envers un ordre qui jouissoit de tous les priviléges du clergé. Il en témoigna son mécontentement; il chargea deux cardinaux de se rendre auprès de Philippe, avec une bulle assez énergique, dans laquelle il lui reprochoit son manque de déférence envers le Saint-Siége. Il suspendoit en même temps le pouvoir des archevêques, évêques et inquisiteurs de France, et il évoquoit à

---

(1) *Contin. Nangii.* p. 60. — Chron. de Saint-Denys, T. II, p. 138. — *Gio. Villani.* L. VIII, c. 92, p. 450. — *Ferretus Vicentinus Hist.* T. IX, p. 1017. — *Raynaldi Ann.* 1307, §. 12. — *Amalricus Augerii Acta Roman. Pont*, p. 443. — *Jo. Canon. Sancti Victoris*, p. 454.

lui-même toute l'affaire des Templiers. Cette bulle est datée de Poitiers, le 27 octobre. (1)

Mais Clément V, toujours tremblant devant Philippe, n'osa pas persister dans son opposition. Après avoir entendu un certain nombre de Templiers, qui lui furent conduits à Poitiers pour répéter leurs aveux, il révoqua la suspension qu'il avoit prononcée; il permit aux ordinaires de procéder dans leurs diocèses contre les Templiers, et il se réserva seulement le jugement du grand-maître de l'ordre, des maîtres et des précepteurs de France, de terre d'outremer, de Normandie, de Poitou et de Provence. (2)

La destruction d'un ordre religieux que la chrétienté avoit jusqu'alors regardé comme armé pour sa défense, pouvoit aussi causer quelque fermentation parmi le peuple, accoutumé à respecter la naissance, le pouvoir, les richesses des frères du Temple, et à croire à leur zèle pour la foi : aussi le roi et l'inquisiteur Guillaume Humbert jugèrent convenable de faire preuve de leur impartialité, en livrant à leurs bourreaux quelques juifs en même temps que les

---

(1) Dupuy, *Condamnation des Templiers*, p. 11; *et Inventaire des chartres*, ibid. p. 100. — Hist. de Languedoc, T. IV, note 14, p. 559.

(2) Dupuy, *Condamnation des Templ.* p. 14 et 100, n. 3.

Templiers. Le supplice de deux juifs très riches qu'on avoit engagés à se convertir au moment où tous leurs compatriotes étoient chassés de France, et que l'inquisition condamna comme relaps, fit diversion à Paris à la pitié que plusieurs éprouvoient pour des victimes plus illustres (1). D'ailleurs les supplices accoutument le peuple à en demander d'autres, et sa crédulité est d'autant plus empressée d'adopter toutes les fables qu'on lui présente, qu'il a déjà éprouvé de plus fortes émotions.

1307.

Les cruautés que Philippe exerçoit contre les Templiers n'avoient pas tardé à prendre à ses yeux un caractère de justice, soit que son indignation se fût enflammée contre eux pour quelque résistance qu'ils avoient apportée à son autorité, pour quelque plainte trop amère sur l'altération des monnoies, pour quelque moquerie qu'ils s'étoient permise sur sa personne, ou sur son courage; soit que la détresse où se trouvoient toujours ses finances lui inspirât le désir d'en combler le déficit avec les grands biens d'un ordre qui passoit pour aussi avare qu'il étoit riche; soit qu'il prêtât réellement foi aux dénonciations qui lui avoient été faites par des hommes qui sortoient des cachots pour spéculer sur le malheur de leurs semblables.

1308.

---

(1) *Contin. Nangii.* p. 60.

1308. Philippe étoit entouré de conseillers qu'il avoit choisis entre les légistes les plus souples devant la puissance, les plus inaccessibles à toute pitié. Ceux-ci se faisoient une étude et presque un devoir de trouver la preuve d'une chose dès qu'il convenoit à leur maître que cette chose fût. Quand ils avoient entassé des dépositions de témoins, leur conscience étoit satisfaite; ils étouffoient leur raison sous le poids des écritures, et les témoins qu'ils subornoient, les aveux qu'ils arrachoient aux prévenus par la fraude, la terreur ou la douleur des tortures, leur sembloient, dès qu'ils formoient des preuves légales, autant de victoires qu'ils avoient remportées. Il n'est pas même nécessaire de voir en eux des faussaires, des juges qui vendoient leur conscience; l'esprit de corps, les préjugés du métier suffisoient pour les rendre acharnés contre leurs victimes. Le savant Dupuy peut lui-même être donné en exemple de cette influence fatale des passions et des illusions judiciaires. Trois siècles et demi après la destruction de l'ordre, il a entrepris, pour l'honneur de la robe qu'il portoit, l'histoire de la condamnation des Templiers, sans autre but que de la justifier. « Les hauts et vertueux
« faits, dit-il, de notre roi Philippe-le-Bel,
« un des grands rois qui ait gouverné notre
« monarchie, et qui a exécuté de très grandes

« entreprises, ont été merveilleusement atteints
« de ce malheur commun (d'être tirés à con-
« traire-sens, et pris en mauvaise part), jusques
« à l'appeler impie, pour la généreuse poursuite
« qu'il fit contre le pape Boniface, et usurpa-
« teur des biens d'autrui, et avaricieux outre
« mesure pour le fait des Templiers (1). » Si un
conseiller du roi, savant et réputé homme
d'honneur, a pu fausser la vérité pour encenser
la mémoire de Philippe-le-Bel trois cent quarante ans après sa mort, qu'on juge du zèle
avec lequel de telles gens ont dû servir les passions du même roi de son vivant.

Les dénonciateurs des Templiers avoient prétendu qu'ils renonçoient à Dieu et à la foi en
Jésus-Christ, dans l'acte de leur réception;
qu'ils crachoient trois fois sur le crucifix,
qu'ils adoroient une tête hideuse qui se trouvoit
dans leurs grands chapitres, qu'ils donnoient au
grand-maître trois baisers dégoûtans, et que
celui-ci les avertissoit que pour se soustraire
au vœu de chasteté qu'ils venoient de prêter,
rien ne les empêchoit de se livrer à des débauches plus honteuses. Tous les Templiers qui
avoient été arrêtés furent examinés séparément
et en secret sur ces articles divers; l'extrait de
l'interrogatoire de plus de cent d'entre eux

(1) Histoire de la condamnation des Templiers. Paris, 1654,
in-4. p. 1.

1308. nous a été conservé. En le lisant, on est d'abord frappé d'étonnement de ce que presque tous confessent quelque partie de ces accusations. Un examen plus attentif fait remarquer que si tous ne furent pas mis à la torture, tous en furent menacés, et que la terreur des tourmens n'influoit pas moins sur leurs aveux que la douleur elle-même ; que d'ailleurs ils confessent, il est vrai, mais toujours comme s'ils étoient entraînés par deux craintes contraires. Ils n'ont pas le courage ou la force de corps de braver la torture, ou d'y résister plus long-temps ; ils confessent, mais c'est la partie de l'accusation qui peut le moins les charger. L'un dit qu'il est vrai seulement qu'au moment de sa réception il a reçu du grand-maître un baiser sur la bouche, et qu'il le lui a rendu sur le nombril, et au bas de l'épine du dos ; un autre qu'on lui a commandé de cracher sur le crucifix, mais qu'il a craché à côté ; un autre qu'on lui a fait renier Dieu, mais qu'il s'en est ensuite confessé à Rome, et qu'il en a reçu l'absolution ; un autre qu'il a bien vu une tête dans le lieu du chapitre, mais qu'il y faisoit fort obscur, et qu'il ne sauroit dire ce qu'elle représentoit ; un autre qu'on lui a permis des vices honteux, mais qu'il n'a jamais fait usage de la permission. Tous paroissent troublés, accablés par la même terreur ; en tous on re-

connoît des hommes menacés de supplices
épouvantables s'ils ne confessent; cherchant
à se dérober à la torture, et ne voulant cependant accepter que le moins possible de l'infamie
dont on les charge. (1)

Cependant ces confessions obtenues dans les
cachots, par les déceptions, les menaces et les
tortures, quand elles étoient présentées réunies, faisoient une vive impression sur des
hommes peu accoutumés à apprécier les preuves judiciaires. Il importoit à Philippe que
l'ordre des Templiers fût partout attaqué, partout détruit en même temps; il s'adressa donc
à tous les souverains pour leur communiquer
les révélations qu'il avoit reçues, et leur demander de sévir comme lui contre de tels criminels. Il envoya entre autres un de ses clercs
auprès d'Édouard II, roi d'Angleterre, qui, au
milieu du conseil de ce roi, lui représenta au
préjudice de cet ordre, *des choses horribles,
détestables, répugnant à la foi catholique.* Les
lettres dont il étoit porteur demandoient en
même temps que tous les chevaliers du Temple
résidant en Angleterre fussent arrêtés. (2)

---

(1) Dupuy, *Extrait de l'inventaire des chartres sur la condamnation des Templiers*, n. 14, p. 81 ; n. 16, *ib.* ; n. 17, p. 82, n. 18. — Interrogatoire de 140 Templiers de Paris, p. 82, n. 19; p. 88, n. 20, et 21, p. 89; n. 23 et 25, p. 90.
(2) *Rymer Acta Pub.* T. III, p. 18.

Édouard II parut d'abord indigné de cette proposition : il écrivit aux rois de Portugal, de Castille, d'Aragon et de Sicile « qu'il étoit « juste de considérer avec faveur des hommes « qui se recommandoient par leur vaillance « et leurs longs travaux pour la défense de la « foi catholique et la victoire sur les ennemis « de la croix. Il les supplioit en même temps de « fermer l'oreille aux imputations des pervers, « qui, non point par zèle pour la justice, mais « par cupidité ou par envie, voudroient les « exciter à attaquer les personnes ou les biens « des frères de cet ordre. » Ces circulaires furent signées à Reading, le 4 décembre 1307. (1)

Le 10 du même mois, Édouard II écrivit encore au pape, en date de Westminster, pour lui recommander d'une manière pressante le grand-maître et les Templiers (2). Mais soit que le roi d'Angleterre ne se fût proposé par ses lettres, que d'endormir ces chevaliers dans une sécurité plus entière, soit que Philippe réussît à lui persuader qu'un roi ne devoit pas laisser échapper une si brillante occasion de s'enrichir aux dépens de ses sujets, bien peu de jours après, Édouard II expédia des ordres cachetés à tous ses lieutenans en Angleterre et en Irlande, pour que le matin du mercredi 11 janvier 1308, les

(1) *Rymer Acta.* T. III, p. 35.
(2) *Rymer.* T. III, p. 37.

Templiers fussent arrêtés partout en même temps, que leurs personnes fussent conduites dans des prisons, qui ne fussent cependant ni dures ni viles, que leurs biens fussent saisis, et leurs papiers inventoriés et scellés. (1)

Le roi de Naples se conforma peu de jours après, dans son comté de Provence, aux invitations et aux exemples que lui donnoit Philippe son cousin. Les Templiers de Provence, au nombre de quarante-huit, furent tous arrêtés le 24 janvier; ils furent enfermés dans deux prisons différentes : leurs biens furent saisis; mais on ne nous dit point qu'on leur ait arraché de confession, ou qu'on les ait envoyés au supplice (2). Les Templiers de Bretagne furent également arrêtés; mais lorsque Philippe demanda à être mis en possession de leurs biens, les deux chevaliers qu'il envoya dans ce but à Nantes, furent chassés par la populace, et le duc Arthur II garda pour lui-même le montant des confiscations. (3)

Les autres monarques de la chrétienté ne résistèrent point à l'attrait d'aussi riches dépouilles. La plupart ne croyant point aux accusations qu'on leur envoyoit de France, mirent peu

(1) *Rymer Acta.* T. III, p. 34. — *H. de Knyghton de event. Angliæ.* p. 2531.
(2) Bouche, *Hist. de Provence*, T. II, p. 328-333.
(3) Hist. de Bretagne, L. IX, c. 47, p. 294.

1308.

d'ardeur à faire arrêter les personnes des Templiers, ou à leur arracher des confessions; mais tous saisirent leurs biens; tous, sans s'arrêter à examiner l'innocence ou le crime des opprimés, regardèrent leurs richesses comme de bonne prise, dès que l'église ne les protégeoit plus. Clément V avoit, en effet, renoncé à les défendre plus long-temps. Il avoit donné à Poitiers, le 12 août 1308, une bulle dans laquelle il exposoit les accusations intentées contre eux; il assuroit que quelques Templiers introduits devant lui, avoient tout avoué, sans tortures et sans menaces; il nommoit des inquisiteurs et des prélats pour les examiner; surtout il désignoit ceux qu'il chargeoit de tenir leurs biens en séquestre. En général, il confia ces biens aux rois de chaque pays, qui, jugeant bien qu'on ne leur feroit pas aisément rendre compte, les regardèrent comme déjà acquis à leur trésor. En Allemagne, cette garde fut confiée aux trois électeurs ecclésiastiques. En même temps, Clément V convoquoit pour le 1er octobre 1310, un concile œcuménique à Vienne sur le Rhône, afin que l'église assemblée prononçât définitivement sur le sort de l'ordre. (1)

L'on comptoit alors que l'ordre des Templiers

(1) *Raynaldi Annal.* 1308, §. 1-8. — *Rymer.* T. III, p. 101. — *Çurita Anales de Arag.* T. I, L. V, c. 75, p. 428. — *Mariana Hist.* L. XV, c. 10, p. 651.

se composoit d'environ quinze mille chevaliers, appartenant aux plus hautes familles de la noblesse, dans toute l'Europe, accoutumés à l'opulence, au pouvoir, à la considération publique, et qui tout à coup furent précipités dans la plus horrible misère ; ceux qui ne languissoient pas dans les cachots étoient réduits à dissimuler leur nom et leur origine, et à exercer les professions les plus viles pour se cacher parmi la foule (1). On s'étonne que Philippe ait rencontré si peu d'opposition dans une persécution qui s'étendoit à toutes les familles nobles de toute l'Europe, et qui sembloit empiéter sur les droits des autres souverains : mais les révolutions des divers gouvernemens s'étoient combinées de manière à affoiblir tous les états rivaux de la France, et à donner au monarque français la plus haute prépondérance sur l'Europe, au moment où il étoit le moins digne de l'exercer.

En Angleterre, Édouard II donnoit à connoître tous les jours davantage son incapacité, sa foiblesse efféminée, et sa passion honteuse pour Gaveston, sur lequel il accumuloit toutes les places, tous les fiefs, toutes les richesses dont il pouvoit disposer. Loin de se croire appelé à balancer le pouvoir de Philippe, il voyoit en lui son appui ; et il se hâta de mettre un terme

(1) *Ferretus Vicentinus*, p. 1018. — *Chron. Fr. Francisci Pipini.* c. 49, p. 748.

aux réclamations que son père avoit fait valoir contre la France, afin de conclure son mariage avec Isabelle, fille de Philippe, qu'il regardoit comme devant lui servir de garantie. Il s'embarqua à Douvres pour Calais, le 21 janvier 1308, laissant Gaveston chargé en son absence de l'administration du royaume (1). Il trouva Philippe-le-Bel à Boulogne ; et c'est là qu'il lui fit hommage, le dernier jour de janvier, pour le duché d'Aquitaine et le comté de Ponthieu (2). En même temps, il épousa Isabelle sa fille, alors âgée de seize ans, la même au nom de laquelle Édouard III son fils, prétendit à la couronne de France ; en sorte que ce mariage fut la cause des guerres les plus longues et les plus acharnées qui aient désolé la monarchie. Marguerite, veuve d'Édouard Ier, et sœur de Philippe-le-Bel, étoit venue à Boulogne pour recevoir sa nièce. Le séjour d'Édouard II sur le continent français fut très court. Dès le 7 février il étoit de retour à Douvres avec toute sa cour, et le brillant cortége de barons français qui avoit accompagné Isabelle (3). Ceux-ci furent bientôt témoins du dégoût et de l'indignation qu'excitoit Édouard II. On lui reprochoit plus encore d'avoir permis à

(1) *Rymer*. T. III, p. 56.
(2) *Rymer*. T. III, p. 57.
(3) *Rymer*. T. III, p. 59. — *Contin. Nangii.* p. 61. — *Joh. Canon. Sancti Victoris.* p. 456.

Gaveston de paroître en public, orné de ses joyaux et de sa couronne, que d'avoir violé les priviléges de la nation. Le parlement le força, le 18 mai, à éloigner ce favori, auquel, pour le dédommager de son exil, Édouard accorda la vice-royauté d'Irlande; tandis que ne pouvant se résigner à l'absence de l'objet de sa passion, il écrivit le 16 juin à Philippe-le-Bel pour implorer l'assistance de son beau-père contre ses sujets, et lui demander de les contraindre à laisser revenir Gaveston. (1)

1308.

L'empire d'Allemagne n'avoit depuis longtemps donné aucune inquiétude à la France. Albert, tout occupé de fonder à l'extrémité orientale de l'Allemagne, le pouvoir de la nouvelle maison d'Autriche, évitoit toute discussion qui auroit pu donner de la jalousie à Philippe : cependant son joug étoit plus insupportable encore que celui du monarque français ; la dureté, la stupidité, l'insolence, sembloient le caractère commun de tous les lieutenans autrichiens; ils ne vexoient pas les peuples seulement pour leur profit, ils sembloient prendre plaisir à les insulter et à les humilier. Les violences de l'un d'eux, Gessler, soulevèrent les paysans des vallées de Schwitz, Uri et Unterwald, qu'Albert traitoit comme ses sujets,

(1) Rapin Thoyras, L. IX, p. 95. — *Rymer*. T. III, p. 80, 89. — Thom. Walsingham, p. 60.

quoiqu'ils relevassent immédiatement de l'empire. Leur insurrection éclata le 1er janvier 1308, et c'est par elle que commença la république des Suisses (1). Albert accourut à cette nouvelle, dans son comté héréditaire d'Habsbourg, pour être à portée de réprimer les insurgés. Il avoit avec lui son neveu Jean, fils de son frère Rodolphe, dont il avoit usurpé l'héritage; car Albert étoit accoutumé à violer tout aussi ouvertement les droits de ses parens que ceux de ses sujets. Comme il traversoit avec lui, le 1er de mai, la Reuss à Windisck, Jean, qui lui avoit vainement demandé justice, l'ayant séparé de sa suite, sous prétexte de ne pas trop surcharger le bateau, et le tenant de l'autre côté de la rivière, au milieu d'un petit nombre de conjurés, le tua, et s'enfuit ensuite avec eux, sans faire aucun effort pour recueillir le fruit de son attentat. (2)

Aussitôt que Philippe-le-Bel fut instruit de la mort d'Albert d'Autriche, il songea à porter son frère Charles de Valois sur le trône impérial, dans l'espoir de rattacher ainsi l'empire à

---

(1) *Muller Geschichte der Schweitz.* B. II, c. 1. p. 1.
(2) *Muller Geschichte.* B. II, c. 1, p 5-14. — Olenschlager, §. 6, p. 18. — *Gio. Villani.* VIII, 94, p. 431. — *Chr. F. Franc. Pipini*, c. 47, p. 746. — *Raynaldi Ann. Eccles.* 1308, §. 19. — Coxe, *Hist. de la maison d'Autr.* T. I, c. 6. p. 146. — Schmidt, *Hist. des Allem.* L. VII, c. 3, p. 399.

la France. Il avoit déjà contracté deux ans auparavant une alliance intime avec Henri de Virnebourg, archevêque de Cologne, dont il se croyoit assuré (1). Il regardoit Clément V comme tellement dans sa dépendance, qu'il ne doutoit point que tout le crédit de la cour de Rome ne fût employé en sa faveur; d'ailleurs, il comptoit de le lui demander en accomplissement de la sixième de ses promesses, qui n'avoit point encore été spécifiée. Il fit donc partir Pierre de Barrière, chanoine de Verdun, et Hugues de Celles, chevalier, pour la cour pontificale qui étoit encore à Poitiers, en leur imposant de demander à Clément d'agir avec la plus grande vigueur en faveur de son frère : il comptoit les suivre de près avec six mille chevaux, pour intimider le pape; tandis qu'il avoit envoyé en même temps des ambassadeurs en Allemagne pour gagner les électeurs par de riches présens, et des promesses plus splendides encore. (2)

Toutefois, le pape et les électeurs furent également alarmés d'une prétention qui n'auroit pu se réaliser sans compléter l'asservissement de l'Europe. L'archevêque de Cologne ne réussit à gagner à la France le suffrage d'aucun

(1) *Gallia Christiana.* T. III, p. 696.
(2) *Olenschlager geschichte des* XIV. *Jahr Hund.* § 7, p. 19. — *Gio. Villani.* L. VIII, c. 101, p. 436.

autre électeur. Clément V leur avoit bien écrit le 1er juillet, selon l'injonction qu'il avoit reçue, pour leur recommander Charles de Valois (1); mais en même temps il les avoit fait avertir secrètement, par le ministère du cardinal de Prato, de n'accorder aucune foi à ses recommandations; de se presser plutôt de réunir leurs suffrages sur un prétendant qui fût en état de soutenir l'indépendance de l'empire. Le danger que couroit l'Allemagne mit enfin d'accord les électeurs, après sept mois d'interrègne. Frédéric d'Autriche, fils aîné d'Albert, Rodolphe de Bavière et Charles de Valois, qui avoient brigué l'empire en même temps, furent également écartés, et le 27 novembre, Henri de Luxembourg fut proclamé à Francfort, par le suffrage de six électeurs; celui de Bohême, dont le titre étoit contesté, n'ayant pas été admis à voter. (2)

Henri VII fut couronné à Aix-la-Chapelle avec Marguerite de Brabant, son épouse, le 6 janvier 1309. Ce prince, qui n'avoit ni puissance, ni richesses, étoit si peu connu, qu'on vouloit à peine prêter foi à la nouvelle de son élection, lorsqu'elle se répandit en Allemagne : cependant, en même temps qu'on enseignoit

---

(1) *Olenschlager Urkunde.* T. II, n. 6 et 7, p. 12 et 13.
(2) *Gio. Villani.* L. VIII, c. 102, p. 437. — *Albertini Mussati Hist. Augusta.* L. I, rub. 4. Scr. Ital. T. X, p. 209. — *Olenschlager geschichte*, §. 9, p. 25.

son nom aux peuples, on leur annonçoit ses
vertus et ses talens, en sorte que tout l'empire
parut empressé à lui prêter obéissance. Il parcourut la Souabe et la Franconie pour recevoir
l'hommage de ses vassaux, et dans l'année 1309
il tint deux diètes, l'une à Nuremberg, l'autre
à Cologne, pour conférer ou retirer les fiefs
impériaux (1). Le seul Philippe-le-Bel avoit vu
cette élection de mauvais œil : indépendamment
de la mortification que son frère avoit éprouvée,
il ne pouvoit lui convenir qu'un prince des
Pays-Bas parvînt à l'empire, avec tous les ressentimens que les guerres de Flandre avoient
excités chez ses compatriotes. D'ailleurs, il
soupçonnoit les intrigues secrètes du pape, qui
l'avoit joué, et il ne lui pardonna jamais ou son
adresse ou son indépendance. (2)

Philippe sentoit qu'il étoit à la tête de l'Europe ; la terreur du pape, la lâcheté du roi
d'Angleterre, la pauvreté de Henri de Luxembourg ne leur permettoient point de lui disputer
ce rang. Cependant il sentoit aussi le besoin
d'un point d'appui, soit pour agir sur la politique extérieure, soit pour changer les institutions de son royaume. On ne peut trop se rendre compte des vues de Philippe, et ses prin-

---

(1) *Anon. Leobiensis. L. IV apud Pez. Rer. Austriac.* T. I,
p. 895. — *Olenschlager*, §. 9, p. 27.

(2) *Olenschlager*, §. 11, p. 31.

cipes n'inspirent aucune confiance, mais on est forcé à lui reconnoître une grande activité et de certains talens, et l'on ne sauroit attribuer au hasard ses déterminations, qu'il est cependant difficile d'expliquer. Ainsi, ce roi, le plus absolu entre ceux qui ont porté la couronne de France, le moins occupé du bien de ses peuples, le moins consciencieux dans son observation des droits établis avant lui, est cependant le restaurateur des assemblées populaires de la France, et l'auteur de la représentation des communes dans les états-généraux. Aucune circonstance qui nous soit connue n'exigeoit de lui cette concession, et son caractère ne laisse pas supposer qu'il eut en vue le bien national; cependant le bienfait existe, tandis que ses motifs sont couverts de ténèbres. Les états qu'il convoqua à Tours pour la semaine qui suivit les fêtes de Pâques de 1308, forment une époque importante dans l'histoire de ces assemblées, quoiqu'on connoisse bien mal leur composition, leur manière de délibérer et leurs prérogatives. « Le roi, dit le chanoine Jean de Saint-
« Victor, fit assembler un parlement à Tours,
« de nobles et d'ignobles, de toutes les châtel-
« lenies et les villes de son royaume. Il vouloit,
« avant de se rendre auprès du pape à Poitiers,
« recevoir leur conseil sur ce qu'il convenoit
« de faire des Templiers, selon leur confes-

« sion. Le jour avoit été assigné à tous ceux qui
« furent invités, au premier du mois qui sui-
« vroit la Pâque (elle étoit cette année le 14
« avril). Le roi vouloit agir avec prudence, et
« pour ne pouvoir être repris, il vouloit avoir
« le jugement et l'assentiment des hommes de
« toute condition de son royaume. Aussi il ne
« vouloit pas seulement avoir le jugement déli-
« bératif des nobles et des lettrés, mais celui
« des bourgeois et des laïques. Ceux-ci compa-
« roissant personnellement, prononcèrent pres-
« que tous d'une manière commune, qu'ils
« (les Templiers) étoient dignes de mort. L'uni-
« versité de Paris, et surtout les maîtres en
« théologie, furent requis expressément de don-
« ner leur sentence, ce qu'ils firent, par les
« mains de leur tabellion, le samedi qui suivit
« l'Ascension. » (1)

Il sembleroit donc que le but principal de Philippe, dans cette convocation extraordinaire, fut de rejeter sur les députés de la nation ce qu'il pouvoit y avoir de plus odieux dans les supplices qu'il alloit ordonner. D'ailleurs il étoit assuré que ces députés qui n'avoient encore été investis d'aucun droit politique, regarderoient leur votation comme un acte d'obéissance, et se conformeroient à tout ce qu'il leur

(1) *Joh. Canon. Sancti Victoris*, p. 456. — *Contin. Nangii*, p. 61.

suggéreroit. En effet, les huit plus grands seigneurs de la province de Languedoc, donnèrent procuration à Guillaume de Nogaret, l'homme du roi, et l'agent principal de ses persécutions, pour qu'il eût à les représenter à l'assemblée de Tours; et le sénéchal de Beaucaire eut ordre de contraindre les villes de sa sénéchaussée à payer les frais de voyage des députés qu'elles envoyèrent comme malgré elles à cette convocation. (1)

Philippe, qui, après l'assemblée de Tours, se rendit à Poitiers, pour avoir une nouvelle conférence avec Clément V, se trouvoit alors fort embarrassé à décider ce qu'il devoit faire des Templiers qui encombroient ses prisons. Un grand nombre d'entre eux, disoit-on, avoit péri à la torture, un grand nombre étoit mort dans les cachots, ou de faim, ou de chagrin; plusieurs aussi avoient mis fin à leurs jours et avoient été trouvés pendus dans leur prison (2). Mais il semble qu'aucun supplice public n'avoit encore été ordonné avant l'année 1309 (3). Les commissaires nommés pour examiner en secret ces chevaliers, avoient obtenu d'eux les confessions qui sont consignées au procès, ou du moins ils affirmoient les avoir reçues. Toutefois, parmi les chevaliers qu'ils avoient

(1) Hist. de Languedoc, T. IV, L. XXIX, c. 18, p. 139.
(2) Joh. Canon. Sancti Vict. p. 455.
(3) Dupuy. Cond. des Templiers, p. 38.

interrogés, les uns nioient d'avoir jamais fait de confessions semblables, d'autres prétendoient qu'on les leur avoit arrachées par la violence des tourmens, d'autres reconnoissoient qu'on les avoit engagés à calomnier leur ordre par d'insidieuses promesses. L'autorité du monarque étoit compromise et l'intégrité de ses juges devenoit suspecte. On ne savoit comment terminer des procès où la conviction devoit résulter de l'aveu des accusés ; car dans la jurisprudence atroce et absurde qui admet la torture, si l'aveu arraché à un innocent suffit à motiver son supplice, le courage ou l'obstination de celui qui persiste à nier sont admis comme preuves de son innocence. On ne nous dit point qui suggéra l'expédient de traiter comme relaps, et par conséquent de livrer au dernier supplice, ceux qui, après avoir confessé à la torture, retracteroient leurs aveux; peut-être étoit-ce là le sens du conseil donné par la faculté de théologie de Paris, *de s'en tenir aux règles que la cour romaine a tracées sur les actes religieux, les hérésies, et les crimes énormes.* (1)

« A la fin, dit Villani, le roi fit faire à Saint-
« Antoine, et de même à Saint-Denys hors de
« Paris, un grand parc fermé de palissades; il

---

(1) *Joh. Canon. Sancti Victoris.* p. 456.

« y fit lier cinquante-six des dits Templiers,
« chacun à un pilier, il y fit mettre le feu à
« leurs pieds, puis à leurs jambes, les brûlant
« ainsi, mais peu à peu et l'un après l'autre,
« et les avertissant en même temps que celui
« d'entre eux qui voudroit reconnoître son er-
« reur et son péché, échapperoit à la peine.
« Leurs amis et leurs parens qui les entouroient
« au milieu de ce tourment, les exhortoient à
« se reconnoître et à ne pas se laisser ainsi hon-
« teusement martyriser, et faire mourir ; mais
« aucun d'eux ne voulut confesser. Au con-
« traire, au milieu des pleurs et des cris, ils
« protestoient qu'ils étoient innocens et chré-
« tiens fidèles, ils appeloient à leur aide le
« Christ, Sainte-Marie et les saints, et dans
« ce martyre, brûlés et consumés, ils perdirent
« tous la vie. » (1)

Le pape avoit donné son consentement à cette première exécution, qui fut bientôt suivie de plusieurs autres. Il semble que c'étoit la dernière concession que Philippe avoit voulu arracher de lui, avant de lui permettre de quitter Poitiers. Au mois d'août, Clément congédia sa cour; plusieurs de ses cardinaux se retirèrent, d'autres l'accompagnèrent à Bor-

---

(1) *Gio. Villani.* L. VIII, c. 92, p. 430. — Chr. de Saint-Denys, f. 141. — *Boccacius de nobili infortunio. Lib. ultim. cap.* 21.

deaux, où il se flattoit de respirer avec un peu plus de liberté. Cependant le pouvoir du roi de France se faisoit sentir en Aquitaine, sous le gouvernement du foible Édouard II, presqu'autant que dans les domaines de la couronne. Clément n'y séjourna pas long-temps; mais il visita successivement Agen, Toulouse et Saint-Bertrand de Cominges, après quoi il vint s'établir à Avignon, en attendant l'époque qu'il avoit fixée pour le concile de Vienne (1). Au reste, en abandonnant les personnes des Templiers aux vengeances du roi; il essaya encore de dérober leurs biens à la rapacité de ses ministres. Dans une des deux conférences qu'il avoit eues à Poitiers avec Philippe, il s'étoit fait expédier par lui un commandement adressé à tous ceux qui retenoient quelque partie des biens, meubles ou immeubles des Templiers, pour qu'ils eussent à les remettre entre les mains de commissaires nommés par le pape. En retour de cette concession, il interdit à tout fidèle de donner refuge à un Templier, et il frappa d'excommunication quiconque en ayant découvert un, ne le livreroit pas entre les mains des inquisiteurs. (2)

La première exécution ordonnée par Phi-

(1) *Bernardi Guidonis. Vita Clem.* V, p. 675. — *Raynaldi.* 1309, §. 2.
(2) Dupuy. *Condamn. des Templiers*, p. 37. — *Raynaldi*

lippe à Saint-Antoine, avoit délivré ses tribunaux des témoins et des prévenus qui les embarrassoient le plus ; de ceux qui nioient tout ce qu'on prétendoit avoir arraché de leur bouche, et qui révéloient les atroces tourmens au milieu desquels on avoit pris leurs cris de douleur pour des confessions. Mais après leur supplice, les prisons regorgeoient toujours de Templiers, parmi lesquels on voyoit d'abord tous les dignitaires de l'ordre. Le pape insistoit pour qu'ils fussent renvoyés à son jugement, et Philippe crut pouvoir y consentir. Il le fit en raison de ce qu'il s'agissoit d'un ordre répandu non seulement en France, mais par toute la terre. Clément V institua donc, au mois d'août 1309, une commission composée de l'archevêque de Narbonne, des évêques de Bayeux, de Mende et de Limoges, des archidiacres de Rouen, de Trente et de Maguelonne, et du prévôt de l'église d'Aix, pour recommencer tout de nouveau le procès contre tout l'ordre des Templiers. (1)

Les commissaires nommés par le pape s'assemblèrent à Paris ; dès le 8 août ils citèrent l'ordre des Templiers à comparoître devant eux, dans la salle de l'archevêché de Paris, le 12 novembre suivant, lendemain de la Saint-Martin.

Ann. Eccles. 1309, §. 3. — *Bulla Clementis V, in Labbei conciliis.* T. XI, p. 1503.

(1) Dupuy. *Condamnat. des Templiers*, p. 39.

Cette citation fut répétée dans toutes les provinces ecclésiastiques de la France, à Reims, Rouen, Tours, Lyon, Bourges, Bordeaux, Narbonne et Auch. Le 22 novembre, Jacques de Molay, né dans le diocèse de Besançon, et grand-maître de l'ordre, fut introduit devant les commissaires du pape, et ils commencèrent son interrogatoire; mais l'horreur des cachots, la faim et la torture lui avoient tellement troublé l'esprit, qu'ils furent obligés de le renvoyer, l'ayant trouvé *hébété et comme hors de lui* (1). Trois jours après, ils le firent comparoître de nouveau, et ils reconnurent qu'il étoit plus en état de répondre. Molay déclara qu'il y avoit dix ans qu'il étoit dans l'ordre, qu'il n'y avoit reconnu aucun mal; qu'il se soumettoit au jugement des prélats, quoiqu'il sût bien que ceux-ci accusoient les frères de son ordre d'être trop exacts à la poursuite de leurs droits; qu'il acceptoit la défense de son ordre, quoiqu'il sentît à quel désavantage le soumettoient et son ignorance et sa pauvreté; car il n'avoit pas quatre deniers pour faire les dépenses que requéroit une telle affaire. Les commissaires lui répondirent que, s'agissant d'hérésie, on n'accordoit point aux prévenus le ministère d'un avocat, qu'il prît garde d'ailleurs au danger qu'il couroit en

(1) *Fatuus et non bene compos mentis* au procès-verbal. Dupuy, p. 41.

entreprenant la défense de l'ordre, car après ce qu'il avoit confessé, il se feroit condamner comme relaps. Ils lui lurent alors sa déposition, telle que trois cardinaux, députés par le pape, prétendoient l'avoir recueillie, ce qui l'étonna tellement qu'il en fit le signe de la croix, disant « que si les cardinaux étoient d'autre qua-
« lité, il savoit bien ce qu'il auroit à dire. » Et lui ayant été dit que ces cardinaux n'étoient pas pour recevoir un gage de bataille, il dit
« qu'il ne l'entendoit pas ainsi; mais prioit Dieu
« qu'il usât envers eux de la même punition
« dont l'on use en ce cas parmi les Sarrasins et
« Tartares; car, dit-il, ils font trancher la tête
« aux menteurs infâmes, et leur fendent le
« ventre. » (1)

Les commissaires passèrent ensuite à l'interrogatoire de Ponsard de Gysiac, un des supérieurs de l'ordre, qui s'étoit offert à prendre la défense de tous, et qui demandoit pour adjoints et conseils, frère Renaud d'Orléans, et Pierre de Boulogne, prêtres et frères de l'ordre. Gysiac affirma que la violence des tourmens avoit seule arraché à quelques Templiers les aveux allégués contre l'ordre, et il se plaignit que lui en particulier étoit beaucoup plus tourmenté depuis qu'il avoit annoncé qu'il plaide-

---

(1) Dupuy. *Condamn. des Templ.* p. 41, 42.

roit pour tous. Le commissaire chargé de sa garde répondit qu'il n'étoit pas vrai que ce fût pour ce motif qu'il étoit plus travaillé que de coutume. (1)

1309.

Cependant les principaux entre les Templiers, qui étoient retenus dans les diverses prisons de France, furent conduits à Paris par ordre du roi. Il s'en trouva soixante-quatorze de déterminés à défendre leur ordre; ceux-ci nommèrent pour les représenter Pierre de Boulogne, auparavant procureur général de l'ordre en cour de Rome, et ils lui adjoignirent comme conseils, huit chevaliers des plus considérés. Ils protestèrent en même temps que toutes les accusations produites contre eux étoient fausses et calomnieuses, et ils en donnèrent pour preuve qu'aucun Templier hors de France n'avoit fait un aveu qui compromît l'ordre, parce qu'aucun de ceux-là n'avoit été exposé aux tortures effroyables qu'on leur avoit fait subir. (2)

Les commissaires nommés par le pape continuèrent leurs enquêtes, depuis le mois d'août 1309, jusqu'au mois de mai 1311. Pendant ce temps ils examinèrent CCXXXI témoins, tant Templiers qu'autres, qui avoient déjà déposé devant les ordinaires. La plupart confirmèrent

---

(1) Dupuy. *Condamnat. des Templ.* p. 44.
(2) Dupuy. *Condamnat. des Templ.* p. 48.

les dépositions qu'on avoit déjà obtenues d'eux; quelques uns cependant, par leurs aveux, donnèrent la juste mesure de la valeur de ces dépositions. Il y en eut huit qui déclarèrent que « pour tirer d'eux plus facilement ce que l'on « désiroit, on leur faisoit voir des lettres où « étoit le sceau du roi, par lesquelles on leur « donnoit assurance de la vie et de la liberté, « s'ils confessoient. On ajoutoit qu'on leur bail- « leroit à chacun une pension viagère bien as- « surée, et en même temps on leur faisoit voir « que l'ordre étoit condamné (1). » Le Templier Aimery de Villars dit « qu'il avoit déposé faux, « pressé par les tourmens qui lui avoient été « faits par L. de Marcilly et Hugues de la Celle, « chevaliers députés de la part du roi, et que « quand il vit cinquante-quatre frères de l'ordre « dans des charrettes, que l'on alloit brûler « pour n'avoir rien voulu confesser, il fut fort « étonné; que, crainte du feu, il dit ce qui « n'étoit pas, et en eût dit davantage. » La déposition du trente-septième témoin fut à peu près semblable. (2)

Tandis que les commissaires du pape examinoient les Templiers, pour préparer un rapport au concile de Vienne, lequel devoit décider sur le sort de l'ordre, on jugea convenable d'as-

(1) Dupuy. *Condamn.* p. 50.
(2) Dupuy, p. 52.

sembler les conciles provinciaux, afin de vider les prisons, et de ne pas s'exposer à ce que le temps vînt infirmer les témoignages déjà reçus. Le concile de la province de Sens fut assemblé à Paris, et il prononça sur ceux mêmes qui avoient été examinés par les commissaires du pape, à la réserve des grands-officiers de l'ordre, pour lesquels on devoit attendre la décision du concile de Vienne; mais il refusa aux commissaires de laisser vivre plus long-temps un Templier dont ceux-ci jugeoient le témoignage nécessaire. Les prélats assemblés répondirent que son procès avoit déjà duré deux ans, et que c'étoit bien assez. Ce concile prononça sa sentence, ou fit son *sermon public,* au commencement de mai de l'an 1311. Quelques uns des prisonniers qui avoient rendu tous les témoignages qu'on désiroit d'eux, furent absous; d'autres condamnés à diverses pénitences ou à une prison perpétuelle. Il paroît que parmi ces derniers se trouvoient ceux qui avoient eu assez de vigueur pour supporter tous les tourmens, et y survivre sans rien avouer (1); mais ceux qui avoient avoué à la torture et nié ensuite, furent, comme relaps, dégradés par l'évêque de Paris, et livrés au bras séculier. Celui-ci les fit brûler au nombre de cinquante-neuf, le

---

(1) *Johann. Canonici Sancti Victoris.* p. 459.

12 mai 1311, hors de la porte Saint-Antoine. Au milieu des tourmens, et jusqu'à leur mort, ils protestèrent de leur innocence. En même temps chacun des conciles provinciaux fit son *sermon public* à peu près de la même manière; mais nous savons seulement le nombre des victimes de celui de Senlis, où il y eut neuf Templiers brûlés. (1)

Des conciles provinciaux avoient également été assemblés hors de France; mais ceux-ci s'accordèrent tous à absoudre les Templiers. Ils n'avoient trouvé aucun témoin qui déposât contre eux, et ils n'avoient arraché aux chevaliers aucune confession par la torture. Deux inquisiteurs avoient cependant demandé au concile de Ravenne, d'interroger les chevaliers à la question; mais les évêques qui ne voyoient aucun indice de crime contre eux, s'y refusèrent. Les conciles de Salamanque et de Mayence agirent de même. (2)

Les deux grands-maîtres du Temple et de l'Hôpital avoient été invités ensemble à cette conférence de Poitiers qui s'étoit terminée d'une manière si fatale pour le premier; mais

---

(1) Dupuy. *Condamnat. des Templ.* p. 52. — *Contin. Nangii.* p. 63. — *Gio. Villani.* L. VIII, c. 122, p. 444. — *Bernardi Guidonis Vita pontif.* T. III, p. 576. — *Raynaldi Ann. Eccles.* 1310, §. 40.

(2) *Labbei Concilia Gener.* T. XI, P. II, p. 1533.

Foulque de Villaret, grand-maître de l'Hôpital, qui avoit formé le projet de conquérir pour son ordre l'île de Rhodes, demeura en Chypre quelque temps encore, après que Jacques de Molay en fut parti. Quand il arriva ensuite en Europe, il y vit avec effroi le sort d'un ordre, rival du sien, et dont il avoit été long-temps jaloux, mais dont il avoit tout récemment encore partagé les dangers et les combats à la Terre-Sainte. Quoique bien reçu par Philippe et par le pape, il se hâta de repartir pour le Levant avec tous ses chevaliers; au mois de septembre 1309, il quitta la France, embarquant sur les galères de l'ordre quelques croisés que l'évêque de Rodez, légat du Saint-Siége, avoit rassemblés par ses prédications. Après avoir passé l'hiver à Brindes, il vint débarquer dans l'île de Rhodes. La capitale de cette île lui ouvrit ses portes, le 15 août 1310, jour de l'Assomption, et l'ordre des Hospitaliers acquit ainsi une souveraineté dans le Levant, à l'époque même où son émule, l'ordre des Templiers, s'éteignoit dans les supplices. (1)

Il ne restoit plus pour décider du sort de cet ordre, et de celui du petit nombre de ses chefs qui étoient encore retenus dans les cachots de

---

(1) *Joh. Can. Sancti Victoris, Vita Clem.* V, p. 453. — *Cont. Nangii.* p. 60. — *Raynaldi Ann. Eccles.* 1309, §. 33-35. 1310, §. 43.

1310.

France, qu'à obtenir la sentence du concile de Vienne ; mais les jugemens contradictoires qu'avoient portés sur cette cause les conciles provinciaux de France et des pays étrangers, sembloient augmenter les difficultés au lieu de les aplanir. Clément V se fondant sur ce motif, quoiqu'il en eût d'autres peut-être auxquels il attachoit plus d'importance, publia, le 4 avril 1310, une bulle pour ajourner le concile de Vienne au 1er octobre 1311, et pour y inviter en même temps les prélats et les souverains de toute la chrétienté. (1)

(1) *Raynaldi Ann. Eccles.* 1310, §. 41.

CHAPITRE XXIII.

Procès à la mémoire de Boniface VIII. — Concile de Vienne; dernières années et mort de Philippe-le-Bel. 1310-1314.

En vain les prélats réunis dans les conciles provinciaux de France, avoient sacrifié des centaines d'illustres victimes au ressentiment, à la haine ou à l'orgueil de Philippe-le-Bel, les bûchers sur lesquels on avoit fait brûler tant de Templiers, ne lui suffisoient point encore; il vouloit étendre sa vengeance jusqu'au chef même de l'église, afin de bien pénétrer ses sujets de la croyance que c'étoit un crime irrémissible, même dans un prêtre, même dans un pape, que de vouloir mettre des bornes à sa puissance, ou de lui résister. Dès le commencement de l'année 1309, il renouvela ses instances pour que Clément V condamnât la mémoire de Boniface VIII. Le ressentiment qu'il avoit conçu contre le premier, pour l'avoir mal secondé ou l'avoir trompé, lorsque Charles de Valois briguoit la couronne impériale, le rendoit encore plus ardent à poursuivre une procédure qui devoit humilier et tourmenter la cour d'Avignon.

Clément V, en quittant Poitiers pour se rendre à Avignon, avoit annoncé que dès qu'il y seroit établi, il y admettroit tous les témoins prêts à déposer contre son prédécesseur. Reginald de Supino, chevalier, et l'un des chefs de l'expédition d'Anagni, se mit en route en effet au mois d'avril 1309, avec un nombre assez considérable de témoins qu'il avoit rassemblés, et qu'il se proposoit de faire entendre par le pape; mais lorsqu'il approchoit déjà d'Avignon, ses amis, et les serviteurs du roi de France vinrent l'avertir, qu'à moins de trois lieues de cette ville, un corps d'hommes armés l'attendoit en embuscade, et qu'il seroit infailliblement égorgé, s'il avançoit suivi par tous les témoins qu'il conduisoit avec lui. Ceux-ci, jugeant que ce n'étoit pas seulement les parens et les créatures de Boniface qui en vouloient à leur vie, mais que le pape lui-même verroit avec plaisir une catastrophe qui mettroit fin au procès qui le tourmentoit, se dispersèrent, et déclarèrent qu'aucun motif ne les détermineroit plus à se mettre entre les mains de la cour d'Avignon. Reginald de Supino, après avoir cherché en vain à les retenir, revint à Nîmes, et ayant rassemblé à l'hôtel du trésorier tous les hommes les plus notables de la ville, il protesta devant eux et par les mains d'un notaire, contre l'empêchement qui avoit été mis à la procédure, inculpant indirectement le pape d'avoir permis cette embuscade, qui, dit-il, étoit universellement connue dans Avignon. (1)

Avignon et tout le pays situé à la gauche du Rhône n'appartenoit point à la France, et Clément V avoit peut-être espéré y trouver quelque indépendance ; mais il n'y eut pas long-temps été établi qu'il s'aperçut qu'il y étoit tout autant entre les mains de Philippe qu'à Poitiers. Ni l'empereur, ni le comte de Provence, roi de Naples, ne songeoient à le protéger, et aucun souverain n'étoit alors en état de se mesurer avec le roi de France, ou n'en avoit le désir. Clément V s'alarma donc des plaintes de Supino, ou peut-être de sa propre imprudence, ou il écrivit le 23 mai à Charles de Valois, pour le prier de s'employer à calmer son frère. Il l'assuroit qu'il avoit à cœur, autant que personne, l'affaire de son prédécesseur Boniface ; il en donnoit en témoignage les jours et les nuits qu'il avoit consacrés à ce travail, l'inquiétude, les soupirs, les angoisses cruelles que ce procès lui avoit déjà coûtés ; mais il ajoutoit que cette affaire seroit mêlée de périls infinis si Philippe n'en laissoit pas sans partage la direction à l'église. (2)

(1) L'acte aux preuves du différend, p. 288, en date du 25 avril 1309.
(2) *Bulla Clementis.* Preuves du différend, p. 290

Mais Philippe n'étoit pas homme à se contenter de paroles aussi vagues. Il écrivit de nouveau au pape, pour se plaindre que l'affaire n'avançoit point, que les preuves se détruisoient, que les témoins mouroient de vieillesse. Clément V, toujours effrayé de la puissance et de la violence du roi de France, répondit aussitôt, le 23 août, avec une extrême humilité, protestant de son désir de satisfaire Philippe, et affirmant n'avoir connoissance que d'un seul témoin mort avant son interrogatoire (1). Il fit, du reste, préparer aussitôt une bulle qui fut publiée le 13 septembre, par laquelle il admettoit à se présenter, tous ceux qui voudroient poursuivre la mémoire de Boniface, et rappelant que c'étoit Philippe, roi de France, son fils Louis, les comtes d'Evreux, de Saint-Paul et de Dreux qui l'en avoient sollicité, aussi-bien que Guillaume de Plasian, chevalier et commissaire du roi, il leur assignoit pour être entendus le premier jour judiciaire après la fête de la Purification de la Vierge. (2)

Cette bulle, loin de satisfaire le roi, lui donna au contraire une offense nouvelle, par l'ambiguité des phrases que le pape avoit employées. Philippe paroissoit lui-même cité comme accusateur à la cour de Rome; et non seulement il ne

---

(1) Preuves du différend, p. 292.
(2) *Bulla apud Raynaldum Annal.* 1309, §. 4.

vouloit pas se soumettre à cet acte de juridiction, il ne vouloit pas même qu'on lui supposât aucune animosité contre la mémoire de son adversaire. Il exigea donc que Clément V publiât une nouvelle bulle, le 2 février 1310, pour révoquer la précédente, autant qu'elle paroissoit contenir une citation adressée à Philippe, et pour déclarer en même temps que le roi de France n'agissoit que par zèle pour la vérité et pour la justice, en sorte qu'il avoit bien demandé au pape d'entendre les accusateurs, mais qu'il n'avoit jamais songé à s'associer à eux (1). Une autre bulle, publiée le 28 juin 1310, promit une sûreté entière, et le secret le plus absolu à tous les témoins qui voudroient déposer contre la mémoire du pape Boniface VIII. (2)

Guillaume de Nogaret et Guillaume de Plasian demeurèrent bientôt seuls chargés de l'accusation; car les comtes d'Evreux, de Saint-Paul et de Dreux s'en retirèrent à l'exemple de Philippe, déclarant qu'ils s'en remettoient absolument à la prudence du Saint-Père (3). Cependant le roi, qui demandoit que l'église rendît témoignage à son impartialité, n'épargnoit ni zèle, ni crédit, ni argent, pour faire

---

(1) Preuves du différend, p. 300.
(2) *Raynaldi Ann. Eccles.* 1310, §. 37, 38.
(3) Preuves du différend, p. 301, 302.

réussir l'accusation, et les deux commissaires qui la poursuivoient en leur nom propre, rassemblèrent pendant les deux années 1310 et 1311, toutes les dépositions les plus rebutantes que pût leur fournir cette tourbe immonde qui suivoit les tribunaux, et qui vivoit de dénonciations et de calomnies.

Quoique l'église ait donné des ordres sévères pour détruire toutes les pièces de ce grand procès, elles ont été conservées par ceux mêmes qui font profession de lui être le plus dévoués : Dupuy, dans son histoire du différend de Boniface VIII et Philippe-le-Bel, les a reproduites, et Raynaldus a rendues publiques les bulles que la cour de Rome avoit ordonné, sous peine d'excommunication, de supprimer ; il est vrai que quoique toutes ces pièces existent, elles n'en sont guère plus connues ; leur intolérable longueur, leurs répétitions infinies, suffisent pour rebuter le lecteur le plus intrépide ; et quant à ceux qui en ont donné des extraits, ils se sont plutôt attachés à supprimer qu'à reproduire tout ce qui pouvoit jeter quelque lumière sur ce grand scandale de la royauté et de l'église.

Nous chercherons, au contraire, à résumer dans un petit nombre de pages, les pièces les plus importantes de ce procès, de manière à ce que nos lecteurs puissent, sinon reconnoître la vérité, du moins s'associer à l'espèce de doute que leur examen nous laisse. En effet, après avoir fait la part de la haine, celle de la calomnie, de la subornation; après avoir reconnu que plusieurs témoins affirment ce qui ne peut être, que plusieurs autres mettent tellement à découvert leur propre infamie qu'on ne peut leur prêter foi, lorsqu'ils attaquent l'honneur d'autrui, surtout lorsque leurs allégations sont par elles-mêmes invraisemblables, il reste encore une telle masse de témoignages que les mœurs et la croyance de Boniface en demeurent singulièrement suspects.

Les accusateurs produisirent d'abord les bases de l'accusation qu'ils se réservoient de prouver ensuite par des témoins. Parmi ces pièces, les deux plus importantes sont intitulées, l'une, *Articles et raisons de droit contre Boniface* (1), l'autre, *Articles des preuves contre Boniface* (2). On peut regarder l'une et l'autre comme répondant à ce que nous nommerions aujourd'hui l'acte d'accusation. Le premier document contient vingt-huit chefs différens d'hérésie ou de crime, le second en contient quatre-vingt-treize. Cependant ce dernier est plus court que le premier, auquel il n'ajoute aucune charge nouvelle. Les mêmes

(1) Preuves du différend, p. 325-346.
(2) *Ibid.* p. 350-362.

inductions, les mêmes accusations sont reproduites sous des formes différentes, et le nombre des chefs d'accusation n'est point égal à celui des articles, même du premier mémoire.

Boniface est accusé de n'avoir point cru à l'immortalité de l'âme ni à un jugement à venir; de n'avoir point cru à la présence réelle dans l'Eucharistie; d'avoir dit souvent qu'il ne voyoit aucun péché dans aucune des souillures de la chair, et de s'être conduit en conséquence; d'avoir approuvé un livre d'Arnaud de Villeneuve, condamné par l'inquisition de Paris; d'avoir fait élever des statues en son propre honneur, au risque d'induire les peuples dans l'idolâtrie; d'avoir eu successivement plusieurs démons familiers qui lui furent donnés par plusieurs nécromanciens; d'avoir prétendu qu'un pape ne peut se rendre coupable de simonie, et d'avoir en conséquence fait vendre toutes les dignités ecclésiastiques par Simon de Spini, son banquier florentin; d'avoir fait commettre plusieurs meurtres en sa présence; d'avoir entre autres, pendant le jubilé, fait renverser par ses gardes, et tuer plus de cinquante pèlerins qui se trouvoient sur son passage, comme il alloit de Saint-Jean-de-Latran à Saint-Pierre; d'avoir forcé les confesseurs à lui révéler des péchés dont ils n'avoient eu con-

noissance que sous le sceau de la confession ;
d'avoir mangé gras les jours de jeûne, et d'avoir
permis à toute sa famille de manger de la
viande; d'avoir méprisé les moines, et de les
avoir accusés d'être de faux hypocrites ; d'avoir
en même temps déprimé les cardinaux, et
d'avoir refusé de les consulter sur les affaires
de l'église; d'avoir cherché à mettre tous les
rois en mouvement pour écraser ce qu'il appeloit l'orgueil gallican ; d'avoir contribué à la
perte de la Terre-Sainte, en détournant l'ar
gent qui devoit être destiné à sa défense
d'avoir enfin détenu dans une dure prison, et
probablement fait mourir son prédécesseur
Célestin V.

Parmi les témoins en grand nombre qui furent produits pour soutenir cet acte d'accusation, et dont les dépositions nous ont été conservées, on remarque des moines de Saint-Gré-
goire de Rome, qui racontent comment ils
étoient venus dénoncer au pape leur abbé pour
ses doctrines impies. Cet abbé nioit l'immortalité de l'âme, et affirmoit que les péchés de
la chair étoient un besoin innocent de la nature ; et Boniface, après leur avoir demandé
s'ils avoient jamais vu revenir un mort, les
avoit renvoyés, en leur disant : « Allez,
« croyez ce que croit votre abbé : vous êtes

« bien insolens d'en vouloir savoir plus que « lui. » (1)

Plusieurs ecclésiastiques, et hommes de loi napolitains rapportèrent diverses conversations auxquelles ils avoient été présens, tandis que Boniface n'étoit encore que cardinal, et sur les circonstances desquelles ils se trouvèrent d'accord. Ils affirmèrent l'avoir entendu taxer d'absurdité et de contradiction les différens dogmes reçus par l'église catholique, et dire qu'une telle croyance étoit bonne pour le vulgaire, mais qu'aucun homme vraiment lettré ne pouvoit la conserver. (2)

Un frère Bérard de Soriano affirma avoir vu de sa fenêtre Boniface, alors notaire apostolique, sacrifiant un coq au diable, qui lui avoit apparu, et avoit eu avec lui une longue conférence. Il prétendit l'avoir vu adorer pendant une heure une idole cachée dans sa chambre, derrière un rideau ; il prétendit l'avoir entendu huit jours encore avant sa mort, déclarer que l'âme meurt avec le corps, et blasphémer contre la Vierge et son fils. (3)

Notto Bonaccorsi de Pise déclara qu'il avoit lui-même plusieurs fois conduit, d'abord sa

(1) Témoins 1 et 2. Preuves du différend, p. 526.
(2) Témoins 5-15. Preuves, p. 527-535.
(3) Témoins n. 16. Preuves, p. 557

femme, ensuite sa fille, au pape Boniface, qu'il
les avoit vues au lit avec lui, et il ajouta des
détails plus scandaleux encore, qu'il prétendit
tenir de l'une et de l'autre (1). Guillaume Cala-
tagirone, noble sicilien, prétendit avoir vu
dans les mêmes circonstances la femme et la
fille de Bonaccorsi; il indiqua Nicolas de Pise,
chevalier du pape, comme ayant été un autre
ministre des débauches de Boniface, et comme
lui ayant également sacrifié la pudeur de sa
femme et de ses enfans. Poursuivant ensuite
de ses accusations, peut-être de ses calomnies,
son patron jusqu'à sa dernière heure, il prétendit l'avoir entendu blasphémer sur son lit
de mort, et que les dernières paroles qu'il pro-
féra furent des imprécations contre la Vierge et
contre Jésus-Christ. (2)

Ces témoins, en confessant leur propre
infamie, ôtent sans doute beaucoup de poids à
leur déposition; mais presque tous ceux qui
furent appelés à déposer s'accordèrent à dire
que le bruit public accusoit Boniface des vices
les plus honteux. Plusieurs rapportèrent le
même propos, qu'il sembleavoir répété souvent :
« Pourquoi voulez-vous que ces choses soient
« plus criminelles que de frotter une de ses
« mains contre l'autre ? » Un d'eux raconta avec

(1) Témoins 18, p. 539
(2) Témoins 19, p. 540

des circonstances qui ont un grand caractère de vérité, sa propre résistance, et le danger qu'il avoit couru (1); et le religieux qui passoit pour son confesseur, mais auquel il ne s'étoit pas confessé depuis trente ans, affirma que tous les vices qu'il avoit eus dans sa jeunesse n'avoient fait que s'accroître en lui à mesure qu'il avançoit en âge. (2)

Mais les témoins dont la déposition est en même temps la plus étrange et la plus digne de foi, sont ceux qui racontent la conversation de Boniface dans l'année du jubilé, en présence des ambassadeurs réunis de Florence, de Bologne et de Lucques. Après leur audience publique, ces témoins furent reçus par lui avec les ambassadeurs dans une salle du palais de Latran, dans laquelle étoit son lit, à côté de celle où il tenoit le consistoire : à l'occasion de la mort d'un chevalier campanien qui lui fut annoncée, Boniface, disent-ils, prit plaisir à déclarer à haute voix que l'âme mouroit avec le corps, que le monde étoit éternel, que le Christ étoit un simple homme, qu'il étoit un grand hypocrite, qui, n'ayant pu s'aider lui-même, pourroit moins encore aider les autres. Tous ces hommes graves et religieux demeuroient dans l'étonnement et le silence, tandis

---

(1) *Lello Thomassoni de Perouse*, 20e témoin, p. 542.
(2) *Rationes juris et articuli*, §. 5, p. 329, **Preuves**.

que le chef de l'église leur tenoit de semblables propos, aussi contraires à son intérêt qu'à son honneur. Un seul d'entre eux, Antoniolo de Galuzzi, ambasssadeur de Bologne, lui répondit : « Ainsi donc, saint père, nous n'avons « rien de mieux à faire que de prendre des plai- « sirs de ce monde, puisque nous n'en avons « point à attendre d'autre. » Et le pape répondit par sa comparaison habituelle de tous les plaisirs des sens avec une main qu'on frotte contre l'autre. Trois témoins, hommes graves et d'un rang élevé dans leur patrie, tous trois présentés au pape, et admis dans la suite des ambassadeurs, s'accordent pour faire cette déposition. L'un d'eux, Stefano Poggi, étoit le fils du chef de l'ambassade de Lucques. (1)

La déposition de deux témoins siciliens de la suite de Roger de Loria n'est pas moins extraordinaire. Lorsque ce héros, après avoir si long-temps combattu pour l'indépendance de sa patrie, contre l'église et contre la France, vint enfin, touché de remords, demander son absolution et se soumettre au pape, celui-ci répondit, disent-ils, aux expressions de dévotion et de repentance de l'illustre amiral, en niant tous les dogmes de cette religion, à laquelle Loria sacrifioit alors même sa patrie; en affir-

(1) Ce sont les 3e, 12e et 13e témoins examinés par Bernard Guidonis, p. 550, 568 et 570.

mant qu'il n'y avoit point d'âme qui survécût au corps, point de rémunération, point d'autre but à la vie que les jouissances matérielles; que Jésus-Christ n'étoit qu'un homme, mais que lui, pape, étoit bien plus puissant que le Christ, car il pouvoit humilier et appauvrir les rois, les empereurs et les princes, tandis qu'il pouvoit d'autre part donner les cités et les royaumes, et d'un pauvre chevalier faire un grand roi. (1)

Rien n'est plus étrange et plus invraisemblable que le rôle que Boniface VIII auroit joué, d'après ces divers témoignages. Les mœurs du clergé étoient universellement mauvaises, celles de Clément V n'étoient pas moins dissolues que celles de Boniface VIII, et ce n'est pas cette partie de l'accusation qui doit causer notre étonnement; de même l'incrédulité étoit très généralement répandue dans les écoles, surtout depuis l'introduction de la philosophie d'Averrhoès, et Boniface n'étoit pas le seul à ne point croire ce qu'il professoit; mais quelque incrédule qu'on le suppose, il étoit pape, tout son pouvoir étoit fondé sur la religion, qu'on assure qu'il prenoit plaisir à détruire; et s'il donna beaucoup de preuves de la violence de ses emportemens, de son ambition insatiable,

---

(1) Ces témoins sont le 10ᵉ et le 11ᵉ, interrogés par le grand-inquisiteur Bernard Guidonis. p. 564, 566.

de son orgueil effréné, il en donna aussi de son esprit de conduite, qui le fit le plus habituellement réussir dans ses entreprises : il pouvoit être un mauvais homme, mais il n'étoit pas un fou. Auroit-il, dans son orgueil, voulu attribuer à sa seule personne, les hommages que l'on rendoit à sa dignité Vouloit-il joindre la réputation d'esprit-fort à celle de théologien ? ou comme souverain, étoit-il jaloux du pape ? Il est impossible de s'arrêter à une opinion qui paroisse probable.

Le roi, les juges, les commisaires ne donnent, par leur caractère moral, aucune garantie de leur véracité ; mais, d'autre part, ils ne pouvoient, dans cette occasion, recourir à leur tactique habituelle; ils ne pouvoient, en faisant souffrir aux accusés des tourmens infernaux, leur adresser des questions suggestives, et mettre ainsi dans leur bouche tout ce qu'ils vouloient y trouver.

Tous les témoins contre Boniface étoient volontaires, ils n'étoient point sous l'influence immédiate de la douleur ou de la crainte; et pour leur refuser toute croyance, il faudroit supposer non seulement qu'ils étoient gagnés à prix d'argent, mais encore qu'ils se donnoient pour autres qu'ils n'étoient en effet, et qu'ils jouoient des personnages d'emprunt; or quand on pense à leur nombre, à la puissance et à la richesse des cardinaux parens de Boniface, et à l'intérêt de l'église entière, à faire cesser ce scandale, il faut bien reconnoître que le rôle des faussaires seroit devenu très difficile.

Au reste, il semble que les défenseurs de la mémoire de Boniface jugeoient eux-mêmes que tous les scandales accumulés contre lui ne pouvoient s'expliquer par la subornation des témoins et la calomnie judiciaire : aussi redoutoient-ils un examen qu'ils auroient provoqué s'ils avoient été sûrs de leur droit. L'instruction de la cause commença le 16 mars 1310. Clément V admit ce jour-là en plein consistoire, comme accusateurs, Guillaume de Nogaret et Guillaume de Plasian, secondés par deux ambassadeurs du roi de France. Les parens de Boniface se présentèrent, de leur côté, pour défendre sa mémoire (1), et de part et d'autre, les parties s'engagèrent dans la discussion d'exceptions préjudicielles. Nogaret et Plasian récusèrent un certain nombre de cardinaux qu'ils tenoient pour suspects ; ils demandèrent à faire entendre leurs témoins ; mais en même temps ils vouloient qu'on leur garantît que leurs noms seroient tenus secrets, à cause du danger auquel leur témoignage pourroit les exposer. (2)

(1) Preuves du différend. p. 367.
(2) *Ibid.* p. 372 et 387.

De leur côté, les parens de Boniface présentèrent, le 1ᵉʳ avril, une protestation, pour empêcher que Nogaret et Plasian, ennemis notoires de ce pape, fussent admis à l'accuser; que la mémoire d'un mort fût mise en jugement; que la foi dans le souverain pontife fût ébranlée au grand scandale de l'église; qu'enfin aucun autre qu'un concile prétendît juger celui qui n'avoit point eu de supérieur sur la terre. Nogaret et Plasian répondirent que les lois par lesquelles l'église romaine avoit fondé l'inquisition, admettoient toute espèce d'accusateurs lorsqu'il s'agissoit d'hérésie, tandis qu'elles refusoient à l'hérétique un défenseur. Ils en concluoient que puisque Boniface n'auroit pu faire soutenir sa cause par un avocat pendant sa vie, cette faveur ne devoit pas lui être accordée davantage après sa mort. Ainsi les lois cruelles de l'inquisition se trouvoient retournées contre ceux qui en avoient été les premiers auteurs (1). Chacun de ces incidens donnoit lieu à la production de pièces et de mémoires en réponse. Ces écritures étoient diffuses et pleines de répétitions; cependant le temps s'écouloit, et comme le sacré consistoire n'accordoit pas plus de deux ou trois audiences chaque mois, la plus grande partie de l'an-

---

(1) Preuves du différend, p. 392.

née fut consommée sans qu'on eût beaucoup avancé.

Malgré ces lenteurs, vingt-trois témoins avoient été examinés dans les mois d'avril et de mai, par le pape ou ses commissaires; treize témoins avoient été examinés pendant les mois d'août et de septembre, par le grand-inquisiteur Bernard Guidonis. Les parens de Boniface ne paroissent pas avoir essayé de produire contre eux des motifs de suspicion légitime; les témoignages scandaleux s'accumuloient, et Clément V voyoit croître son embarras.

Il ne pouvoit condamner la mémoire de Boniface VIII sans anéantir, en quelque sorte, tout le gouvernement de l'église. Les cardinaux nommés par Boniface n'auroient point alors été de vrais cardinaux; les conclaves qui lui avoient donné deux successeurs l'un après l'autre n'étoient point des conclaves; Clément V n'étoit point pape, et Benoît XI ne l'avoit point été avant lui. Dans cette désorganisation universelle et de si longue durée, on ne retrouvoit pas même les élémens avec lesquels on pourroit reconstituer l'église. D'autre part, la cour de Rome, après avoir entendu des témoignages aussi scandaleux, ne pouvoit réhabiliter la mémoire de Boniface VIII qu'en accusant Philippe et ses agens d'être des calomniateurs et des faussaires.

Mais au commencement de l'année 1311, Philippe se ralentit lui-même dans ses poursuites, soit qu'il sentît à quel point elles pouvoient bouleverser l'église, ou qu'apprenant les succès de Henri VII en Italie, il craignît de trouver en lui un rival qui retirât le Saint-Siége du servage. Il consentit donc à ce que ses ministres cherchassent les moyens de terminer honorablement cette longue controverse. Il lui suffisoit que ses motifs et ceux de tous ses agens fussent déclarés purs et honorables par la cour de Rome, après quoi le pape pourroit, s'il le jugeoit convenable, prononcer que l'hérésie de Boniface n'étoit point suffisamment prouvée. La minute d'une bulle qui contenoit cette approbation fut préparée par la cour de France, et envoyée à Clément pour qu'il la signât (1). Cependant il ne put se résoudre à donner, comme on le lui demandoit, la sanction du Saint-Siége à l'action de Nogaret; il dressa une bulle nouvelle qui fut expédiée le 27 avril 1311, et c'est celle-là qui termina le différend.

Cette bulle est le plus grand acte de déférence à une autorité étrangère, qui ait jamais été obtenu de la cour de Rome. Clément V, après avoir déclaré que les Français sont le peuple élu de Dieu, et que leurs rois ne se sont

(1) C'est la bulle sans date tirée d'un manuscrit de Saint-Victor et insérée aux Preuves du différend, p. 577-589.

jamais écartés de la foi et de la défense de l'église, expose que son fils Philippe ayant été fréquemment averti par des personnes de la plus haute autorité, que Boniface VIII n'étoit point entré par la porte dans la bergerie du Seigneur, et qu'il étoit engagé dans la dépravation hérétique, quoiqu'il eût désiré cacher la honte de son père, avoit été forcé par leurs instances à demander la convocation d'un concile ; mais il attestoit sa conscience que c'étoit autant pour faire éclater l'innocence de Boniface, si, comme le roi l'espéroit, il étoit innocent, que pour l'éloigner de l'église de Dieu, s'il étoit coupable. A la vérité, quelques personnes qui se présentoient pour défendre la mémoire et l'état de Boniface affirmoient que le roi n'étoit animé que par la malignité de la haine; que c'étoit lui qui avoit fait produire ces accusations calomnieuses, comme il avoit aussi fait arrêter ce même Boniface avec une audace sacrilége; les mêmes hommes, disoient-ils, ayant tour à tour conspiré contre sa liberté et calomnié sa réputation. (1)

Clément V expose ensuite qu'après avoir délibéré avec ses frères, il avoit adressé au roi des exhortations paternelles, pour l'engager à renoncer aux dénonciations et aux accusations de

---

(1) Bulla, p. 592-595. Preuves du différend.

cette espèce, et à laisser la suite de cette affaire à la seule décision du pape et de l'église, en engageant par son crédit les autres dénonciateurs à en faire autant. Comme le roi s'y étoit longtemps refusé, Clement V avoit dû faire commencer le procès. « C'est par une information « suffisante sur ce sujet, ajoute-t-il, que nous « avons reconnu que, quoique les dénoncia- « teurs, objecteurs et affirmateurs susdits, ne « soient peut-être point déterminés par la vérité « des accusations, sur laquelle nous n'avons « aucune certitude, du moins ce n'est point « une malignité préalable, ce n'est point un « mauvais motif qui les a poussés, mais un « zèle bon, sincère et juste (1). » En conséquence, avec le conseil des cardinaux, et par l'autorité apostolique, il décharge le roi de tout blâme qu'il pourroit encourir à ce sujet.

Clément V raconte ensuite que Guillaume de Nogaret a déclaré en justice, en présence d'un consistoire public, qu'il n'avoit jamais reçu du roi l'ordre d'arrêter, attaquer, ou insulter Boniface; qu'il étoit seulement chargé de lui notifier les accusations intentées contre lui, et de lui demander la convocation d'un concile général ; que, pour parvenir à lui, il avoit eu besoin de s'entourer d'un cortége composé des fi-

---

(1) Bulla, p. 596.

dèles et des dévots de l'église, dont il avoit déployé le drapeau en tête de sa petite troupe; qu'ensuite, loin d'avoir permis qu'on portât des mains violentes sur Boniface, il l'avoit préservé de tout outrage de la part de ceux qui étoient altérés de son sang. D'après cette déclaration, le pape prononce que, de quelque manière que se soit passée cette attaque contre Boniface, et ce pillage du trésor apostolique dont Guillaume de Nogaret est accusé, le roi en est entièrement innocent. (1)

Après ces déclarations, dit-il, le roi se montrant fils de la bénédiction et de la grâce, a acquiescé à nos instances : les accusateurs, à sa demande, ont de même consenti à laisser la poursuite, la connoissance et la décision de cette affaire à nous-mêmes et à l'église. Ceux qui s'étoient chargés de la défense de la mémoire de Boniface, s'en sont remis pour cette défense à notre office. (2)

En conséquence, et par reconnoissance pour le roi et le royaume de France, qui ont montré tant de déférence à l'église, le pape supprime toutes les sentences, constitutions, déclarations, toutes les excommunications, procès, interdits qui pourroient implicitement ou explicitement attaquer les droits et libertés du roi,

1) Bulla ibid p. 597
2) Bulla ibid. p. 508

de ses enfans, de son royaume, ou des accusateurs de Boniface, publiées depuis la Toussaint de l'an 1300. Il ordonne même de les effacer des livres capitulaires et des registres de l'église romaine ; prononçant l'excommunication contre toute personne, de quelque dignité qu'elle soit, qui en garderoit copie. (1)

Toutefois, par toutes ces déclarations, il ne touche point à l'affaire principale, ou à la poursuite de la mémoire de Boniface, qu'il se réserve de faire d'office, et il ne met point d'obstacle à l'apparition des témoins qui voudront déposer pour ou contre lui. Il excepte de l'absolution universelle Guillaume de Nogaret, Reginald de Supino, et treize autres personnes impliquées dans l'arrestation de Boniface, et le pillage de son trésor ; mais à l'instante prière du roi, il accorde à Nogaret une absolution *ad cautelam*, sous condition qu'à la prochaine croisade il se rendra à la Terre-Sainte, pour y servir le reste de sa vie, et qu'en attendant la croisade, il accomplira certains pèlerinages. (2)

Cette discussion, qui avoit causé à Clément V une mortelle inquiétude, étant enfin terminée, il se montra empressé à satisfaire Philippe sur

(1) Bulla *ibid.* p. 600.

(2) Bulla *ibid.* p. 601, 602. La même bulle est, par extrait seulement, dans Raynald. A. 1311, s. 16-5.

toutes ses autres demandes. Il avoit ajourné au 1er novembre 1311, la convocation du concile à Vienne en Dauphiné. Trois objets étoient annoncés comme devant occuper ses délibérations ; le jugement sur l'ordre des Templiers, la réforme de l'église et le recouvrement de la Terre-Sainte ; mais l'on savoit que les deux derniers étoient toujours annoncés pour la forme, quoique le pape ou le roi songeassent fort peu à les faire réussir. De nombreuses lettres de convocation furent adressées à tous les rois, à tous les archevêques et évêques de la chrétienté (1). Pendant toute l'année, Clément V pressa les uns par sa correspondance, accorda des dispenses aux autres, et réussit enfin à rassembler environ trois cents prélats (2), tandis qu'il préparoit avec activité l'ouvrage qu'il vouloit soumettre à leurs délibérations.

Le procès des Templiers présentoit de grandes difficultés ; car si les plus graves accusations résultoient contre l'ordre des procédures faites sous l'autorité immédiate de Philippe-le-Bel, d'autre part, tous les conciles provinciaux qui avoient été rassemblés hors de son influence, avoient trouvé toutes ces charges vaines et calomnieuses. Cependant, puisque Philippe vou-

---

(1) *Labbei Concil. Gener.* T. XI, P. II, p. 1539 seq.
(2) *Raynaldi Annal.* 1311, §. 52. — *Gio. Villani.* L. IX, c. 22, p. 454.

loit bien renoncer à la poursuite de la mémoire
de Boniface, il paroissoit nécessaire au pape
de compenser cette condescendance, en satis-
faisant une autre des fantaisies royales; aussi
Clément V adressa-t-il aux prélats qu'il jugeoit
les plus dévoués au Saint-Siége, et entr'autres
au patriarche latin de Constantinople, aux
évêques de Négrepont, de Famagouste, de Ni-
cosie, d'Ilerda et de Vigo, l'ordre de faire traduire devant eux les templiers captifs, les uns
en Orient, les autres en Espagne, « et pour
« avoir plus promptement la vérité tout en-
« tière de leur bouche, d'employer les tour-
« mens et les questions, dans le cas où ils ne
« confesseroient pas volontairement, afin d'en-
« voyer ensuite au Saint-Siége leurs dépositions
« et leurs confessions aussi fidèlement que ra-
« pidement. » Le même jour, 29 août, d'autres
lettres furent envoyées aux rois d'Aragon, de
Castille, de Portugal et de Chypre, pour les solliciter de seconder les évêques par le déploie-
ment de toute la puissance royale. (1)

Nous ne savons point si, ensuite de ces sollicitations, on réussit à arracher des confessions
aux templiers étrangers à la France; mais déjà
les dépositions formoient une masse si énorme,
que leur examen devenoit impossible. Deux

(1) *Clementis V epist.* L. VI, ep. 108, 107, 116, 114, 120, 27 et 127. — *Raynaldi Annal.* 1311, §. 53.

mille témoins à charge avoient été entendus. « Aussi, dit un manuscrit du Vatican, cité par l'annaliste de l'église, faut-il parler modestement de l'extinction de l'ordre des templiers, et n'en point rejeter la faute sur le pontife ; car il est constant que, tant lui que le concile, n'ont fondé leur jugement que sur les allégations et les preuves qui leur étoient fournies. » (1)

Le 16 octobre, Clément V prononça dans l'assemblée générale de l'église son discours d'ouverture, où il traçoit la marche que devoit suivre le concile; mais après cette première session, il consuma l'hiver qui suivit dans des conférences particulières, sans assembler de nouveau les prélats qui représentoient l'église. Pendant ce temps, Philippe, après avoir convoqué à Lyon, pour le 9 février 1312, les notables de son royaume, *afin de faire*, comme il l'annonçoit, *triompher dans le concile l'affaire de Jésus-Christ* (2), arriva lui-même à Vienne, pour aiguillonner toujours plus le pape. D'après le récit de Bernard Guidonis, l'inquisiteur que Clément V avoit chargé du procès des templiers, « le pontife appela, le
« 22 mars, beaucoup de prélats au consistoire
« secret, avec les cardinaux, et là, par voie de

---

(1) Manuscript. Vat. n. 6418, *de Concilio Viennensi*, p. 143. *Apud Raynaldi Ann.* 1311, §. 54.

(2) Hist. de Languedoc, L. XXIX, c. 33, p. 152.

« provision plutôt que de condamnation, il
« cassa et annula l'ordre des templiers, en ré-
« servant à lui-même et à l'église la disposition
« de leurs personnes et de leurs biens. Le 3 avril
« suivant, il célébra la seconde session du con-
« cile, dans laquelle cette abolition de l'ordre
« des templiers fut publiée par le souverain
« pontife, en présence du roi de France Phi-
« lippe, à qui cette affaire tenoit fort à cœur,
« de son frère le seigneur Charles, et des trois
« fils du seigneur roi, savoir, Louis, roi de
« Navarre, Philippe et Charles. C'est ainsi que
« fut anéanti l'ordre du temple, après avoir
« combattu cent quatre-vingt-quatre ans, et
« avoir été comblé de richesses, et orné des
« plus beaux priviléges par le siége aposto-
« lique (1). » Ce langage n'est point celui d'un
juge bien convaincu de la culpabilité des prisonniers ; et Ptolomée de Lucques, autre historien ecclésiastique, contemporain, ne paroît pas
l'être davantage, lorsqu'il raconte que les prélats « requis par le souverain pontife, con-
« vinrent de prononcer jugement sur les tem-
« pliers, sans leur accorder une audience de
« défense. » (2)

(1) *Bernardi Guidonis in vita Clement. V. Script Ital*
T. III, P. II, p. 465. — *Raynaldi* 1312. § 1 et 2
(2) *Ptolomœi Lucensis Hist Eccl l. XXIV. T. XI. Scr.*
Ital. p. 1236. — *Cont Nangii* p 65

La constitution apostolique pour la suppression de l'ordre est du 6 mars 1312. En la lisant, on sent qu'elle est une concession faite aux sollicitations d'une puissance ennemie, plutôt qu'un acte de justice. Clément V déclare « que « les confessions obtenues en jugement de plu- « sieurs frères rendent l'ordre très suspect ; « que, de plus, l'infamie divulguée, les soupçons « véhémens, et surtout l'accusation portée avec « clameur par les prélats, ducs, comtes, barons « et communautés du royaume de France, ont « causé un grand scandale, qui ne pourroit « s'étouffer tant que l'ordre subsisteroit.... « D'après ces considérations, il le supprime de « sa pleine puissance, et non par une sentence « définitive ; car il ne pourroit le faire, selon le « droit, d'après les inquisitions et procès exis- « tans. (1)

Une autre constitution apostolique transmit aux hospitaliers de Saint-Jean de Jérusalem tous les biens des templiers, tels qu'ils existoient au moment de leur arrestation. Mais avant d'entrer en possession de ces biens, les hospitaliers furent obligés de payer des sommes très considérables tant au roi Philippe qu'aux autres seigneurs qui les avoient usurpés, en sorte que l'ordre, loin de se trouver enri-

(1) *Raynaldi Annal* 1312, §. 3.

chi par cette concession demeura bien plus pauvre qu'auparavant. (1)

La condamnation de l'ordre des templiers fut suivie de près de la déclaration faite par le concile que Boniface VIII avoit été un pontife légitime, et qu'il n'avoit point été souillé d'hérésie. C'étoit l'issue qu'on devoit attendre des négociations de l'année précédente ; cependant cette décision ne se trouve point parmi les actes du concile ; le récit de Villani, copié ensuite par saint Antonin, laisse beaucoup à désirer. D'après lui, indépendamment des raisons de droit et de théologie alléguées par divers cardinaux, l'innocence de Boniface fut prouvée par gage de bataille, qu'offrirent deux chevaliers catalans (2). Quant à l'annaliste de l'église, il produit, comme décision du concile, l'apologie que les défenseurs de Boniface avoient présentée pour lui l'année précédente. (3)

L'on ne croyoit point pouvoir célébrer de concile sans annoncer le dessein de recouvrer la Terre-Sainte ; et celui de Vienne, qui venoit de détruire un ordre armé pour la défense des

---

(1) *Raynaldi* 1312, 5, 6, 7, 8, 9. — *Concilia Labbei.* T. XI, P. II, p. 1557. — *Rymer.* T. III, p. 323. — *Gio. Villani.* L. IX, c. 22, p. 455.

(2) *Gio. Villani.* L. IX, c. 22, p. 454. — *Sancti Antonini archiep. Florent. Histor.* P. III.

(3) *Raynaldi*, §. 10-16.

saints lieux, avoit besoin de se réhabiliter dans l'opinion publique, en annonçant une croisade. Philippe, son fils Louis, roi de Navarre, et ses deux autres fils, aussi-bien qu'Édouard II, roi d'Angleterre, prirent donc l'engagement de passer avant six ans à la Terre-Sainte; et ils obtinrent, à titre de croisés, pour faciliter leurs préparatifs de guerre, six années de décimes à lever sur leur clergé. (1)

Le concile de Vienne s'occupa encore des bégards et béguines; c'étoient des gens qui s'adonnoient à la vie religieuse, qui renonçoient au monde, qui se distinguoient par des habits simples et des mœurs sévères, mais chez lesquels les inquisiteurs avoient démêlé plusieurs opinions des anciens Vaudois relativement à la grâce, à l'inutilité de certaines pratiques religieuses, aux dangers d'obéir trop aveuglément aux prêtres, à la vision béatifique, à l'adoration de l'eucharistie, etc. Il ne semble point cependant que les bégards cherchassent à se séparer de l'église, ou qu'ils donnassent à leurs enseignemens des formes populaires propres à les répandre. L'inquisition, qui en avoit découvert un assez grand nombre dans les provinces de Lyon et de Besançon, fut armée de nouvelles rigueurs pour les réprimer. Toutefois,

(1) Raynaldi. 1312, §. 22. — Cont Nangii. p 65.

il lui fut interdit d'agir sans le concours des évêques diocésains. Cette défense alarma les inquisiteurs de Toulouse et de Carcassonne, qui, sous le pontificat suivant, présentèrent en vain à la cour de Rome un mémoire pour la faire révoquer. (1)

Telles furent les décisions du concile de Vienne, qui, ayant été réuni pendant sept mois presque entiers, n'eut cependant que trois sessions générales. Clément V, dans la troisième, célébrée pour sa clôture, le 6 mai 1312, accorda quelques grâces aux prélats qui y avoient assisté, et punit la désobéissance de ceux qui s'etoient absentés; après quoi, il reprit le chemin d'Avignon (2). Philippe, de son côté, revint de Vienne à Lyon, pour y mettre la dernière main à un traité avec l'archevêque, par lequel il acquéroit la souveraineté de cette ville.

Nulle part, en France, les bourgeois n'avoient obtenu une plus haute considération que dans Lyon, qui étoit alors la seconde ville des Gaules pour la population, la première pour le commerce. On y voyoit des manufactures florissantes, et un grand nombre de riches marchands, dont plusieurs étoient venus d'Italie,

---

(1) *Raynaldi.* §. 17 et 18. — *Clementina multorum.* L V, tit. 3, c. 1. — Hist. de Languedoc. T. IV, l. XXIX, c. 35, p. 154.

(2) *Raynaldi* §. 26 et 30.

pour chercher dans une ville libre, riche et forte, une nouvelle patrie. Un des plus grands avantages de Lyon étoit de n'appartenir à personne. La ville étoit bâtie sur l'extrême frontière du royaume d'Arles, qui étoit censé uni à l'empire, tandis que son château de Saint-Just étoit situé sur terre de France; d'ailleurs les droits de l'empire sur l'ancien royaume d'Arles, séparé de la Germanie par un si long espace de pays et par plusieurs chaînes de montagnes, s'étoient réduits à n'être plus qu'un vague souvenir. Lorsque Henri VII, en 1310, s'étoit acheminé vers l'Italie pour y prendre la couronne impériale, ses ambassadeurs avoient signé, le 26 juin, à Paris, un traité avec Philippe, où il n'avoit été fait aucune mention de ses droits sur le royaume d'Arles; et lui-même, qui avoit passé par Lausanne, n'avoit point essayé de se montrer à Lyon. (1)

Les archevêques avoient profité du déclin de l'autorité impériale à Lyon pour augmenter la leur. Ils se prétendoient souverains de la ville, cependant ils partageoient cette souveraineté avec leurs chanoines, qui portoient le titre de comtes de Lyon, avec les bourgeois qui s'étoient formés en commune, et avec un officier que le roi de France envoyoit pour rendre justice

(1) Olenschlager gesch. c. 16, p. 45. — Id. Urkunde. T. II. c. 10, p. 28.

dans la partie de la ville située à la droite de la
Saône. Ce dernier avoit profité de la puissance
de son maître et de la complication des droits
de tous, pour usurper une autorité et des privilèges auxquels il n'avoit point de droits.
Pierre de Savoie, fils de Thomas III, comte
de Maurienne, étoit depuis l'année 1307 archevêque de Lyon (1). Il avoit fait usage du
crédit de sa maison, qui comptoit alors en
même temps un grand nombre de princes
belliqueux, et qui avoit entretenu depuis un
siècle une alliance étroite avec l'Angleterre,
pour étendre les prérogatives de l'archevêché.
Les bourgeois, vexés tour à tour par le prélat,
par les chanoines et par les gentilshommes,
avoient souvent recouru au lieutenant du roi
de France, comme à leur protecteur. Cependant, soit qu'ils eussent reconnu que ce lieutenant ne songeoit qu'à les tromper, soit que les
prêtres eussent acquis récemment une plus
grande influence parmi le peuple, les Lyonnais se soulevèrent en 1310 contre les officiers du roi de France; le château de Saint-Just fut pris de force, et les bourgeois, d'accord avec leur archevêque, travaillèrent avec
ardeur à relever leurs murailles pour se mettre
en état de défense contre les Français. (2)

(1) Guichenon, *Hist. gén. de Savoie*, T. I, p. 312.
(2) *Cont. Nangii.* 63. — *Raynaldi.* 1310, § 35. — Hist.

Philippe saisit avec empressement cette occasion de faire un nouveau pas dans ses usurpations. Il avoit ôté aux Lyonnais tout espoir d'être appuyés par l'empereur, en négociant avec Henri VII. Dans la semaine même où il avoit signé avec celui-ci son traité d'alliance, il mit en mouvement l'armée qu'il destinoit à soumettre cette grande ville ; il choisit pour la commander son fils Louis, roi de Navarre, alors âgé de vingt-un ans, auquel il auroit voulu donner occasion de mériter quelque autre surnom que celui de Hutin, qui rappeloit seulement ses désordres. Il lui donna pour conseils les deux comtes de Valois et d'Évreux, ses oncles, et il envoya ses jeunes frères avec lui. On assure que Louis, qui n'étoit pas encore chevalier, se conduisit avec beaucoup de modération et de sagesse. Les Lyonnais, effrayés de son approche, s'empressèrent de lui offrir leur soumission. L'archevêque, conduit à Paris et présenté au roi par le chef de sa famille, Amédée V, comte de Savoie, fit sa paix particulière, en sacrifiant la plupart des prérogatives de son église et de sa ville archiépiscopale, qu'il échangea contre des avantages personnels (1).

consulaire de la ville de Lyon, par le P. Claude Ménestrier.
(1) *Cont. Nangii* p. 63. — *Joh. Canon Sancti Victoris in vita Clem. V.* p. 459. — *Hist. de Languedoc*, L. XXIX, c. 50, p. 130.

Cependant ce traité pouvoit toujours être désavoué par l'église, et l'archevêque s'adressa au pape pour qu'il y donnât ou y refusât son consentement. Clément V, toujours tremblant devant Philippe, renvoya le prélat au concile de Vienne. Dans le concile, il ne voulut ensuite ni approuver la cession de la souveraineté de Lyon, ni non plus la déclarer nulle; et c'est ainsi que, par un abandon tacite des droits de l'église, la souveraineté de cette grande ville fut usurpée par la France. (1)

L'occupation de Lyon par une armée française fut le seul événement militaire des dernières années du règne de Philippe-le-Bel. Les pays voisins de la France furent le théâtre, pendant cette période, de plusieurs événemens importans; Philippe les observoit, il les secondoit ou les croisoit quelquefois par ses négociations, mais il ne cherchoit pas à les maîtriser par la force des armes; il n'aimoit pas la guerre, et d'autre part il avoit donné une telle idée de sa puissance, qu'aucun autre état ne se hasardoit à provoquer son ressentiment.

Charles II, roi de Naples, étoit mort le 4 mai 1309. Ce fils du farouche Charles d'Anjou, frère de Saint-Louis, ressembloit peu à son père. Il n'avoit ni sa bravoure, ni son ambi-

---

(1) *Bernardi Guidonis vita Clem.* V, p. 677. — *Raynaldi* 1312, §. 29.

bition, ni sa cruauté ; il s'étoit fait adorer à Naples par les courtisans, auxquels il prodiguoit ses trésors, et auxquels il accordoit sans mesure des titres de noblesse ; il étoit même aimé du peuple, qui se plaisoit à le voir entouré de sa belle et nombreuse famille, accueillant chacun avec bienveillance (1); mais il avoit laissé tomber l'administration de son royaume et celle de ses finances dans un désordre déplorable; tandis qu'il anticipoit sur ses revenus, qu'il laissoit ses dettes s'accroître d'une manière effrayante, il s'adonnoit à un libertinage qui alloit croissant avec les années (2). Robert, le troisième de ses fils, qui se trouvoit à la tête de sa famille par la mort de ses deux aînés, Charles Martel et Louis, s'empara de la couronne au préjudice de Charobert ou Charles Robert, fils de l'aîné, qui étoit monté sur le trône de Hongrie. Pour faire confirmer cette usurpation, il arriva au mois de juin sur les côtes de Provence avec une flotte considérable, et il vint se présenter à Avignon à Clément V. Celui-ci ne fit aucune difficulté à reconnoître son titre ; il le reçut avec affection ; il mit, le 8 septembre 1309, la

---

(1) *Angelo di Costanzo. Istor. di Napoli.* L. IV, p. 241. — *Summonte, Historia di Napoli.* L. III, p. 362. — *Giannone.* T. III, L. XXI, c. 5, p. 178.

(2) *Gio. Villani.* L. VIII, c. 108, p. 439.

couronne de Sicile sur sa tête, et il le déclara 1310—1314.
quitte des dettes énormes que son père avoit
contractées envers l'église. (1)

Philippe et Robert étoient cousins issus de
germains; le roi de Naples n'oublioit point
qu'il étoit prince français, et il comptoit au
besoin sur l'appui de la France. Cependant Robert, par le zèle ardent qu'il témoignoit en faveur des Guelfes, pouvoit entraîner Philippe
dans des hostilités que ce dernier ne cherchoit
point. A son retour en Italie, il s'y étoit conduit comme chef de ce parti; il avoit passé
l'été de 1310, à Florence, occupé à faire
exiler les Gibelins de toutes les villes de Toscane et de Romagne (2). A cette époque même,
Henri VII entroit en Italie à la tête d'une petite
armée d'aventuriers; la pauvreté de la maison
de Luxembourg ne lui permettant pas de faire
un armement plus considérable. Henri VII
avoit réussi à placer la couronne de Bohême
sur la tête de son fils Jean, qui s'illustra plus
tard dans les guerres de France (3). Mais craignant d'exciter la jalousie des princes allemands, s'il cherchoit à s'agrandir davantage
dans leur patrie, il avoit entrepris une expédi-

(1) *Gio. Villani.* L. VIII, c. 112, p. 440. — Bouche,
Hist. de Provence, T. II, p. 334-343.
(2) *Gio. Villani.* L. IX, c. 8, p. 447.
(3) *Olenschlager Geschichte*, c. 12, p. 33.

tion hasardeuse en Italie, pour y faire valoir les droits presque oubliés de l'empire. Quoiqu'il eût annoncé d'abord l'intention de tenir la balance égale entre les partis, il fut bientôt entraîné vers celui des Gibelins, qui lui montroient autant d'enthousiasme que les Guelfes lui témoignoient de défiance. L'Italie fut tout entière sous les armes; d'une part on voyoit Robert, les Florentins, les Guelfes et tous les amis des Français; de l'autre, Henri VII, les Gibelins et les Allemands. Les talens et le noble caractère de l'empereur l'aidoient à trouver chez ses partisans les ressources qu'il ne pouvoit attendre de ses états héréditaires. Philippe voyoit ces progrès avec jalousie, il s'attachoit à desservir Henri à la cour pontificale, et il faisoit parvenir de l'argent et des secours à ses ennemis. (1)

Il n'empêcha pas cependant que Henri VII ne fût couronné à Saint-Jean-de-Latran, le 29 juin 1312, par trois cardinaux que le pape avoit députés à cet effet (2); mais à peine un mois s'étoit écoulé depuis cette cérémonie, et déjà Henri étoit brouillé avec la cour de Rome. Plusieurs des seigneurs allemands, qui jusque

(1) *Olenschlager.* c. 19, p. 54. — Albertini Mussati. *Hist. Augusta.* L. XVI, c. 3, p. 563.

(2) *G. Villani.* IX, 42, 461. — *Cont. Nangii.* p. 66. — *Raynaldi.* 1312, §. 36. — *Olenschlager.* 19 et 20, p 53

alors avoient accompagné l'empereur, le quittèrent après son couronnement; ses ennemis se multiplioient et montroient plus d'audace. Il avoit mis le roi Robert au ban de l'empire; mais les sentences de ses tribunaux inspiroient peu de crainte, quand il n'avoit pas de soldats pour les mettre à exécution. Le 12 mai 1313, Philippe écrivit à Clement V qu'il ne souffriroit pas que son parent et son allié fût dépouillé par l'empereur. Clément envoya trois cardinaux auprès de Henri pour l'empêcher d'attaquer le royaume de Naples; et le 6 septembre, il frappa d'anathème quiconque envahiroit ce fief de l'église (1). Mais déjà le danger que Philippe avoit chargé le pape de prévenir n'existoit plus : Henri VII étoit mort presque subitement, le 24 août 1313, dans l'état de Sienne, à Bonconvento. Le bruit se répandit aussitôt qu'un moine dominicain, son confesseur, Bernard de Montepulciano, l'avoit empoisonné dans l'eucharistie, et que Henri, sollicité par son médecin de prendre immédiatement un vomitif, s'y étoit refusé par un motif religieux. Le crime n'est pas prouvé, mais le frère de l'empereur, l'archevêque Baudoin de Trèves, le regarda toujours comme constant; tous les seigneurs allemands qui se trouvèrent présens

---

(1) *Raynaldi.* 1313, §. 20.

le crurent également; et en toute occasion ils maltraitèrent dès-lors l'ordre des dominicains, chez lequel ceux que Henri inquiétoit avoient si tôt trouvé un instrument. (1)

Les affaires d'Espagne donnoient alors peu de souci à la France; à peine s'en occupoit-on hors de la péninsule. En 1309, Ferdinand IV de Castille et Jacques II d'Aragon s'étoient ligués contre les Maures de Grenade; ils avoient conquis sur eux Gibraltar, mais ils échouèrent dans les deux siéges d'Algéziras et d'Alméria (2). Trois ans après, Ferdinand IV mourut le 7 septembre 1312, et comme son fils Alfonse XI étoit âgé de moins de treize mois, avec sa minorité recommença une nouvelle période de désordres et de guerres civiles. (3)

L'anarchie et les soulèvemens de l'Angleterre occupoient davantage Philippe-le-Bel, qui avoit marié sa fille à Édouard II. La noblesse, indignée du rappel de Gaveston, avoit forcé en 1310 le monarque efféminé à se soumettre aux plus dures conditions, celles qu'on nomma les *Quarante articles*. Vingt-un commissaires

---

(1) *Gesta Balduin*. L. II, c. 17, apud Olenschlager, c. 26, p. 67, nota. — *Joh. Canon. Sancti Victoris*, p. 461. — *Ptolem. Lucensis Hist. Eccl.* p. 1240.

(2) *Mariana Rer. Hisp.* L. XV, c. 9, p. 649. — De Marlès, *Hist. des Arabes d'Espagne*, T. III, p. 146.

(3) *Mariana*. L. XV, c. 11 et 12, p. 653. — *Çurita Anales de Aragon*. T. I, L. V, c. 102, f. 450.

du parlement avoient été chargés exclusivement de la direction des affaires, de l'administration du trésor, et de la distribution des grâces; et peu après Gaveston avoit été de nouveau exclus du royaume. Quand ensuite il y revint, la reine Isabelle écrivit en 1312 à Philippe son père, pour se plaindre de ce que ce favori lui faisoit perdre l'affection de son époux, et l'éloignoit entièrement du lit nuptial. Le comte de Lancastre, fils d'Edmond, frère d'Édouard Ier, se mit à la tête des mécontens; une forte armée levée par la noblesse entreprit de forcer le roi à l'exécution des quarante articles qu'il avoit promis, et qu'il n'observoit point. Gaveston, qui s'étoit enfermé dans Scarborough, y fut assiégé et obligé de se rendre; comme on le conduisoit au roi, selon la promesse que lui avoit faite le comte de Pembroke, avec lequel il avoit capitulé, le comte de Warwick l'enleva et lui fit trancher la tête. Édouard, tremblant dans Canterbury, demandoit en vain de traiter; la médiation de Clément V fut repoussée. Celle du comte d'Évreux, oncle de la reine, qui se trouvoit alors en Angleterre, et qui y avoit été envoyé avec Enguerrand de Marigny, principal ministre de Philippe, engagea enfin les barons à poser les armes, mais seulement après qu'Édouard eut juré de nouveau l'observation des quarante articles et eut publié une amnistie. (1)

Pour contribuer à réconcilier son gendre avec ses sujets, Philippe invita Édouard II à visiter la cour de France, durant l'été de 1313, sous prétexte d'assister aux fêtes qu'il comptoit donner en accordant l'ordre de chevalerie à ses trois fils. Édouard II s'embarqua à Douvres pour la France, le 23 mai, conduisant avec lui la reine Isabelle, et Hugues le Despenser, qui commençoit à remplacer dans ses affections Pierre de Gaveston. (2)

Le jour de Pentecôte, 3 juin 1313, avoit été choisi par le roi Philippe pour accorder l'ordre de chevalerie à ses trois fils, au comte Hugues de Bourgogne, au comte Gui de Blois, et à un grand nombre de jeunes seigneurs de son royaume (3). « Il n'y a pas souvenir, dit le
« chanoine de Saint-Victor de Paris, auteur
« contemporain, que jamais en France on ait
« vu de pareilles fêtes; car tous les ducs, les
« comtes et les barons de France s'y trouvoient

---

(1) Rapin Thoyras, L. IX, p. 99-102. — Henri de Knyghton, L. III, p. 2532. — Th. Walsingham, p. 76. — *Rymer.* T. III, p. 354, 366. — *Contin. Nangii*, p. 66. — *Raynaldi.* 1312, §. 28.

(2) *Rymer Act.* T. III, p. 410.

(3) *Cont. Nangii*, p. 66.

« présens; et, dans un seul jour, ils changèrent
« trois fois d'habits. Tous les artisans y mar-
« chèrent en procession, et ceux de chaque
« métier portoient des ornemens différens. De
« plus, les uns représentoient l'enfer, d'autres
« le paradis, d'autres la procession du renard,
« dans laquelle des animaux simulés de chaque
« espèce sembloient exercer les métiers divers.
« Toute la ville étoit couverte d'étoffes pré-
« cieuses de soie ou de lin, et dans chaque rue
« on voyoit des lumières infinies. Le jour donc
« de Pentecôte, le roi fit ses trois fils cheva-
« liers, et beaucoup de gentilshommes avec
« eux : le même jour, il donna un dîner co-
« pieux. Le lendemain, ce fut le roi de Navarre.
« Le surlendemain, le roi d'Angleterre donna à
« dîner dans les jardins de Saint-Germain-des-
« Prés, qui avoient été noblement arrangés pour
« cela; mais le même jour, le roi de France reçut
« les dames au Louvre. Le quatrième jour, Louis,
« comte d'Évreux, donna à dîner; et le cin-
« quième, Charles, comte de Valois. Ce fut le
« quatrième jour que ces seigneurs prirent la
« croix, dans l'île de Sainte-Marie (ainsi qu'ils
« s'y étoient engagés au concile de Vienne). Ni-
« colas, cardinal de Saint-Eusèbe, et plusieurs
« prélats, présentoient des croix à tous ceux qui
« en vouloient. Le roi de France, ses trois fils,
« le roi d'Angleterre et tous les nouveaux che-

« valiers et barons prirent la croix ; ce que
« leurs femmes ayant vu, elles prirent toutes la
« croix le lendemain, en y mettant pour con-
« dition qu'elles ne passeroient point la mer
« sans leurs maris, s'ils restoient par-deçà, et
« que leurs veuves seroient libres de leurs vœux.
« Le cinquième jour, tous les artisans et les
« bourgeois, les uns à cheval, les autres à pied,
« défilèrent devant les fenêtres du palais, par-
« tant du cloître de Sainte-Marie, en sorte que
« le roi et les nobles purent les voir de leurs
« fenêtres. L'on estima qu'il y avoit vingt mille
« chevaux et trente mille fantassins ; aussi le
« roi d'Angleterre et tous les siens en furent
« stupéfaits, ne pouvant jamais croire que
« d'une seule ville pût sortir une multitude
« telle, et si bien armée (1). » Le chanoine de
Saint-Victor n'étoit sans doute pas accoutumé
à évaluer le nombre des soldats : il s'en falloit
de beaucoup, en effet, que Paris pût mettre
alors sur pied cinquante mille hommes de
milice.

Pendant qu'Édouard assistoit aux fêtes de
Philippe, Enguerrand de Marigny étoit à Londres ; et il cherchoit à rétablir la paix entre le
roi d'Angleterre et ses sujets : cependant, quand
Édouard fut de retour à Londres, il écrivit

---

(1) *Joh. Canonici Sancti Victoris*, p. 460.

lui-même, le 25 juillet, à son beau-père, que ni Thomas de Lancastre ni aucun des autres mécontens n'avoient voulu l'y attendre, en sorte qu'il avoit été obligé de renoncer à tenir son parlement, comme il avoit compté le faire (1). En même temps, il recevoit la nouvelle des succès que les Écossais ne cessoient de remporter dans la guerre contre ses lieutenans. Les Anglais étoient chassés de tout ce royaume, à la réserve de la seule forteresse de Stirling, et le mépris des Anglais pour leur roi s'augmentoit de tous les revers de leurs armées. (2)

La paix extérieure de la France sembloit ne pouvoir être troublée que du côté de la Flandre. Lorsque le traité de 1304 avoit mis fin à une guerre acharnée, l'un et l'autre parti, sentant vivement ce qu'il avoit souffert, s'étoit prêté avec empressement à effacer la trace des vieilles offenses; mais au bout de peu d'années, et les Français et les Flamands sentirent leur vigueur renaître, et oublièrent les calamités passées : alors ils commencèrent à disputer sur les conditions du dernier traité, et à l'interpréter différemment. Robert, comte de Flandre, et son fils, le comte de Nevers, furent cités au parlement de Paris, en 1311. Le second fut arrêté,

---

(1) *Rymer*. T. III, p. 427.
(2) *Buchanani rerum Scoticar*. L. VIII, p. 245. — Thom. Walsingham, p. 78. — Rapin Thoyras. I. IX, p. 104.

et comme il parvint à s'échapper, il fut condamné par ses pairs, et ses biens furent confisqués. Ces rigueurs avoient pour objet d'effrayer le comte Robert, et d'obtenir de lui la cession de Lille, Douai et Béthune, qu'Enguerrand de Marigny négocioit avec lui. Cette cession convenue par le traité de 1304, mais seulement comme gage de l'exécution des autres conditions, étoit réclamée par les Français comme absolue; elle fut de nouveau promise par Robert au mois de juillet 1312, et, de nouveau, les Flamands se refusèrent à la tenir pour définitive, opposant toujours les promesses et les déclarations verbales d'Enguerrand de Marigny aux termes que celui-ci prétendoit trouver dans le traité, et l'accusant de les avoir trompés. (1)

Il paroît toutefois que les Français étoient en possession de ces trois villes; et que Robert, qui en demandoit la rétrocession, vint enfin, en 1314, assiéger Lille, tandis que les habitans de Courtrai avoient chassé le bailli du roi. Philippe ordonna le rassemblement de quatre armées sous les ordres de ses deux fils et ses deux frères, pour envahir la Flandre. Cependant les négociations recommencèrent, une trêve d'une année fut convenue, et le mouvement de tant

---

(1) *Contin. Nangii*, p. 64. — *Raynaldi*. 1310, §. 35. — Oudegherst, *Chron. de Fland.* c. 143, f. 238.

de soldats n'eut d'autre résultat que d'augmenter l'embarras des finances du roi. (1)

Cet embarras avoit duré autant que le long règne de Philippe-le-Bel, et l'on ne sauroit en assigner d'autre cause que l'absurdité des mesures financières qui lui étoient suggérées par ses ministres, et le désordre de la comptabilité. Son premier expédient, toutes les fois qu'il manquoit d'argent, étoit toujours d'altérer les monnoies : pour le faire plus à son aise, il ne vouloit pas exposer les espèces qu'il faisoit fabriquer à la comparaison avec celles des états étrangers, et surtout avec les florins de Florence, qui étoient toujours de l'or le plus pur. Il interdit donc, par une ordonnance du 4 août 1310, l'importation de toute monnoie d'or battue hors de son royaume. « Les biens des contrevenans, dit-il, seront forfaits et acquis à nous, et leurs personnes seront à notre mercy (2). » Mais ceux qui essayoient à la coupelle, ou qui pesoient les monnoies royales, faisoient plus de tort encore au crédit de Philippe, en découvrant les fraudes qu'il commettoit; aussi rendit-il, le 20 janvier 1311, une nouvelle ordonnance pour défendre tous

(1) *Contin. Nangii*, p. 68. — Chron. de Saint-Denys, f. 146. — Oudegherst, *Chron. de Fland.* c. 144, f. 239.
(2) Ordonn. de France, T. I, p. 475.

ces essais, sous peine de confiscation (1). Toutefois, il y avoit des espèces trop évidemment altérées pour qu'il pût maintenir leur crédit : il les chassa donc de la circulation, mais sans pourvoir en aucune manière à l'intérêt de leurs détenteurs. Par son ordonnance du 4 août 1310, il déclare que les deniers d'or, dits deniers à la reine, ont été contrefaits en divers lieux, en sorte que la plupart sont faux; il ordonne en conséquence à chacun de s'en défaire avant le 1er septembre suivant, déclarant que, si après ce terme quelqu'un se trouve porteur de ces deniers sans les avoir fait percer, le coupable sera à sa mercy de corps et d'avoir (2). Aussitôt après, il fit battre des deniers noirs, qu'il nomma bourgeois; et une monnoie d'or fin, qu'il nomma à l'agnel, ordonnant qu'ils fussent reçus dans tous les paiemens, même quand le créancier auroit stipulé par contrat qu'il ne pourroit être remboursé qu'en une autre monnoie déjà déterminée. (3)

Peu après, de nouveaux directeurs des monnoies furent nommés; le prix auquel ils acheteroient toutes les monnoies en cours, et qui dès lors furent défendues, fut fixé avec soin,

(1) Ordonn. de France, T. I, p. 475.
(2) *Ibid.* T. I, p. 474.
(3) Ordonnance du 27 janvier 1311, T. I, p. 477

tandis que l'ordonnance du 7 février 1311, régla seulement « qu'ils seroient tenus de faire bien et loyalement la nouvelle monnoie; et que par leur serment ils rendroient au roi tout le profit qui en proviendroit (1). » Cette monnoie bonne et loyale, en tant que tout le profit en étoit réservé au roi, ne satisfit nullement le peuple, qui refusa de recevoir des espèces fort inférieures en poids et en titre au cours qui leur étoit donné. Les nobles commencèrent eux-mêmes à se plaindre, et à témoigner à Philippe leur mécontentement (2). Celui-ci avoit remarqué combien il est facile de détourner l'indignation publique sur quelques malheureux que l'administration accuse des maux dont le peuple se plaint. Il ne s'agissoit donc pour lui que de choisir des victimes. Il avoit tacitement permis la rentrée dans le royaume des juifs et des lombards, qu'il en avoit précédemment exclus. Le 22 août 1311, il rendit une ordonnance pour chasser de nouveau tous les juifs, et pour faire grâce à leurs débiteurs d'une partie des créances que le fisc s'étoit déjà appropriées (3). Une autre ordonnance fut publiée le 19 septembre, pour expulser de même les marchands italiens. A ceux-

---

(1) Ordonnance, T. I, p. 479.
(2) *Contin. Nangii*, p. 65.
(3) Ordonnance, T. I, p. 488.

ci il étoit enjoint de payer auparavant leurs dettes, tandis qu'il étoit défendu, sous peine de corps et de biens, de leur rien payer de ce qu'on leur devoit, qui devoit tout être consigné à la justice. (1)

Cette violente attaque contre les capitalistes amena, comme on auroit pu s'y attendre, une augmentation démesurée du prix de l'argent. Philippe essaya aussi de le régler par des ordonnances. Il défendit d'exiger un intérêt supérieur à un denier par livre par semaine, ou à quatre par mois, ou à quatre sous par année, c'est-à-dire au vingt pour cent. Les prêts faits pour les foires de Champagne, qui revenoient tous les deux mois, ne furent pas soumis à la même règle : le roi fixa le report d'une foire à l'autre à cinquante sous pour cent livres, ou quinze pour cent par an. En même temps, il établit des peines sévères contre ceux qui voudroient se dérober à ce règlement par des ventes simulées ou d'autres contrats usuraires. Bientôt toutes ces règles furent renversées par le roi lui-même. Trois ordonnances consécutives, du mois de juillet 1311, du 30 janvier 1312, et du 8 décembre de la même année, dont la dernière prohibe, sous le nom d'usure, tout intérêt quelconque de l'argent, rendent témoignage en

---

(1) Ordonnance des rois, T. I, p. 489.

même temps et de l'ignorance du législateur, et de son impuissance. (1)

En même temps, Philippe ne cessoit point de rendre des ordonnances sur les monnoies ; au mois de juin 1313, il déclara que toutes les monnoies blanches et noires faites hors du royaume, et toutes les monnoies blanches faites au coin du roi n'auroient plus cours à l'avenir dans ses états ; que les monnoies d'or n'y auroient plus cours non plus, à l'exception des seuls deniers d'or à l'agnel, qui seroient pris chacun pour quinze petits sous tournois en monnoie noire. Dans le préambule de cette ordonnance, Philippe annonçoit qu'il avoit résolu, pour le commun profit du royaume, de *remettre et ramener à leur cours et ancien état ses monnoies et celles des prélats, ducs, comtes et barons qui ont droit de faire monnoie en leurs terres* : qu'il l'avoit fait à la requête des seigneurs, *et de plenté de bonnes gens de ses bonnes villes* (2). En sorte qu'il rejetoit sur les états-généraux la responsabilité d'une mesure non moins désastreuse que les précédentes. Tout le monde sentit cependant qu'en décriant la monnoie d'argent, et fixant à bas prix la monnoie d'or, il avoit donné une valeur fausse

(1) Ordonnance, T. I, p. 484, 494 et 508.
(2) Ordonnance, T. I, p. 518.

et arbitraire à la monnoie noire : tous les marchés retentirent de plaintes amères, beaucoup de marchands furent ruinés; mais l'habitude de l'obéissance étoit prise ; les espions rapportoient tous les murmures aux tribunaux; ceux-ci les punissoient par la confiscation des biens et des châtimens corporels, et le mécontentement ne fut suivi d'aucune sédition. (1)

Il semble qu'il y eut encore l'année suivante une assemblée des députés des bonnes villes, qui accordèrent au roi, pour la guerre de Flandre, un subside plus onéreux qu'aucun des précédens (2). C'étoit une gabelle de six deniers par livre, à percevoir tant sur l'acheteur que sur le vendeur par tout le royaume, et sur toutes les marchandises. Il fallut remplir les marchés de commis et de gardes, pour percevoir cet impôt vexatoire ; et recourir à l'espionnage, à l'arbitraire et aux rigueurs de tout genre, afin de suivre et de taxer toutes les transactions pécuniaires les plus secrètes. Cette fois, la patience du peuple se lassa. Il y eut des soulèvemens en Picardie et en Champagne pour s'opposer à cette perception, et Philippe, effrayé d'une résistance qui sembla prête à devenir universelle, révo-

(1) *Contin. Nangii*, p. 67.
(2) Chron. de Saint-Denys, f. 146. — Hist. de Languedoc, T. IV, L. XXIX, c. 38, p. 157.

qua son ordonnance, et renonça à la nouvelle gabelle. (1)

Quoique le règne de Philippe-le-Bel eût déjà été long, ce monarque n'étoit point vieux. Né en 1268, il n'étoit âgé que de quarante-six ans quand il mourut; mais la toute-puissance semble user rapidement ceux qui en sont revêtus, le peuple croit presque toujours ses chefs plus âgés qu'ils ne sont, et l'administration de Philippe sembloit prendre tous les caractères de la vieillesse. Après plusieurs années de paix, le désordre des finances alloit toujours croissant; les exactions devenoient plus insupportables, le mécontentement étoit universel, et la France languissoit de voir commencer un nouveau règne. Philippe s'apercevoit de la défaveur où il étoit tombé, et elle redoubloit la cruauté naturelle à son caractère.

Philippe étoit soupçonneux, il croyoit à la fréquence des crimes, il croyoit surtout la terrible science des empoisonnemens très répandue en France, aussi ne peut-on s'étonner qu'il ait été accusé de l'avoir pratiquée à son tour, lorsqu'on vit mourir d'une manière si opportune pour lui plusieurs de ses puissans ennemis. Après avoir perdu sa femme, il soupçonna, on ne nous dit point d'après quels in-

---

(1) *Contin. Nangii*, p. 69.

dices, Guichard, évêque de Troyes, de l'avoir empoisonnée; il le fit arrêter et jeter dans un cachot en 1308, avec le consentement du pape, et l'y fit ensuite examiner par l'archevêque de Sens et les évêques d'Orléans et d'Auxerre. Il ne se trouvoit pas de preuves suffisantes pour le condamner; cependant Guichard languit dans les fers jusqu'en 1313, qu'un homme déjà condamné au supplice s'accusa lui-même d'avoir fait périr la reine. Il semble que Philippe crut que cette confession avoit été arrachée à ce misérable ou par les tourmens, ou par quelque promesse trompeuse, car il ne permit point que Guichard fût rétabli dans son évêché(1). Presque dans le même temps, plusieurs femmes furent, les unes enterrées vives à Paris, les autres brûlées, parce qu'elles furent accusées d'avoir empoisonné la fille de Matthieu de Trie, d'après le désir du seigneur de l'Olme son mari. (2)

Mais c'étoit surtout le sentiment religieux, qui, chez Philippe, ne se manifestoit presque jamais que par des supplices. A ses attaques contre les papes, on l'auroit pris pour un esprit fort, son intolérance seule prouvoit son orthodoxie. En 1310, il fit arrêter Marguerite de la Porette, femme savante et religieuse du

1) *Cont. Nangii*, p. 61 et 67. — *Gallia Christiana*, T. XII, p. 509.
2) *Joh. Canon. Sancti Victoris*, p. 457.

Hainaut, établie à Paris, qui avoit écrit un 1310-1314. livre sur l'amour de Dieu, dans lequel l'inquisition découvrit les erreurs qu'on a reprochées plus tard à Fénélon et à madame Guion ; elle ne voulut point les abjurer, pendant un an environ qu'elle fut livrée à des persécutions de tout genre. Enfin, elle fut brûlée sur la place de Grève, aux fêtes de Pentecôte. Pour rendre le *sermon* complet, on brûla avec elle un juif converti, accusé d'être relaps, et on condamna à la prison perpétuelle un enthousiaste, ou un fou, qui se disoit l'ange de Philadelphie (1). Le savant Arnaud de Villeneuve, provençal, médecin et professeur à Paris, effrayé des rigueurs de l'inquisition, s'enfuit alors en Sicile, où il mourut au service du roi Frédéric. (2)

L'ordre des Templiers étoit détruit, la plupart de ses chevaliers avoient péri sur les échafauds ; mais jusqu'à la dernière année du règne de Philippe, le grand-maître et les grands dignitaires de l'ordre respiroient encore dans les cachots de France. Ils étoient au nombre de quatre : Jacques de Molay, le grand-maître que Philippe avoit autrefois choisi pour tenir sur les fonts du baptême un de ses enfans ; Gui,

(1) *Cont. Nangii*, p. 63.
(2) G. *Villani*. L. IX, c. 5, p. 445. — *Raynaldi*. 1310, §. 59.

commandeur de Normandie, fils du dauphin d'Auvergne (1); le commandeur d'Aquitaine, et le visiteur de France. Ils furent traduits par ordre du pape devant une commission assemblée à Paris, et composée du cardinal d'Albano et de deux autres cardinaux, de l'archevêque de Sens et de quelques prélats versés dans le droit canon. Les procédures leur furent communiquées : on y voyoit que tous quatre avoient avoué tous les crimes dont l'ordre étoit chargé. On les conduisit ensuite dans la place du parvis de l'église cathédrale de Paris, le 11 mars 1314, pour leur lire la sentence qui les condamnoit à une prison perpétuelle ; mais à peine le cardinal Albano avoit achevé de lire, que Molay et le commandeur de Normandie protestèrent de leur innocence, et rétractèrent tous les aveux qu'on les accusoit d'avoir faits, soit qu'on eût profité de leur ignorance de la langue latine pour falsifier les procès-verbaux, soit qu'ils ne se souvinssent pas même de ce qu'ils avoient pu dire pendant la violence des tourmens. Les prélats, fort étonnés de cet incident, remirent les deux prisonniers au prévôt de Paris, avec ordre de les leur représenter le lendemain après qu'ils en auroient délibéré.

(1) Plusieurs historiens le disent fils du dauphin de Viennois. M. Lancelot a relevé cette erreur. Mémoires de l'Académie des Inscriptions, T. VIII, p. 682-708.

mais Philippe, qui se trouvoit alors à son palais, en ayant été informé, ne voulut point attendre une décision nouvelle. Il les déclara relaps, et sans consulter les prêtres, il les fit brûler tous deux le soir même, à l'heure de vêpres, dans l'île aux Juifs, aujourd'hui réunie à l'île de la Cité, entre son jardin et l'église des Frères ermites (1). Les deux martyrs se soumirent à ce supplice avec constance, et tant qu'il leur resta un souffle de vie au milieu des flammes, ils continuèrent à protester de leur innocence. La foule accourue pour jouir de leur supplice, en fut frappée d'étonnement et de pitié. (2)

Cependant les scènes d'horreur se multiplioient autour de la résidence de Philippe-le-Bel. Moins de quarante jours après le supplice du grand-maître du Temple, le 19 avril 1314, de nouveaux supplices, des supplices plus épouvantables encore signalèrent la découverte vraie ou prétendue de l'adultère des femmes des trois fils du roi.

Louis Hutin, roi de Navarre, avoit, en 1305, épousé Marguerite, fille de Robert II, duc de Bourgogne. Philippe, comte de Poitiers, le

---

(1) Dulaure, *Hist. de Paris*, T. II, p. 283.
(2) *Contin. Nangii*, p. 67. — *Joh. Can. Sancti Victoris*, p. 461. — *Amalr. Augerius*, 449. — Bernard Guidonis, p. 678. — *Raynaldi.* 1313, 38, 39. — *Pauli-Æmilii*, L. VIII, 256. — Dupuy, *Cond. des Templiers*, p. 65.

second fils du roi, avoit épousé, en 1306, Jeanne, fille de Othon IV, comte de Bourgogne, et en 1307, Charles, comte de La Marche, le troisième fils du roi, avoit épousé Blanche, fille du même Othon (1). Toutes trois furent accusées en même temps d'avoir trahi la foi conjugale; leurs maris étoient parmi les plus beaux hommes de la chrétienté; on ne sait point quels exemples elles avoient pu avoir sous les yeux; car aucun historien ne nous a laissé même entrevoir quelle fut la vie domestique de Philippe; cependant leur silence même semble indiquer qu'il n'eut jamais ni maîtresse, ni favorite, ni fils naturel, et que ses mœurs étoient aussi sévères que son caractère. D'autre part, il étoit soupçonneux; la moindre déviation de la décence lui paroissoit receler un crime, et celui qu'il dénonçoit à ses tribunaux, livré à des bourreaux qui prolongeoient la torture jusqu'à ce qu'ils eussent arraché une confession, et à des juges résolus à trouver coupable celui que le roi tenoit pour suspect, ne pouvoit point espérer d'échapper à une condamnation.

Deux frères gentilshommes normands, Philippe et Gautier de Launay furent accusés d'avoir séduit Marguerite et Blanche; on leur en arracha la confession à Pontoise le 19 avril;

---

(1) *Joh. Canon. Sancti Victor.*, p. 451, 453.

ils avouèrent même que durant les trois dernières années, ils s'étoient rendus coupables à plusieurs reprises avec elles, dans des lieux et des jours sacrés; circonstance qui paroît plutôt suggérée à la torture par l'interrogateur, que devant résulter de preuves réelles; quoiqu'il en soit, s'ils avoient cru suspendre leurs tourmens par leur confession, ils eurent lieu de s'en repentir; elle les livra à un supplice plus affreux encore; mutilés, écorchés, pendus par les aisselles, ils finirent leur vie dans d'atroces douleurs. Leurs aveux coûtèrent la vie à bien d'autres après eux; un huissier accusé de les avoir favorisés, fut le premier associé à leur supplice; mais ensuite les arrestations continuèrent parmi les hommes, les femmes, les nobles, les roturiers; on accusoit les uns d'avoir consenti au crime, d'autres de l'avoir seulement connu. On les mettoit aussitôt à la torture, et les bourreaux avoient tellement perfectionné leur art infernal, que ceux qui ne périssoient pas dans les tourmens, finissoient toujours par avouer tout ce dont on les chargeoit; alors les uns cousus dans des sacs étoient jetés dans les rivières, d'autres périssoient dans des supplices secrets, tandis que la corde ou le feu étoient réservés au plus grand nombre. L'évêque de Saint-George, de l'ordre de Saint-Dominique, fut accusé d'avoir assisté l'amour des princesses par des sortiléges; il fut livré à l'inquisition, après quoi sa destinée demeura inconnue. Marguerite et Blanche furent déclarées convaincues; on leur administra la tonsure, et on les enferma au château Gaillard d'Andely. Lorsque peu de mois plus tard, Louis Hutin parvint à la couronne, il fit étrangler sa femme Marguerite au mois d'avril 1315, pour pouvoir se remarier. Charles se contenta de faire prononcer son divorce d'avec Blanche sous prétexte de parenté. Il la fit ensuite transférer au château de Gauroi près de Coutances, et il l'engagea enfin à prendre le voile dans l'abbaye de Maubuisson. La femme du second des princes français, Jeanne de Bourgogne, qui avoit épousé Philippe, comte de Poitiers, avoit été accusée de la même manière, et auroit partagé le sort de sa sœur et de sa cousine, si l'amour ou plutôt l'ambition de son mari ne l'avoit sauvée. Elle lui avoit apporté en dot le comté de Bourgogne, ou la Franche-Comté, qu'il auroit fallu rendre en la condamnant, à son frère Robert, déshérité en sa faveur. On ne nous dit point quel amant on lui avoit supposé : mais déjà on l'avoit enfermée au château de Dourdan. Le comte Philippe ne demanda point aux juges de la trouver coupable; le parlement de Paris, où le comte de Valois, le comte d'Evreux et beaucoup de grands seigneurs vinrent prendre séance, la déclara innocente, et Philippe la rappela à tous les honneurs de son rang. (1)

On a raconté que lorsque Jacques de Molay fut envoyé au bûcher, il cita au tribunal de Dieu les deux hommes qui avoient si long-temps ensanglanté la France, et qui, par les supplices atroces qu'ils avoient ordonnés ou permis, sembloient prendre à tâche de dénaturer le caractère national; qu'il appela le pape Clément V à y comparoître sous quarante jours, le roi sous l'an et jour depuis son propre supplice (2). Ce récit, arrangé sans doute d'après l'événement, témoigne tout au moins de l'impression que faisoient sur le peuple les spectacles épouvantables dont Philippe le repaissoit. Le pape et le roi moururent en effet, peu après les forfaits qu'ils avoient commandés.

Clément V, qui avoit établi sa cour à Carpentras, dans le comté d'Avignon, se sentit le premier atteint d'une maladie qui pouvoit devenir mortelle; il attachoit son honneur à faire entrer dans le corps du droit canon un nouveau livre de Décrétales; Boniface VIII avoit composé le sixième; celui de Clément V devoit être le septième; il le publia dans un

---

(1) *Contin. Nangii*, p. 68. — *G. Villani* L. IX, c. 65, p. 474 — *Chron. de Saint-Denys*, p. 146.— *Bernardi Guidonis*, p. 678.— *Pauli-Æmilii*, L. VIII, p. 257.

(2) *Ferreti Vicentini Hist.* p. 1018.

consistoire tenu le 21 mars ; mais il n'eut point le temps de le faire recevoir dans les écoles. Lorsqu'il sentit sa maladie s'aggraver, il voulut aller respirer l'air natal dans le diocèse de Bordeaux, et il avoit à peine passé le Rhône qu'il mourut à Roquemaure, le 20 avril 1314. Au moment où il venoit d'expirer, le trésor pontifical fut pillé par ses courtisans, et entre autres par son neveu. Le désordre fut si grand dans le palais, que le feu prit au catafalque entouré de cierges, où l'on avoit exposé son corps, sans que personne restât auprès pour le garder; on le retrouva ensuite plus qu'à moitié consumé. On lui avoit reproché la publicité de ses amours avec Brunissenda de Foix, femme de Hélie Taleyrand VII, comte de Périgord, qui, lorsqu'elle avoit quelque grâce à demander au pape, lui présentoit la requête sur sa poitrine découverte. On dit qu'elle lui coûtoit plus que tous les secours à envoyer à la Terre-Sainte, et qu'en lui faisant éprouver un constant besoin d'argent, elle contribua à le tenir dans la dépendance de la cour de France. (1)

Celui qui avoit tant abusé de cette dépen-

(1) *Gio. Villani*, L. IX, c. 58, p. 471. — *Chr. Fr. Francisci Pipini*, c. 49, p. 750. — *Ptolom. Lucensis Hist. Eccl.* p. 1242. — Bernard Guidonis, 678. — *Amalr. Augerii*, 450. Hist. de Languedoc, XXIX, 39, 158.

dance se sentit à son tour atteint d'une maladie de langueur, qui n'étoit accompagnée d'aucune fièvre et à laquelle les médecins ne savoient porter aucun remède : un accident de chasse aggrava son mal, ou peut-être en avoit été la cause première ; un sanglier vint se jeter au travers des jambes du cheval du roi dans une forêt, et le renversa. Philippe se fit porter à Fontainebleau, lieu où il étoit né ; il y fit son testament, il confirma les droits à la couronne de Louis son fils aîné, et les apanages des deux autres, surtout du troisième, qui n'avoit pas encore été investi du comté de la Marche. Il répéta ces exhortations aux vertus qu'il n'avoit point pratiquées, à la modération, à la clémence, à la religion, dont les rois ne sont jamais avares sur leur lit de mort. Enfin, il expira le 29 novembre 1314, dans la trentième année de son règne, et la quarante-sixième de sa vie. (1)

(1) *Cont. Nangii*, p. 69. — *Gio. Villani*, IX, 65, 474.— Bernard Guidonis, 678. — Chr. de Saint-Denys, 147. — *Rymer*, T. III, p. 503. —Ordonn. de France, T. I, p. 550. —*Raynaldi*. 1314, §. 26. — Hist. de Languedoc, L. XXIX. c. 42, p. 168.

CHAPITRE XXIV.

Règne de Louis X dit Hutin. — Les ministres de Philippe IV persécutés. — Campagne de Flandre. — Le roi meurt laissant sa veuve enceinte. — Régence de Philippe comte de Poitiers. — 1314-1316.

La mort de Philippe-le-Bel, ou, si l'on veut, l'accession à la couronne de son fils Louis X, excitèrent dans la nation française les sentimens qui accompagnent presque toujours l'avènement au trône d'un nouveau monarque. On étoit fatigué, dégoûté, épouvanté de ce qu'on avoit éprouvé pendant de longues années : on mettoit son espérance dans ce qu'on ne connoissoit point : on savoit qu'un changement de souverain est presque toujours accompagné d'un changement de mesures, et l'on ne croyoit pouvoir changer sans éprouver quelque amélioration. D'ailleurs, la joie que le peuple témoigne au commencement d'un nouveau règne, est pour le monarque qui monte sur le trône, une leçon délicate en même temps qu'énergique. Le peuple laisse voir ainsi tout son mécontentement de l'administration qui vient de finir, sans mêler à l'expression de ce jugement rien de haineux, rien d'acerbe : il condamne les mesures, et il laisse en paix la cendre du mort : il dit au nouveau roi que pour être aimé, pour être regretté, il doit suivre une autre ligne de conduite que son prédécesseur, mais en lui traçant ainsi ses devoirs, il en adoucit l'austérité par sa confiance ; il accepte comme des engagemens de bien faire, les premières émotions que cause un pouvoir nouveau, les premières velléités de s'amender qu'excite l'entrée dans une carrière nouvelle. Une sorte de lien réciproque d'amour et de confiance est formé ainsi dans les premiers jours du nouveau règne, entre le dépositaire du pouvoir, et ceux de qui tout pouvoir émane, ceux pour l'avantage de qui tout pouvoir doit être exercé. Ce lien est bientôt brisé ; ces espérances sont bientôt déçues : mais le peuple, en offrant son amour, a montré qu'il ne tenoit pas à lui que le pacte qu'il étoit si empressé d'accepter n'eût une plus longue durée.

Il était cependant difficile de remplir l'engagement que le jeune Louis X étoit supposé avoir contracté ainsi. Philippe-le-Bel étoit un homme orgueilleux, irascible, obstiné, surtout cruel et sans pitié ; il l'étoit même avec l'aggravation la plus redoutable de toutes, car il paroît qu'il l'étoit en conscience. Il se regardoit comme la fontaine de toute loi et de toute justice : quiconque s'opposoit à lui étoit pour lui un coupable odieux ; il croyoit accomplir un devoir en le livrant aux plus épouvantables supplices ; et les magistrats, en flattant ses ressentimens, l'avoient accoutumé à croire en lui-même, et à confondre ses passions avec ses devoirs. A ce caractère inexorable, à ces opinions despotiques, Philippe joignoit encore une ignorance absolue de la nature et des causes de la richesse des nations, en sorte que le dommage qu'il causoit à ses sujets pour se procurer de l'argent, étoit infiniment plus considérable que la valeur des sommes qu'il faisoit entrer dans ses coffres. Mais Philippe s'occupoit avec un intérêt constant du gouvernement de ses états; il avoit une volonté, des plans, des projets qu'il suivoit avec persistance, et s'il étoit haï, il étoit aussi un des monarques les plus redoutés qui eussent régné sur la France ; aussi ses sujets, qui trembloient devant lui, jouissoient à leur tour, avec une sorte d'orgueil, de la terreur qu'il inspiroit aux étrangers. Tout devoit changer lorsque Philippe-le-Bel mourut, le 29 novembre 1314, et tout changea en effet, sans que la nation y trouvât aucun avantage. A un monarque sévère, impérieux, ennemi du plaisir, succéda une cour brillante, dissipée, occupée uniquement de fêtes, et où l'autorité sembloit moins appartenir au chef, que se partager entre tous les membres de la famille royale. Cette famille étoit alors assez nombreuse. Philippe avoit laissé deux frères, trois fils et une fille : un autre fils et deux filles étoient morts avant lui.

1314.

Louis X, le fils aîné, étoit né le 3 octobre 1289, il étoit donc âgé de vingt-cinq ans; depuis l'âge de quinze ans il portoit la couronne de Navarre, et en 1307 il avoit été à Pampelune se faire reconnoître par les Navarrois : Cette expédition et celle contre la ville de Lyon, qu'il avoit soumise, s'étoient terminées d'une manière honorable; cependant il n'attira sur lui l'attention que par son goût pour le *hutin*, ou le désordre, qui lui avoit valu son surnom. Ses deux frères, Philippe, né en 1293, et Charles, né en 1294, n'étoient pas moins que lui adonnés aux plaisirs et aux vices de la jeunesse. Sa sœur Isabelle, née en 1292, et mariée depuis 1309 à Édouard II, roi d'Angleterre, étoit appelée à une tâche difficile. Associée aux inconséquences et aux actes de lâcheté de son mari, menacée par ses sujets, impatiens de porter un joug si honteux, dominée et humiliée par les favoris qui prenoient sa place, et entraînée à son tour par des passions impétueuses qu'elle ne cherchoit pas à combattre; si elle avoit été douée de quelque vertu elle auroit pu mériter de la gloire; elle ne se signala que par le crime et l'infamie.

Au milieu de ces jeunes gens, les oncles du nouveau roi devoient attirer à eux le pouvoir et la direction des affaires, en raison de leur expérience, et de la décision de leur caractère. Il y en avoit deux, Charles de Valois, né en 1270, de deux ans plus jeune que Philippe IV, et fils comme lui d'Isabelle d'Aragon, et Louis, comte d'Évreux, né en 1276, de Marie de Brabant, seconde femme de Philippe III. Le feu roi avoit souvent confié à ses deux frères, le commandement de ses armées; il les avoit fait agir contre le pape Boniface, et il paroissoit avoir une grande confiance en eux. Charles de Valois, surtout, avoit paru l'objet de sa prédilection : des traités avoient été négociés, des guerres avoient été entreprises pour le faire monter tour à tour sur les trônes d'Aragon, de Constantinople et d'Allemagne; envoyé en Espagne, en Italie, en Flandre, il avoit montré une grande ambition, de l'âpreté dans le caractère, de l'activité, mais aucun talent distingué. Son neveu Louis, en montant sur le trône, s'empressa de lui abandonner la direction des affaires; et alors seulement on put s'apercevoir que son système de gouvernement n'étoit point celui qu'avoit adopté son frère.

La politique de Philippe-le-Bel, sa défiance de tout esprit d'indépendance, et son irritabilité l'avoient porté à s'entourer uniquement de parvenus, et à leur donner une grande préférence sur les nobles. Les premiers reconnoissoient qu'ils n'étoient rien que par sa faveur, les seconds prétendoient être quelque chose indépendamment de lui. La route des emplois étoit ouverte à ceux qui se distinguoient dans l'étude du droit, et quiconque réunissoit de l'érudition à de la souplesse, étoit presque sûr, quelle que fût sa naissance, de parvenir à la faveur du roi. Pierre Flotte, Enguerrand de Marigny, Guillaume de Nogaret, Guillaume de Plasian, devoient à ce double mérite leur élévation, et plusieurs autres avoient suivi leurs traces. D'autre part, quoique Philippe eût porté les coups les plus funestes au commerce, par ses lois sur les monnoies et sur l'usure, et par ses confiscations, il montroit cependant une sorte de faveur aux bourgeois ; il consultoit les députés de ses *bonnes villes* plus volontiers que ceux de la noblesse ; il les appela à voter la gabelle des cinq pour cent sur tous les achats et toutes les ventes, qu'il établit dans la dernière année de sa vie : il consulta, dans le même temps, la même assemblée de deux ou trois *des plus suffisantes personnes* de quarante-deux villes, pour s'entendre avec elles sur la réforme des monnoies (1). Il trouva les bourgeois tout glorieux d'être interrogés et comptés pour quelque chose, tout troublés du contact avec la majesté royale,

(1) Ordonn. des rois, T. I, p. 548.

en sorte qu'ils n'opposèrent jamais aucune résistance à ses volontés.

Cette conduite, qui s'accordoit avec la politique et la défiance d'un roi jaloux de son autorité, et occupé uniquement de ses affaires, étoit secrètement désapprouvée par Charles de Valois, qui, dans chacun des ministres de son frère, avoit cru voir un rival, et qui attribuoit tous les mauvais succès qu'il avoit eus dans les affaires, non à sa propre incapacité, mais aux obstacles que des envieux avoient toujours mis sur son chemin. La politique de Philippe n'étoit pas moins opposée aux goûts et aux habitudes de ses fils, qui ne s'associoient, pour leurs plaisirs, qu'avec de jeunes gentilshommes, qui méprisoient les roturiers et leur négoce, les légistes et leur science, et qui désiroient s'approprier les richesses des financiers. Aussi, au moment même où Louis monta sur le trône, il éloigna de ses conseils tous les ministres de son frère, il approcha de sa personne, ceux qui étoient le plus notés pour l'inimitié qu'ils leur portoient, et il laissa entrevoir qu'il ne tarderoit pas à demander aux plus illustres d'entre eux un compte sévère de leur gestion. Enguerrand de Marigny, alarmé du sort qui le menaçoit, recourut à Édouard II, qu'il avoit tout récemment servi avec zèle durant sa mission en Angleterre. En effet, ce roi n'eut pas plus tôt appris la mort de son beau-frère, qu'en même temps qu'il ordonna des prières pour son âme, il écrivit le 20 décembre à Louis X pour recommander Enguerrand de Marigny à sa bienveillance. (1)

Mais il n'étoit pas facile d'arriver à temps pour devancer les résolutions de Louis X : dans le mois qui suivit la mort de son père, et avant la fin de l'année 1314, il avoit déjà commencé la persécution contre ses anciens serviteurs ; il ôta d'abord les sceaux à Pierre de Latilli, évêque de Châlons-sur-Marne, pour les donner à Étienne de Maruges, chambellan de son oncle Charles de Valois. Il fit jeter Latilli dans un cachot, ayant obtenu pour son arrestation l'assentiment de l'archevêque de Reims, et il l'accusa d'avoir fait périr par des maléfices et le prélat auquel il avoit succédé dans l'évêché de Châlons, et le roi Philippe. La lenteur des procédures criminelles dans les cours ecclésiastiques sauva Pierre de Latilli. Son procès ne commença devant le concile provincial de Senlis qu'en octobre 1315, il ne fut jugé que l'année suivante, après la mort du roi ; et il fut acquitté. (2)

Immédiatement après Latilli, Louis X fit arrêter Enguerrand de Marigny, et il le retint

(1) *Rymer Acta.* T. III, p. 503 et 504.
(2) *Gallia Christiana.* T. IX, p. 890. — *Concil. gener. Labbei.* T. XI, p. 1623.

prisonnier d'abord au Louvre, puis au Temple. « C'étoit, dit le continuateur de Nangis, un « homme gracieux, cauteleux, sage, rusé, qui « avoit beaucoup d'influence et d'autorité sur le « peuple, et qui avoit été le premier et le prin- « cipal conseiller de Philippe, au point de di- « riger tout son gouvernement comme un autre « maire du palais (1). » Charles de Valois accusa Marigny d'avoir été l'instigateur des fréquens changemens dans la monnoie, l'auteur des taxes oppressives qui avoient soulevé le peuple, et d'avoir détourné à son profit les sommes énormes qu'il levoit ainsi sur la France : la voix publique, empressée d'avoir quelqu'un à accuser des maux qu'on avoit soufferts, secondoit les dénonciations de Charles de Valois ; cependant on assuroit qu'une offense privée avoit excité le ressentiment de Valois ; dans un conseil d'état tenu sous le règne de Philippe IV, à l'occasion d'une querelle entre des gentilshommes de Normandie, dont l'un, Tancarville, étoit allié à Marigny, le prince s'étoit emporté jusqu'à donner un démenti au ministre, qui avoit répondu sans hésiter : *C'est vous-même qui avez menti.* Cette offense mortelle, étouffée au moment même par la présence du roi, coûta la vie à Marigny. (2)

(1) *Contin. Nangii*, p. 69.
(2) *Pauli Æmilii Veronensis.* L. VIII, p. 258.

Tous les officiers que Marigny avoit employés pour la garde du trésor, tous les autres auxquels il avoit confié quelque partie des affaires du roi, et entre autres les clercs de l'officialité et les laïques de la prévôté de Paris, furent arrêtés. Plusieurs d'entre eux furent mis à la torture, pour leur arracher des confessions; tous furent interrogés en secret dans les cachots où ils étoient retenus. Avec de tels moyens, les preuves ne pouvoient manquer long-temps; Jean d'Asnières remplit les fonctions d'accusateur public. Paul Émile de Vérone, qui au commencement du seizième siècle a écrit en beau latin l'histoire des rois de France, y a inséré un discours de ce d'Asnières, avec la réponse de Marigny, où l'on reconnoît évidemment que l'auteur s'est proposé de copier, d'aussi près qu'il a pu, les harangues de Cicéron contre Verrès (1). Ces plaidoyers imaginaires ont été ensuite reproduits et arrangés par les historiens postérieurs. De même ils ont donné avec un grand détail l'histoire de la querelle de Valois avec Marigny, et celle de tout le procès, sans jamais citer leur autorité, de peur de faire reconnoître combien peu on pouvoit lui accorder de confiance (2). Les historiens originaux sont en petit nombre, et leur relation est

---

(1) *Pauli Æmilii Veronenses.*, L. VIII, p. 258.
(2) Mézeray, edfol., T. II, p. 352. — Hist. des ministres

fort concise. Les chroniques de Saint-Denys nous parlent bien de Jean d'Asnières qui *proposa* contre Marigny, en prenant pour texte ces mots de l'Écriture : *Non nobis, Domine, non nobis, sed nomini tuo da gloriam* (1). Mais le continuateur de Nangis nous apprend en même temps que, quoique Marigny demandât avec beaucoup d'instance une audience pour sa défense, le crédit du comte de Valois l'empêcha de jamais l'obtenir (2). Bernard Guidonis compare la fortune rapide et la chute de Marigny à celles de la Brosse, en sorte que, quoiqu'il le dise chevalier, et que d'autres le représentent comme gentilhomme normand, il le regarde comme un parvenu (3).

Toutefois, Louis Hutin paroissoit résolu à traiter Marigny avec douceur; il vouloit se contenter de le reléguer dans l'île de Chypre, lorsque Valois produisit contre lui une nouvelle accusation. Il prétendit que Jacques Delor, magicien, avec sa femme et son valet, avoient, à la persuasion de la femme et de la sœur de Marigny, fait des images de cire, pour *envouter le roi, ses oncles et ses frères*, de telle

---

d'état, p. 567 et suiv. — Velly, *Hist. de France*, T. IV, p. 284.

(1) Chron. de Saint-Denys, f. 148.
(2) *Contin. Nangii*, p. 69.
(3) *Bernardi Guidonis in Clem.* V, p. 579.

sorte qu'à mesure que ces images se seroient fondues, *lesdits roi et comtes n'eussent fait chacun jour que amenuiser, sécher, et en brief de male mort mourir* (1). Tout espoir étoit perdu pour un homme accusé de sorcellerie; les juges ne l'écoutoient qu'avec horreur, la fureur populaire le poursuivoit, les bourreaux redoubloient de tortures pour lui arracher les confessions qu'on vouloit; et aucune défense raisonnable n'étoit possible, pour se justifier d'un délit que la raison ne reconnoît point. Delor, pour se soustraire à la torture, se pendit dans sa prison, sa femme et son valet furent brûlés vifs : la femme et la sœur d'Enguerrand furent enfermées dans un cachot. « Enfin, Ma-« rigny, jugé devant les chevaliers, dit le con-« tinuateur de Nangis, fut pendu au commun « gibet des larrons à Montfaucon, la veille de l'As-« cension, 30 avril 1315, sans cependant avoir « rien avoué des maléfices ci-dessus, si ce n'est « qu'il avoit contribué avec les autres aux exac-« tions et aux changemens de la monnoie. » Jusqu'à la fin, il se plaignit de n'avoir point obtenu d'audience pour se défendre, quoiqu'on lui eût, au commencement, promis de l'entendre. (2)

(1) Chron. de Saint-Denys, f. 149.
(2) *Contin. Nangii*, p. 70. — *Raynaldi*. 1315, §. 3. — *Pauli Æmilii Ver.*, p. 262.

Raoul de Prêles, un des plus célèbres jurisconsultes du parlement de Paris, fut arrêté sur des soupçons tout aussi vagues, et enfermé dans les prisons de Sainte-Geneviève de Paris : aussitôt Louis, séquestrant ses biens, les distribua en don aux seigneurs de sa cour et à ses favoris; de Prêles fut appliqué à la torture, mais, quelle que fût la violence et la multiplicité des tourmens qu'on lui fit éprouver, il fut impossible de lui arracher aucune confession. On n'avoit non plus aucune autre preuve pour le convaincre : il fut donc remis en liberté, mais ses propriétés demeurèrent confisquées ; le roi ne voulant point redemander, ni les courtisans rendre ce qui avoit été distribué, dans la confiance que les bourreaux ne laisseroient pas la justice manquer de preuves. (1)

Les préparatifs pour le second mariage du roi s'entremêloient avec les supplices des ministres de son père. Peu de semaines après la mort de Philippe, il avoit fait partir pour Naples Hugues de Boville, chevalier et son chambellan, pour demander au roi Robert sa nièce en mariage. On nommoit cette princesse napolitaine Clémence de Hongrie, parce qu'elle étoit fille de Charles Martel, frère aîné de Robert, qui avoit porté le titre de roi de Hongrie,

(1) *Contin. Nangii*, p. 70.

sans avoir jamais vu ce pays. Son fils, il est vrai, Charobert, frère de Clémence, avoit depuis été reconnu par les Hongrois. Pour accomplir ce mariage, il falloit que Marguerite de Bourgogne, première femme de Louis, accusée d'adultère, laissât la place vide ; Louis X l'épargna tant que se prolongea la négociation ; quand il sut que Robert avoit promis Clémence à ses ambassadeurs, il fit, au commencement d'avril 1315, étouffer Marguerite entre des linceuls, au château Gaillard, où elle étoit renfermée (1). Toutefois, jusqu'au mois de juillet, il ne vit point arriver sa nouvelle épouse. « Comme il « l'attendoit plus long-temps qu'il ne l'auroit « voulu, dit Jean, chanoine de Saint-Victor de « Paris, enflammé d'une ardeur de jeunesse, « il lâcha le frein à son incontinence ; il étoit « prodigue et dissipateur, et n'avoit que les « goûts de l'enfance, quoiqu'il eût été à plu- « sieurs reprises châtié pour ce sujet par son « père, tandis que celui-ci vivoit encore. » (2)

Clémence cependant s'étoit embarquée à Naples pour venir le joindre ; mais son vaisseau fut battu par la tempête, elle fit naufrage, elle perdit ses joyaux, ses robes de prix et l'argent

(1) Thom. Walsingham, *Hist. Angliæ*, p. 84. — Gio. Villani, L. IX, c. 65, p. 474. — Cont. Nangii, p. 70. — Bern. Guidonis, p. 678.

(2) Joh. Canon. Sanct. Victor. p. 477.

de sa dot qu'elle apportoit au roi. Cette dernière perte venoit pour Louis très mal à propos; il avoit trouvé, à ce qu'on assure, le trésor de son père vide, et c'étoit le principal motif de l'accusation contre Marigny, qui l'avoit rétorquée contre Charles de Valois : il avoit, faute d'argent, différé de se faire sacrer. Enfin, il s'étoit mis en route pour Reims, le 30 juillet, comptant sur l'argent de sa nouvelle épouse, lorsque Clémence le rejoignit en route, absolument dépouillée de tout. Louis, renonçant alors à des dépenses qui surpassoient ses moyens, célébra son mariage avec elle, le 3 août, à Saint-Lié, près de Troyes en Champagne : il se rendit ensuite à Reims, où le roi et la reine furent sacrés, avec peu de pompe, le 15 août 1315, par les mains de l'archevêque de cette ville, Robert de Courtenay. (1)

Avant de rassembler cependant les grands, qui se réunirent à Reims pour le sacre, et l'armée qui y étoit convoquée en même temps, pour porter la guerre en Flandre, Louis X avoit été obligé de faire des concessions à son peuple et à sa noblesse, dont le mécontentement prenoit un caractère toujours plus menaçant. La persécution des ministres du feu roi avoit été

---

(1) *John. Can. Sanct. Victor.* p. 477. — *Cont. Nangii*, p. 70. — Chr. de Saint-Denys, p. 150. — *Gallia Christiana*, T. IX, p. 122. — *Bernardi Guidonis*, 679.

représentée par Charles de Valois comme un sacrifice qu'il falloit faire à l'opinion d'un peuple
qui avoit souffert trop long-temps. Mais cette
opinion ne prit point le change; elle plaignit
Marigny, elle accusa la cruauté de Valois, et elle
recommença à demander une autre garantie
que des supplices.

Dans la province de Sens, une révolte avoit
éclaté parmi les paysans; mais là, elle paroissoit dirigée plus encore contre l'autorité ecclésiastique que contre l'autorité royale. Les exactions de Philippe, archevêque de Sens, et frère
d'Enguerrand de Marigny, l'avoient excitée : en
employant les excommunications pour arracher à ses ouailles l'argent qu'il exigeoit d'elles,
il les avoit réduites au désespoir : les avocats et
les procureurs attachés à la cour de l'archevêché avoient tous montré la même rapacité.
Les insurgés se choisirent entre eux des chefs,
auxquels ils donnèrent, dit-on, les titres de
roi, de pape et de cardinaux : ils leur firent
prononcer l'absolution de ceux que l'archevêque avoit excommuniés, ils forcèrent les prêtres
à leur dire la messe, et à leur donner les sacre-
mens. Les prêtres recoururent alors à Louis :
ils lui persuadèrent que toute indulgence pour
des hommes qui avoient secoué leur joug seroit funeste, et ils l'engagèrent à punir ces

mouvemens séditieux par des exécutions capitales. (1)

Mais dans le même temps, avec moins de tumulte, moins de désordre, et cependant plus d'efficacité, la noblesse avoit, de son côté, formé des confédérations pour se faire rendre des priviléges et une indépendance que, pendant un siècle, les prédécesseurs de Louis avoient cherché à lui ravir au profit de l'autorité royale. Charles de Valois secondoit les prétentions des gentilshommes, pour signaler son opposition à son frère, qui avoit préféré se faire servir par des bourgeois; et quant à Louis Hutin, il étoit peu instruit; il voyoit mal les conséquences de ce qu'on lui demandoit, et comme il n'avoit pour compagnons de ses jeux que de jeunes gentilshommes, c'étoit aussi d'eux qu'il étoit disposé à recevoir ses idées.

Pour satisfaire la noblesse et pacifier le royaume, Louis Hutin publia donc, dans les premiers mois de son règne et avant son sacre, un grand nombre d'ordonnances destinées à rétablir ou raffermir les droits divers des ordres du royaume. Cette concession que l'autorité royale faisoit à la puissance aristocratique auroit pu être le fondement de la liberté française, elle auroit pu correspondre à

(1) *Cont. Nangii*, p. 70.

la grande charte d'Angleterre, si les nobles français avoient mieux su agir en corps, parler au nom de la nation plutôt qu'au nom de leurs provinces, et exiger non seulement des promesses, mais des garanties. Quoique les ordonnances de Louis Hutin fussent toutes dictées par l'aristocratie, il suffisoit qu'elles missent des bornes à la toute-puissance, qu'elles reconnussent des droits indépendans du caprice du roi ou de ses ministres, pour qu'elles fussent favorables à la liberté nationale. Elles contiennent en effet plusieurs sanctions non moins avantageuses au peuple qu'aux gentilshommes ; mais elles ne donnent aucune sauvegarde aux droits qu'elles reconnoissent, elles ne laissent entrevoir nulle part une force qui puisse défendre les lois.

La première concession de Louis Hutin à ses sujets a été connue sous le nom de la Charte aux Normands ; il la leur accorda à Vincennes le 19 mars 1315, puis il la confirma, il la développa, il y ajouta dix articles nouveaux par une seconde ordonnance du 22 juillet de la même année, qu'on appela la seconde Charte aux Normands (1). Au commencement de cette charte, il déclare qu'il a reçu la grieve complainte des prélats, barons, chevaliers et menu peuple, sur les tailles et subventions à eux imposées

(1) Ordonn. des rois de France, T. I, p. 551 et 587.

contre leurs droits et franchises, depuis les temps de Saint-Louis. Pour y porter remède, il promet de ne plus altérer les monnoies, de ne plus exiger des nobles d'autre service que celui qu'ils doivent en raison de leur fief; de ne lever sur aucune personne d'autres tailles et subventions que celles qui sont dues par ancien usage; de ne plus faire enlever de vivres pour le roi sans lettres scellées de son sceau, de ne plus porter au parlement de Paris les causes décidées à l'échiquier de Normandie, « de ne plus faire mettre à « la question aucun franc homme de Norman-« die s'il n'est violemment suspect de crime ca-« pital; et encore sera-t-il traité si modéré-« ment qu'il n'en perde ni la vie ni les mem-« bres. »

Les nobles du duché de Bourgogne, des évêchés de Langres et d'Autun, et du comté de Forez, présentèrent à leur tour leurs doléances, tant pour eux que pour les religieux et non nobles desdits pays; et ils obtinrent, au mois d'avril 1315, une ordonnance datée de Vincennes, dans laquelle Louis Hutin faisoit droit article par article à leurs plaintes, quelquefois sans restriction, quelquefois avec de légères modifications (1). Cependant ceux-ci

---

(1) Ordonn. de France, T. I, p. 557, en 14 articles

attaquoient non seulement les abus des règnes
des deux Philippe, mais aussi les réformes
mêmes de Saint-Louis. Ils se faisoient rendre
le droit des armes, celui de guerroyer et de
donner gage de bataille, ils mettoient des limites aux *assuremens*, ils rétablissoient enfin
dans son ancienne vigueur l'organisation féodale. Toutefois cette ordonnance même étoit
avantageuse au tiers-état, en fixant les variations de la monnoie, et en limitant les amen-
des, qui ne pourroient dépasser soixante livres
pour les nobles, soixante sous pour les gens
de pootte, ou les paysans. Cette ordonnance
fut confirmée et développée par une seconde
rendue à Vincennes le 17 mai 1315, qui ne la
changea pas matériellement. (1)

Les nobles de Champagne se présentèrent à
leur tour avec leur cahier de doléances ; ils attaquoient également le système qui avoit été
suivi dès le temps de Saint-Louis ; ils ne rede-
mandoient pas les guerres privées, mais bien
le droit de subinféoder leurs fiefs, le maintien
de leurs justices, des garanties contre les acqui-
sitions que le roi faisoit dans leurs terres ; enfin, ils stipuloient, mais seulement pour eux-
mêmes, qu'aucun noble ne seroit mis à la
torture, si ce n'est sur les soupçons les plus vé-

---

(1) Ordonn. de France, p. 567, en 34 articles.

hémens; et qu'il ne seroit point ensuite condamné s'il ne persistoit dans sa confession un temps suffisant après la torture. (1)

Les Picards commençoient à être désignés par un nom commun; cependant leur province n'avoit pas des souvenirs récens d'indépendance. Ils n'avoient point été réunis en une seule souveraineté féodale. Une partie d'entre eux, dans le comté de Ponthieu, étoient même alors soumis au roi d'Angleterre; cette position leur donnoit des désavantages pour traiter avec l'autorité royale, et demander des priviléges. Cependant les nobles du Vermandois et du bailliage d'Amiens s'assemblèrent aussi; ils réclamèrent sur les violations de leurs anciennes coutumes, qu'ils prétendoient avoir été en vigueur dans le temps de Saint-Louis, et ils obtinrent une ordonnance en date du 15 mai pour y porter remède (2). Quoiqu'ils ne demandassent qu'à revenir aux bonnes coutumes du saint roi Louis, ils attaquoient réellement les bases du système introduit par ce monarque; ils réclamoient surtout l'indépendance de leurs justices usurpées par les juges royaux; la liberté des guerres privées, sans être soumis à l'*assurement*; la liberté de fréquenter les tournois, le rétablissement,

(1) Ordonn. de France, T. I, 575, 576, 581.
(2) Ordonn. de France, T. I, p. 561.

enfin, de la preuve par *gage de bataille*, dans le cas d'accusation capitale. Louis X leur accorda une partie de leurs demandes; il promit, quant aux autres, de faire consulter les registres de Saint-Louis, pour se décider en conséquence.

Les provinces de Languedoc, et sous ce nom l'on comprenoit alors toutes celles qui faisoient usage de la langue provençale, ou les sénéchaussées de Toulouse, de Carcassonne, de Périgueux, de Rhodez, de Beaucaire et de Lyon (1), avoient au contraire d'autant plus de crédit auprès du roi, qu'elles étoient plus intimement liées les unes avec les autres, plus riches, plus puissantes, et que le peuple y exerçoit, par l'entremise de ses consuls, une plus grande influence; aussi Louis rendit-il dans cette année trois ordonnances successives, pour rétablir dans leur entier les libertés du Languedoc. On sent en les lisant qu'elles ont été rédigées sur les instances d'un peuple plus civilisé, et que ses efforts ne tendent point à retourner à la barbarie. Les Languedociens ne demandent pas qu'on leur rende ou les guerres privées, ou les combats judiciaires, ou les tournois; ils n'insistent point sur le maintien des justices seigneuriales : ils requièrent seule-

___
(1) Ordonn. de France, T. I, p. 617.

ment que personne ne soit détourné du juge de son domicile ; ils exigent ensuite une règle précise sur les levées de deniers ; le pardon de toutes les contraventions aux ordonnances de Philippe sur les monnoies ; la mise en liberté sous caution des prévenus, à moins qu'il ne s'agisse de crimes énormes ; enfin l'abolition de la torture, mais seulement en faveur des magistrats des villes et de leurs familles. (1)

La province d'Auvergne et celle de Bretagne obtinrent aussi des priviléges ; les habitans de la première firent valoir leur fidélité, et la discrétion avec laquelle ils s'étoient abstenus de rien demander pendant que le roi étoit dans l'embarras. Une ordonnance du mois de décembre les remit, sans plus de détails, *au même bon état* où ils étoient du temps de Saint-Louis (2). Le privilége de la Bretagne ne fut pas obtenu par le peuple, mais par le duc, qui avoit surtout à cœur d'assurer l'indépendance de ses tribunaux vis-à-vis des juges royaux. (3)

En accordant des priviléges ou le redressement d'anciens abus à toutes ses provinces, Louis Hutin n'oublia point sa capitale ; mais

(1) Ordonn. de France, T. I, p. 553, 613 et 617.
(2) Ordonn. de France, T. I, p. 613 bis.
(3) Ordonn. T. I, p. 620.

il paroît que le prévôt des marchands de Paris et les échevins, entre les mains desquels étoit dès-lors le gouvernement municipal, réclamèrent seulement contre les droits injustes que les ministres de Philippe avoient établis sur la navigation de la Seine (1); et l'Université ne sollicita que le renouvellement du privilége des écoliers, d'être affranchis de toute juridiction autre que celle de leurs propres tribunaux. (2)

C'est ainsi qu'en peu de mois Louis X détruisit par ses ordonnances tout ce système d'usurpation judiciaire, qui avoit été suivi pendant près d'un siècle, sous les trois rois ses prédécesseurs, et qui avoit dépouillé la noblesse féodale de son indépendance, au profit de la couronne; les guerres privées étoient de nouveau permises, les combats judiciaires étoient rétablis, les justices seigneuriales étoient soustraites aux empiétemens des légistes; et Louis X ne savoit probablement pas lui-même toute l'importance des lois qu'il venoit de rendre. Mais la noblesse, qui en l'effrayant ou l'étourdissant l'avoit engagé à faire un si grand pas en arrière, ne sut ou ne put pas profiter de tous ses avantages; elle ne demanda point l'assemblée périodique de ces états-généraux récemment institués, et qui peut-être lui cau-

(1) Ordonn. T. I, p. 598.
(2) Ordonn. T. I, p. 623.

soient de la défiance, parce que Philippe-le-Bel les avoit convoqués le premier; elle ne prit aucune mesure pour demeurer unie, et elle se trouva bientôt livrée de nouveau aux sourdes attaques des légistes, empressés de reconstruire à leur profit la prérogative royale.

Louis X cependant languissoit de faire la guerre, soit qu'il prît son ardeur de jeunesse et son désir de changement pour de la bravoure et du talent militaire, soit qu'il crût que le commandement d'une armée raffermiroit entre ses mains l'autorité royale. Philippe-le-Bel avoit recommencé l'année précédente ses querelles avec les Flamands, il les avoit suspendues ensuite par une trêve d'une année, qui étoit sur le point d'expirer. Louis X fit citer le comte Robert de Flandre à venir en personne lui rendre hommage, et renouveler en même temps les trèves de l'année précédente. Au lieu d'obéir, Robert fit plusieurs courses pour enlever du butin, dans le Tournésis et la Châtellenie de Lille (1). Toutefois, comme les Français étoient fort irrités, et vouloient mettre la Flandre à feu et à sang, Louis, comte de Nevers et de Rhetel, et Jean de Namur, fils du comte de Flandre, arrivèrent à Paris pour la fête de l'Ascension, et furent aussitôt reçus

(1) Oudegherst, *Chron. de Flandre*, c. 144, p. 209.

dans la familiarité du roi, et associés à toutes ses parties de plaisir : cette inconséquence fut d'autant plus blâmée, que peu de jours après, les ambassadeurs du comte de Flandre qui venoient l'excuser de ce qu'il ne se rendoit pas à Paris en personne, alléguant sa mauvaise santé, et l'inquiétude que lui causoient ses ennemis, furent fort mal reçus. Le procès contre leur seigneur continua : le 28 juin il fut déclaré contumace et rebelle, ses ambassadeurs furent chassés de la cour, mais ses fils y demeurèrent aussi bien reçus qu'auparavant. (1)

La guerre de Flandre demandoit beaucoup d'argent, et Louis Hutin, dont le trésor étoit vide, essayoit de tous les expédiens pour s'en procurer. Le premier auquel il eut recours doit faire honneur à sa mémoire. On lui conseilla de vendre la liberté aux serfs et gens de main morte qu'il avoit sur ses domaines, moins il est vrai pour en faire de bons contribuables, en même temps que des sujets riches et industrieux, qu'afin de les engager à retirer de leurs cachettes les trésors qu'on l'assuroit que tous ces vilains tenoient enfouis. Quoiqu'il en soit, le langage de l'édit qu'il rendit en leur faveur le 3 juillet 1315 est honorable pour l'autorité royale. « Comme, selon le droit

---

(1) *Contin. Nangi*, p. 70.

« de nature, dit-il, chacun doit naître franc; et
« par anciens usages ou coutumes, qui de
« grande ancienneté ont été introduites et
« gardées jusqu'ici en notre royaume, et par
« aventure pour le méfait de leurs prédéces-
« seurs, beaucoup de personnes de notre com-
« mun peuple soient déchues en lien de servi-
« tude de diverse condition, ce qui moult
« nous déplaît; nous, considérant que notre
« royaume est dit et nommé le royaume des
« Francs, et voulant que la chose en vérité
« soit accordant au nom, et que la condition
« des gens amende par nous, en notre nou-
« veau gouvernement...... Voulant aussi que
« les autres seigneurs qui ont hommes de
« corps prennent exemple à nous de les rame-
« ner à franchise.... nous voulons que fran-
« chise leur soit donnée à bonnes et convena-
« bles conditions. » (1)

Malheureusement Louis s'adressoit à des hommes qui, depuis plusieurs siècles étoient avilis, opprimés et dépouillés. Le plus souvent ils n'avoient pas en réserve la moindre pièce de monnoie pour acheter le plus précieux des biens. Ceux qui avoient quelque pécule caché n'osoient point s'en défaire contre des promesses qui ne leur inspiroient aucune con-

(1) Ordonn. de France, T. I, p 583.

fiance; aussi Louis fut-il obligé d'écrire peu après, aux commissaires qu'il avoit chargés de cet affranchissement : « Que comme il pourroit
« être qu'aucun, par mauvais conseil et par
« faute de bons avis, tomberoit en 'déconnois-
« noissance de si grand bénéfice et si grande
« grâce, si que il voudroit mieux demeurer en
« la chétiveté de servitude que venir à état
« defranchise, nous vous mandons et com-
« mettons que vous, de telles personnes, pour
« l'aide de notre présente guerre, considérée la
« quantité de leurs biens, et les conditions de
« la servitude de chacun, vous en leviez si suf-
« fisamment et si grandement, comme la con-
« dition et la richesse des personnes pourront
« bonnement souffrir, et la nécessité de notre
« guerre le requiert (1). » Mais ceux qui n'avoient pas acheté volontairement la liberté ne se trouvèrent pas en état de l'acheter par force, et Louis X ne rassembla que fort peu d'argent par cet expédient.

En même temps il s'étoit adressé aux marchands italiens, et il avoit trouvé chez eux bien plus de moyens de le satisfaire. La prospérité dont ils jouissoient sous le gouvernement de leurs républiques, avoit développé leur industrie et leur activité : leurs comptoirs étoient

---

(1) *Spicilegium Acherii*. T. III, p. 707.

répandus dans tout l'Occident, et ils tenoient dans leurs mains presque tout le commerce de France. Louis X rendit un édit le 2 juillet 1315, par lequel il rappeloit que ces marchands avoient précédemment été soumis à plusieurs taxes extraordinaires, mais que depuis trois ans ils n'avoient éprouvé aucune extorsion. Il ordonnoit ensuite que désormais, pour pouvoir commercer dans son pays, ils lui payassent le cinq pour cent de leur capital, chaque année, pendant dix années de suite, les dispensant à cette condition des charges de l'*host* et de la *chevauchée*, et les mettant sur le même pied que les bourgeois indigènes du royaume (1). Huit jours après, une nouvelle ordonnance astreignit les Italiens à payer au roi deux deniers pour livre de chaque contrat qu'ils auroient fait, soit pour acheter, soit pour vendre. En même temps il les obligeoit à n'avoir de comptoirs que dans les quatre villes de Paris, Saint-Omer, Nîmes et La Rochelle : partout ailleurs il ne leur était permis de vendre et d'acheter que dans le temps des foires. (2)

Les juifs étoient toujours les plus grands capitalistes de l'Europe, et les persécutions auxquelles ils avoient été sans cesse exposés, les avoient réduits à ne pouvoir faire d'autre métier

(1) Ordonn. de France, T. I, p. 582.
(2) Ordonn. des rois, p. 584.

que celui d'usuriers. Philippe IV avoit expulsé leurs personnes et confisqué leurs biens, par zèle pour la foi, à ce qu'il assuroit, et en haine de l'usure. Louis, qui croyoit se distinguer en faisant le contraire de ce qu'avoit fait son père, les rappela, par son ordonnance du 28 juillet 1315, et leur permit d'habiter douze ans dans les villes où ils avoient eu autrefois des comptoirs; il leur fit rendre leurs cimetières, leurs synagogues et leurs livres saints; il les affranchit de toute poursuite pour tout fait antérieur à leur exil; enfin, et ce fut là sans doute la vraie cause de leur rappel, il les encouragea à réclamer devant les tribunaux le recouvrement de celles de leurs anciennes créances que les commissaires royaux n'avoient point su découvrir, sous condition qu'ils n'en garderoient que le tiers pour leur peine, tandis que les deux tiers restans seroient dévolus au roi. (1)

En même temps que Louis avoit convoqué ses vassaux pour le sacre, à Reims, il avoit ordonné à ses bonnes villes d'y faire assembler leurs milices, pour l'accompagner à la guerre de Flandre; mais sa volonté avoit cessé d'être la loi de l'état, comme l'étoit celle de son père; il étoit obligé de traiter avec ses sujets, presque en toute occasion; et en effet, l'on nous a con-

(1) Ordonn. de France, T. I, p. 595.

servé sa convention avec la ville de Paris, pour l'aide qu'elle lui donneroit en sa guerre de Flandre, et cette convention est faite comme un traité de puissance à puissance. Des fondés de pouvoir furent nommés de part et d'autre, et ils convinrent que la ville fourniroit quatre cents chevaux, et deux mille hommes de pied, dont la paie seroit comptée d'avance tous les quinze jours par les Parisiens, sous condition cependant qu'ils ne seroient tenus à marcher, qu'autant que le roi marcheroit lui-même, et que cette aide, convenue pour une seule fois, ne seroit point convertie en un droit perpétuel. (1)

Louis X publia, le 14 juillet, son manifeste contre les Flamands : il y récapituloit très-longuement toutes leurs offenses passées; il rappeloit qu'en vertu de la bulle de Clément V, qui avoit ratifié la paix de 1304, ils étoient excommuniés pour avoir violé ce traité. Il condamnoit à un esclavage perpétuel tous ceux qui pourroient être pris hors du royaume, et à la mort, tous ceux qui seroient trouvés dans l'enceinte des frontières françaises : enfin il abandonnoit au dénonciateur ou au premier occupant, les personnes et les biens de tous ceux qui porteroient aux Flamands des vivres

(1) Ordonn. des rois de France, T. I, p. 60.

et des munitions de guerre, ou qui commerceroient avec eux (1). Louis eut aussi le crédit de faire expulser les Flamands d'Angleterre, en vertu du traité entre Philippe IV et Édouard I, par lequel chacun des deux rois s'étoit engagé à ne point recevoir dans son royaume les ennemis de l'autre. (2)

Les succès de Louis, dans cette guerre, ne furent point proportionnés à tant de préparatifs. Il reçut l'oriflamme à Saint-Denis le 24 juillet, il se mit en route le 30, et, après avoir à peine accordé quelques jours à son mariage et à son sacre, vers le milieu d'août, il alla rejoindre son armée sur la Lys. Plus de dix mille cavaliers, et un nombre proportionné de fantassins s'y trouvoient rassemblés, entre Courtray et Lille. En même temps, Guillaume d'Avesnes, comte de Hainaut, de Hollande et de Zélande, avoit envahi la Flandre du côté de Waert et de Ruppelmonde. Mais les pluies qui avoient déjà détrempé le terrain au printemps avec une abondance inaccoutumée, et qui redoublèrent à la fin d'août, vinrent au secours des Flamands. Les soldats français, pour aller d'une de leurs tentes à l'autre, enfonçoient jusqu'au genou dans la boue : même dans leurs pavillons ils ne pouvoient trouver un lieu sec

(1) *Rymer Acta.* T. III, p. 525.
(2) *Rymer Acta* 1er septembre T. III p 533. 535.

pour se reposer : leurs charrois étoient embourbés, les vivres ne pouvoient plus arriver à leur camp, les maladies commençoient à se multiplier, les soldats perdoient courage, et Louis se vit contraint de brûler ses équipages, de lever son camp, et de congédier son armée. Après sa retraite, le comte de Flandre s'avança à son tour jusqu'à Cassel et Saint-Omer ; tout l'Artois se crut alors à la veille d'une invasion : cependant les Flamands se retirèrent pour ne pas provoquer davantage l'animosité des Français. (1)

L'extrême légèreté de Louis, son insouciance, son incapacité, frappoient tellement ceux qui l'approchoient, qu'on l'accusa universellement du mauvais succès de son expédition, et qu'il fut dès-lors moins considéré encore qu'il ne l'étoit auparavant. Cependant le général le plus habile n'auroit pu répondre de l'intempérie des saisons, et l'on ne voit dans la conduite de Louis aucune faute militaire. De long-temps aucune année n'avoit été aussi pluvieuse; mais les inondations du printemps avoient pu lui paroître une garantie de la sécheresse au mois d'août. Lorsque du mois d'avril au mois de juillet, la France fut désolée par des pluies froides presque continuelles, le clergé mit en vogue

(1) *Cont. Nangii*, 70. — *Gio. Villani*, IX, 68, 475. — Oudegherst, *Chron. de Flandre*, c. 144, f. 239. — *Bernardi Guidonis*, 679.

une pratique de dévotion qui a été depuis abandonnée. On fit à Paris, surtout dans les premiers jours de juillet, des processions continuelles, où toute la population étoit appelée, même de quatre à cinq lieues à la ronde. Le clergé marchoit en tête, portant des reliques; ensuite venoient les hommes et les femmes, pêle-mêle; mais les hommes étoient entièrement nus, tandis que les femmes n'avoient que les jambes nues. Cet exercice de piété fut imité dans les diocèses de Chârtres, de Rouen, et ensuite dans le reste de la France; mais, à ce qu'il semble, sans succès miraculeux, pas même celui d'augmenter la modestie des femmes. (1)

La perte de la plupart des récoltes, et la mauvaise qualité de celles mêmes qu'on put sauver, furent les conséquences de cette humidité prodigieuse de la saison. Les boulangers faisoient entrer, dans le pain, des farines avariées, et toutes les substances qui, sans changer à l'extérieur l'apparence de leur pain, pouvoient contribuer à le rendre pesant. On les accusa d'en avoir mêlé de rebutantes ou de vénéneuses. Le gouvernement les sacrifia à la défiance et à la fureur du peuple, et la persécution exercée contre eux fit succéder la famine à la disette. (2)

(1) *Cont. Nangii*, p. 70.
(2) Geoffroi de Paris, *Manuscrits du roi*, n 6812, f. 88 verso col. 1, cité par Velly, T. IV, p. 294.

1315. Villani assure que dans la France septentrionale, dans les Pays-Bas et l'Allemagne, où la cherté des vivres se fit le plus sentir, et où leur qualité fut la plus mauvaise, les maladies contagieuses, produites par la misère, enlevèrent dans le cours de l'année 1316, un tiers des habitans. (1)

La famine, la maladie, l'humiliation de la campagne de Flandre, redoubloient la fermentation parmi le peuple; et les grands, profitant de la foiblesse du gouvernement, et ressaisissant avec avidité les prérogatives dont ils avoient été dépouillés sous le règne du dernier roi, rendoient la confusion universelle. Les nobles de Champagne et de Vermandois profitoient de ce que les guerres privées étoient permises de nouveau, pour attaquer la comtesse Mathilde d'Artois, qu'ils regardoient comme ayant usurpé un héritage appartenant à son neveu. D'autres, rentrant dans le privilége de battre monnoie, falsifioient d'autant plus leurs espèces, qu'ils espéroient moins continuer long-temps ce bénéfice. Charles de Valois leur avoit, le premier, donné l'exemple de cette fraude. Louis X, averti par les clameurs des bourgeois, chercha à y porter remède. Le 19 novembre 1315, il décria toutes les monnoies des barons, ordon-

(1) *Gio Villani* L. IX, c. 78, p. 482. — Rapin Thoyras L. IX, p. 108.

nant qu'elles n'auroient plus cours que dans les terres de chacun d'eux (1). Le 15 janvier 1316, il fixa à 54 sous la valeur du marc d'argent, dans la monnoie royale ; vers le même temps, il fixa les rapports avec la monnoie du roi, de treize monnoies différentes, que trente-un évêques ou barons avoient droit de battre dans leurs baronnies. (2)

Tandis que les conseillers de Louis X lui faisoient rendre des ordonnances, qui dénotent le plus souvent de bonnes intentions, mais qui ne remédioient point au désordre, ils pouvoient presque se dispenser de veiller à la politique générale de l'Europe, tellement chacun des états voisins de la France se trouvoit désorganisé et privé de chef. La mort de Henri VII fut suivie dans l'empire par un interrègne de quatorze mois. Les princes autrichiens, fils d'Albert, se flattoient de faire rentrer la couronne impériale dans leur maison : la beauté et les qualités aimables de l'aîné de ces princes, Frédéric, la ruse et l'adresse du difforme Léopold, le second, sembloient avoir fait impression sur les électeurs, et avoir assuré au premier la majorité de leurs suffrages. Cependant Jean, roi de Bohême, fils de Henri VII, travailla avec tant

(1) *Cont. Nangii*, p. 71. — Ordonn. de France, T. I. p. 609.
(2) Ordonn. de France, T. I. p. 615 et 624.

1315.

d'ardeur contre lui, que dans la diète électorale, convoquée à Francfort au mois d'octobre 1304, Frédéric d'Autriche n'obtint que le moindre nombre des suffrages; les autres furent donnés au duc Louis de Bavière, frère cadet de l'électeur palatin Rodolphe, et souverain de la seule Bavière supérieure. Tous deux furent proclamés en même temps, et l'Allemagne comme l'Italie furent dès lors, pendant plusieurs années, désolées par la guerre civile. (1)

L'Angleterre étoit, plus encore que l'empire, hors d'état de se faire respecter des étrangers, ou d'inspirer aucune crainte à la France. Édouard II avoit cru un moment qu'il lui suffiroit d'appeler ses vassaux aux armes, et de les conduire en Écosse pour faire oublier sa pusillanimité efféminée. Il avoit rassemblé une armée qu'on prétendoit forte de cent mille hommes, pour délivrer la forteresse de Stirling, la seule que les Anglais tinssent encore dans ce royaume qu'Édouard Ier avoit conquis. Robert Bruce l'attendoit à Bannock-Burnes, à deux milles de Stirling, avec trente mille

(1) *Gio. Villani.* L. IX, c. 66, p. 474. — *Cont. Nangii*, p. 69. — *Raynaldi Ann.* 1314, §. 17. — Olenschlager geschichte, §. 29-35, p. 75 à 90. — Schmidt, *Hist. des Allem.* L. VII, c. 5, T. IV, p. 429 — Coxe, *Maison d'Autriche*, c. 7, p. 163.

hommes; il profita des escarpemens d'une petite rivière profondément encaissée, pour suppléer au nombre de ses soldats. Il fut attaqué par les Anglais, le 25 juin 1314; la bataille fut acharnée, mais le courage des Écossais l'emporta. Édouard II donna l'exemple de la fuite, et ne s'arrêta qu'après avoir couru quarante milles, et passé la Tweed. La perte des Anglais, que quelques uns ont portée à cinquante mille hommes, fut du moins si grande qu'elle leur ôta, pour plusieurs années, l'envie de combattre les Écossais (1). Après cette déroute, le pays fut affligé par une cruelle famine, causée par l'extrême humidité de l'année 1314. Toutes les calamités de l'Angleterre étoient attribuées à son roi, et Thomas, comte de Lancastre, le premier des princes du sang, acquit une grande popularité, en se mettant à la tête des mécontens qui s'efforçoient de réprimer les caprices d'un souverain méprisé.

L'église enfin étoit sans chef, depuis la mort du pape Clément V, et cet interrègne se prolongea vingt-sept mois et demi, ou plus que le règne de Louis X. Vingt-trois cardinaux, qui se trouvoient à Carpentras au moment de la mort

---

(1) *Henr. de Knyghton de event. Angliæ*, L. III, p. 2533. — *Cont. Nangii*, p. 68. — Rapin Thoyras, L. IX, p. 107. — *Buchanani rerum Scoticar.* L. VIII, p. 247. — Thom. Walsingham, p. 80. — *Raynaldi Ann. Eccles.* 1314, §. 27.

du pontife, y avoient été enfermés en conclave; mais bientôt ils s'étoient divisés en deux factions, acharnées l'une contre l'autre; et comme il sembloit impossible que leurs suffrages se réunissent jamais, tous songeoient seulement à sortir de l'espèce de prison malsaine où ils étoient retenus : une querelle entre leurs valets, dans la ville, leur en donna l'occasion. La faction des Gascons, attaquant celle des Italiens, voulut piller les maisons des marchands de cette nation. Dans le tumulte, le feu fut mis d'abord à quelques boutiques, puis au palais même, où les cardinaux étoient renfermés. Ceux-ci furent obligés de s'échapper, le 22 juillet 1314, par une fenêtre. Ils se promirent bien d'abord de se réunir au bout de quelques semaines; mais chacun, en se voyant dehors de ce palais enflammé, s'éloigna le plus qu'il put d'une ville où il avoit tant souffert, et l'on put croire, pendant toute l'année 1315, qu'il seroit impossible de les réunir de nouveau. (1)

Le roi de France se regardoit cependant comme responsable envers la chrétienté d'un interrègne qui sembloit causé par l'espèce d'exil où il retenoit la cour de Rome, loin de son siége naturel. Il envoya donc son frère, Phi-

(1) *Raynaldi Ann. eccles.* 1314, §. 16. — *Cont. Nangii*, p. 68. — *Bern. Guidonis*, T. III. P. I, *Script. Ital.* p. 678. et P. II *ibid.* p. 464. — *Jo. Can. Sancti Victoris*, p. 477.

lippe-le-Long, comte de Poitiers, à Lyon, pour tâcher d'y réunir les cardinaux. Philippe écrivit à chacun d'eux, pour les engager à venir se concerter avec lui, leur promettant, sous le sceau du serment, que s'ils vouloient se retirer ensuite, ils pourroient le faire en toute liberté. Les cardinaux, avant de se fier à ses promesses, voulurent les avoir rédigées par écrit, sous le sceau et le seing du prince français. Ils arrivèrent enfin à Lyon, et Philippe put bientôt reconnoître qu'il y avoit autant d'opposition que jamais entre les deux partis, dont l'un, formé des créatures de Clément V, vouloit un pape gascon, l'autre vouloit un italien, ou du moins un pontife qui ramenât le Saint-Siége en Italie (1). Comme Philippe travailloit en vain à les réconcilier, il reçut la nouvelle que son frère le roi de France venoit de mourir à Vincennes, et qu'il devoit lui-même revenir en toute hâte à Paris, s'il vouloit profiter de la circonstance. Des prêtres aussitôt affirmèrent à Philippe que, pour le bien de l'église, il pouvoit et devoit *saintement violer ses sermens*, comme l'exprime l'annaliste de l'église. Il enferma donc les cardinaux, le 28 juin, dans la maison des dominicains, où ils se trouvoient rassemblés, et il en fit murer les portes. Il

---

(1) *Gio. Villani.* L. IX, c. 79, p. 483.

donna au comte de Forez la garde du conclave, et l'ordre de redoubler de sévérité envers ses captifs, jusqu'à ce qu'ils fussent d'accord ; et il repartit en hâte pour Paris. (1)

C'étoit le 5 juin 1316 que Louis X, surnommé Hutin, avoit succombé à une grosse fièvre. Le chanoine de Saint-Victor raconte « qu'il étoit à Vincennes, où, suivant ses goûts « de jeunesse, il s'étoit fort échauffé au jeu de « la paume; après quoi, ne consultant indiscrè- « tement que l'appétit de ses sens, il étoit des- « cendu dans une cave très-froide, où il se mit « à boire sans mesure du vin très-frais. Le froid « pénétra ses entrailles ; et il fut porté au lit, « où il ne tarda pas à mourir. (2)

« En arrivant à Paris (le 12 juillet), continue « le même historien contemporain, Philippe ré- « solut de se conduire en roi, et de se mettre en « possession du royaume, jusqu'à ce du moins « qu'il en fût ordonné autrement par les barons. « Il entra donc au palais royal, et il en fit fer- « mer toutes les portes, excepté une. La reine « Clémence, qui étoit restée au bois de Vincen- « nes dans la désolation, n'avoit d'appui que « dans le comte de Valois, qui lui avoit promis

---

(1) *Bern. Guidonis*, p. 678. — *Joh. Can. Sanct. Victor.* p. 477. — *Raynaldi.* 1316, §. 2. — *Cont. Nangii*, p. 71. — Bouche, *Hist. de Provence*, T. II, p. 347.

(2) *Johannis Canonici Sancti Victoris*, p. 477.

« qu'il la défendroit fidèlement, ainsi que l'en-
« fant qu'elle portoit dans son sein. Elle dé-
« nonça alors à Philippe d'une manière for-
« melle qu'elle étoit enceinte. Les barons du
« royaume ayant été convoqués, il fut finale-
« ment ordonné que le comte de Poitiers seroit
« gouverneur du royaume de France, qu'il en
« percevroit tous les revenus, et qu'il fourni-
« roit à la reine le nécessaire. Si elle accouchoit
« d'un fils, le comte retiendroit la garde du
« royaume pendant vingt-quatre ans, il admi-
« nistreroit les guerres et les autres affaires, et
« il assigneroit vingt mille livres de revenu à la
« reine, dont quatre mille lui resteroient en
« héritage. Dans la vingt-cinquième année, il
« résigneroit librement le royaume à l'enfant
« royal, comme au vrai héritier, et dès lors il
« lui obéiroit comme à son seigneur. Si au con-
« traire il naissoit une fille, le comte seroit
« dès lors reconnu par tous comme roi, et
« il pourvoiroit au sort de la jeune fille, selon
« que le droit et la coutume le requièrent. Ces
« choses ayant été convenues et promises, les
« princes et les barons lui firent hommage,
« comme le tenant pour gouverneur, excepté
« le duc de Bourgogne, qui voulut avoir en sa
« puissance, de peur qu'elle ne fût exposée à
« quelque fraude, sa nièce, fille de sa sœur, la
« feue reine de Navarre, que le roi Louis, de son

« vivant, avoit reconnue pour légitime. Elle « lui fut en effet remise à élever (1). » Ces paroles, du seul contemporain vraiment intelligent qui nous ait donné des détails sur ces évéuenmes, sont dignes d'être textuellement rapportées; elles nous font connoître l'ambition de Philippe, et sa détermination de s'emparer du pouvoir, quel que fût le droit du royaume, sur lequel l'historien n'exprime aucune opinion. Le continuateur de Nangis, moins détaillé et moins instruit, s'accorde cependant avec le chanoine de Saint-Victor, sauf qu'il assure que les fonctions de Philippe, comme gouverneur du royaume, devoient cesser quand le prince royal auroit atteint dix-huit ans. (2)

La régence, en effet, dont Philippe s'emparoit comme premier prince du sang, ne lui étoit nullement attribuée par les lois ou la pratique du royaume. Philippe-le-Long, après les couches de Clémence, devoit se trouver vis-à-vis d'elle à peu près dans la même situation où, quatre-vingt-dix ans auparavant, s'étoit trouvé Philippe Hurepel vis-à-vis de Blanche; et celui-ci, pour avoir voulu contester la régence de la mère de Saint-Louis, fut traité de rébelle. La succession de Philippe au trône, de préférence aux filles de son frère, s'il n'y

(1) *Joh. Can. Sanct. Victor.* p. 478.
(2) *Cont. Nangii*, p. 71.

avoit pas de fils, n'étoit pas établie d'une manière plus claire, ou par les lois, ou par de précédens exemples, ou par l'opinion. Aussi Philippe y comptoit si peu, que sa première pensée fut de transiger sur ses droits. Jeanne, fille de son frère Louis et de sa première femme Marguerite, étoit alors âgée de quatre ou cinq ans. Elle avoit deux puissans protecteurs dans son oncle Eudes, duc de Bourgogne, frère de Marguerite, et dans sa grand'mère Agnès, fille de Saint-Louis, qui vivoit encore. Eudes se trouvoit alors à Paris, et, le 17 juillet, il signa à Vincennes, avec Philippe, un traité qui fait voir combien ce dernier se croyoit peu sûr de la couronne.

1316.

Par ce traité, il fut convenu que si Clémence, seconde femme de Louis X, accouchoit d'une fille, le royaume de Navarre et les comtés de Champagne et de Brie passeroient en héritage aux filles ; Philippe renonçant en leur faveur à ce qu'il pouvoit y prétendre, sous condition qu'elles, de leur côté, renonceroient à toute prétention sur le royaume de France. Mais comme Philippe sentoit bien que la renonciation du duc de Bourgogne, qui n'avoit pas à la succession un intérêt direct, ne pourroit lier les deux princesses, il avoit stipulé que *quand l'une et l'autre seroit venue à droit âge de marier, selon la coutume du pays, elle feroit quittance de tout le remenant du royaume de France, et de la descendue du père, si bonne comme l'on pourroit.* Philippe se réservoit ses droits au partage de la Navarre et de la Champagne, contre celle qui ne voudroit pas faire cette quittance, et *elles reviendroient à leur droit, tel comme elles le peuvent et doivent avoir, en toute la descendue du père.* Jeanne devoit être remise à sa grand'mère Agnès, pour être élevée; mais le duc de Bourgogne s'engageoit à ce qu'elle ne fût point mariée sans l'agrément de Philippe, ou de celui qui gouverneroit le royaume de France. Le duc Eudes consentoit encore, tant pour soi, que pour sa mère et sa nièce, à ce que *Philippe tînt le gouvernement des royaumes de France et de Navarre, et des comtés de Champagne et de Brie, jusqu'à tant que ladite Jeanne et la fille de ladite Clémence, soient venues à leur âge, ... et doit ledit Philippe recevoir les hommages comme gouverneur, sauf le droit et l'hoir mâle, en toute chose, et sauf le droit des filles, en tant comme à elles peut appartenir.* (1)

L'incertitude sur le droit héréditaire à la couronne, ne pouvoit suggérer un traité plus

---

(1) Preuves à l'Hist. de Bourgogne, T. II, c. 224, p. 162, 163. — Secousse, Hist. de Charles-le-Mauvais, T. II, p. 2. — Hallam, *Europe au moyen âge*, T. I, p. 70.

contraire à l'intérêt de la France. Il laissoit la monarchie sans roi pendant quinze ou dix-huit ans, et il tenoit suspendue sur la tête de son administrateur provisoire, la crainte d'un procès ou d'une guerre civile, jusqu'à ce que les princesses, dont le droit à la couronne étoit contesté, fussent en âge de se marier. Toutefois la maison de Bourgogne y avoit vu surtout l'avantage de retirer de la cour de France la jeune Jeanne, qu'on ne pouvoit croire fort en sûreté parmi ceux qui avoient fait périr sa mère. De son côté, Philippe demandoit seulement à être investi du pouvoir à quelque titre que ce fût, assuré que ceux qui ont des armées sont peu liés par des engagemens écrits, et que le gouvernement de fait se légitime bientôt lui-même.

1316.

La régence de Philippe-le-Long, pendant la grossesse de la reine Clémence, dura quatre mois, du milieu de juillet au milieu de novembre. Son premier événement fut l'élection d'un pape, par les cardinaux que Philippe avoit laissés enfermés à Lyon. Comme on redoubloit de rigueur envers eux, pour les forcer à s'accorder, au bout de quarante et un jours, ils s'engagèrent, à ce qu'on assure, à proclamer le pape que nommeroit le cardinal de Porto. Celui-ci, nommé Jacques Renaud d'Ossa, étoit fils d'un savetier de Cahors; sa figure étoit petite et ignoble, mais il s'étoit fait remarquer par l'étendue de son savoir et l'adresse de son esprit. Il avoit d'abord été employé dans la chancellerie du roi Charles II de Naples; et l'on assuroit qu'il avoit abusé du sceau de son maître, pour se recommander lui-même, à l'insu du roi, au pape Clément V, de qui il avoit obtenu successivement l'évêché de Fréjus, celui d'Avignon, et le cardinalat. On prétend qu'avec le même manque de foi, il avoit promis en secret à chaque faction, de nommer le candidat qu'elle présentoit, et qu'il les trompa toutes deux en se nommant lui-même. Cela ne l'empêcha point, dans ses lettres encycliques, de parler « des secrets imper-« scrutables de la Providence, qui l'avoit appelé « quand il s'y attendoit le moins, et qu'il s'en « sentoit le plus incapable, au soin suprême « du troupeau du Seigneur. » Il fut élu le 7 août, et il fut couronné le 8 septembre dans l'église de Sainte-Marie d'Avignon, sous le nom de Jean XXII. (1)

Philippe eut, dans sa courte régence, occasion de paroître à la tête des armées, pour une querelle qui lui étoit presque personnelle. Sa femme étoit fille du comte Othon IV de

(1) *Gio. Villani.* L. IX, c. 79, p. 482. — *Raynaldi.* 1316, §. 7 et 8. — *Bernardi Guidonis*, p. 679. — *Amalr. Augerii*, p. 470.

Bourgogne, et de Mathilde d'Artois. Il avoit hérité de la souveraineté d'Othon, tandis que Mathilde s'étoit mise, en 1309, en possession de l'Artois, au préjudice du fils de son frère, Robert, comte de Beaumont-le-Roger. Philippe-le-Bel avoit alors prononcé *que la représentation n'avoit pas lieu dans l'Artois;* probablement sans autre motif que le désir d'assurer à son second fils un riche héritage. Le comte Robert crut Philippe-le-Long trop occupé des affaires de la régence, pour qu'il pût défendre sa belle-mère. Il se réunit donc aux gentilshommes artésiens déjà soulevés contre elle; il tomba à l'improviste sur Gaultier de Châtillon, connétable de France, qui avoit été chargé de la protéger, il s'empara d'Arras et de Saint-Omer, et il refusa de comparoître au parlement de Paris, où il avoit été cité pour faire valoir ses droits. (1)

Philippe alla prendre l'oriflamme à Saint-Denis le 30 octobre, pour marcher contre le comte de Beaumont. Il avoit donné rendez-vous à Amiens, aux vassaux de la couronne, et il s'y trouva à la tête d'une armée assez nombreuse. Cependant il avoit hâte de revenir à Paris, et il consentit à signer un compromis avec le comte Robert. De part et d'autre, les

1316

---

(1) *Cont. Nangii*, p. 71.

deux princes nommèrent des arbitres, et si ceux-ci ne réussissoient point à les arranger, la succession au comté d'Artois devoit être réglée par les pairs de France, d'après les droits existans à la mort de Robert II, et sans aucun égard à ce qui avoit été jugé postérieurement. Pendant ce temps, l'Artois devoit être remis en dépôt entre les mains des comtes de Valois et d'Evreux, et Robert de Beaumont devoit se constituer en prison à Paris. Il en sortit au bout de quelques mois, en acceptant les dédommagemens que lui offroit Philippe devenu roi, et en épousant la fille du comte de Valois. (1)

Philippe-le-Long avoit à peine eu le temps de revenir de son expédition d'Artois, lorsque la reine Clémence accoucha, le 15 novembre 1316, d'un fils qui fut nommé Jean au baptême; mais il y avoit déjà plusieurs semaines que cette princesse étoit malade d'une fièvre quarte. Le chagrin et le dérangement de sa santé avoient affoibli dans son sein l'enfant qu'elle portoit, il mourut 5 jours après sa naissance. Les historiens modernes le comptent parmi les rois de France, et le nomment Jean I; mais leur axiome, *que le roi ne meurt jamais*, étoit inconnu à l'ancienne France ; c'étoit alors le

(1) *Cont. Nangii*, p. 72. — *Raynaldi Ann. eccles.* 1316, §. 15 et 17.

sacre qui faisoit le roi, comme auparavant ce avoit été l'élévation sur le pavois. Les contemporains nomment expressément Jean, *l'enfant qui devoit être roi,* et disent de son successeur qu'il ne fut *changé en roi par l'onction sacrée,* que le 9 janvier de l'année suivante. (1)

(1) Regnaturus, Joannesque vocatus........ inunctus in regem. *Cont. Nangii*, p. 72. — *Jo. Can. Sanct. Victoris*, p. 480. Le dernier nomme à plusieurs reprises Philippe, *comes Pictaviensis*, depuis la mort de son frère jusqu'à son retour du sacre ; et alors seulement il le nomme roi.

CHAPITRE XXV.

Règne de Philippe V, dit le Long. — Autorité que s'arroge Jean XXII; législation; inquisition; pastoureaux; lépreux. 1317-1321.

Depuis que la monarchie française avoit été reconstituée, par l'élévation au trône de Hugues Capet, douze rois avoient successivement porté la couronne ; mais cette couronne avoit constamment été transmise du père à l'aîné des fils, entre les survivans, sans passer une seule fois d'un frère à un frère, sans qu'il pût une seule fois se présenter une question sur le droit des femmes à la succession. L'exemple des rois de France antérieurs à Hugues Capet ne pouvoit être donné en preuve de la législation de la France, quant à l'hérédité de la couronne, car cette législation avoit été changée à cette époque. Si l'on peut reconnoître une loi de succession parmi les Mérovingiens, plutôt que le caprice des rois, et la violence des peuples, cette loi admettoit tous les enfans mâles à un partage égal des états héréditaires. Les Carlovingiens reconnoissoient qu'ils tenoient leur couronne d'une élection nationale, plutôt que du droit de succession ; cependant on les voit aussi se partager entre eux, à plusieurs reprises, l'héritage paternel, qui passe d'ailleurs sans interruption, de père en fils, à neuf rois de cette race. Au dixième siècle seulement, la plupart des souverainetés de l'Europe devinrent héréditaires pour les filles au défaut des fils. En France, depuis Pepin, tout au moins, au huitième siècle, jamais le cas ne s'étoit présenté, où une fille pût réclamer la succession au défaut de fils; et même, au milieu des violences de la monarchie mérovingienne, jamais un frère ou un neveu du dernier roi ne s'étoit trouvé en opposition avec sa fille.

Si aucun usage constant ne régloit en France la succession à la couronne, il y avoit moins encore une loi explicite, une loi constitutionnelle, qui assurât le trône aux fils, à l'exclusion perpétuelle des filles. La France étoit, de tous les états de l'Europe, celui qui étoit le moins soumis à des lois. Le pouvoir législatif y avoit cessé, dès le neuvième siècle. Il n'y avoit plus eu dès lors de capitulaires : chaque province avoit continué à se gouverner par des coutumes différentes, qui n'émanoient d'aucune autorité souveraine; et les capitulaires des Carlovingiens, comme les lois barbares des Saliens, des Ripuaires, des Bourguignons, tomboient en désuétude, sans qu'on se fût donné la peine de les révoquer.

L'absence de toute loi constitutionnelle se révèle justement par l'allégation de ce paragraphe 62, article 6 de la loi salique sur la succession des aleux, que les jurisconsultes du temps présentèrent comme réglant la succession de la couronne, et auquel ils ne recoururent que parce qu'ils ne trouvoient rien de plus explicite dans toutes les lois de la monarchie (1). Cet article, désigné depuis emphatiquement par le nom de LOI SALIQUE, étoit déjà repoussé par l'usage, depuis sept siècles; il ne régloit que la succession des aleux et ne s'étoit jamais appliqué à la couronne; il ordonnoit enfin que l'héritage fût partagé également entre les fils et les filles, et que la partie alors connue sous le nom de *terre salique*, en fût distraite pour être partagée entre les fils seulement. Certes il falloit plus que de l'ignorance, il falloit de la mauvaise foi, pour produire cet article comme loi constitutionnelle de la monarchie sur la succession au trône.

(1) *Lex Salica*, tit. 62, §. 6. — Histoir. de France, T. IV, p. 156.

De terra vero Salica in mulierem nulla portio hereditatis transit, sed hoc virilis sexus acquirit, hoc est filii in ipsa hereditate succedunt. Sed ubi inter nepotes aut pronepotes, post longum tempus de Alode terræ contentio suscitatur, non per stirpes sed per capita dividantur.

Cette loi étoit déjà éludée, dès le temps du moine Marculfe, au septième siècle, par la formule 10 de son second livre. T. IV, *ibid.* p. 491.

L'opinion publique favorisoit les droits des femmes, elle les avoit appelées à la succession de toutes les monarchies d'Europe, de tous les grands fiefs de France. Le droit et l'intérêt des peuples qui demandent impérieusement que les femmes n'héritent point d'une souveraineté, dont leur mariage anéantit ensuite l'indépendance, avoient été universellement méconnus. Ce fut une usurpation heureuse que celle de Philippe-le-Long, puisque favorisée par les circonstances, elle changea l'opinion publique, et elle fut acceptée par la nation, dont elle garantissoit les intérêts plus encore que ceux de l'usurpateur. L'œuvre de la violence et de la fraude fut alors sanctionnée par l'assentiment du peuple et par tous les organes de la volonté nationale, en sorte que l'exclusion perpétuelle des femmes, du droit de succession à la couronne de France, devint réellement, à dater de cet événement, la loi fondamentale de la monarchie.

Philippe-le-Long, comte de Poitiers, né en 1293, étoit alors âgé de vingt-quatre ans. Il avoit déjà été à la tête des armées, il avoit été chargé de missions importantes, et il avoit une clientelle considérable. D'autre part, Jeanne, fille de son frère, née le 28 janvier 1311, étoit âgée de moins de six ans; elle étoit orpheline de père et de mère. Louis X l'avoit reconnue

1316

pour légitime, mais cet acte même rappeloit l'inconduite de sa mère, et le soupçon élevé sur son origine. Cette mère, Marguerite, après un procès scandaleux, avoit été étouffée par ordre de son mari. La veuve de Louis X, Clémence de Hongrie, étrangère à cet enfant, et n'y prenant aucun intérêt, quitta la cour pour Avignon, et prit enfin, en 1318, le voile à Aix en Provence, dans le couvent des sœurs de Saint-Dominique (1). Jeanne n'avoit donc pour protecteurs que son oncle Eudes, duc de Bourgogne, et son aïeule Agnès, fille de Saint-Louis. Ni l'un ni l'autre n'aspiroit à la régence, ou ne pouvoit attendre de grands avantages du couronnement de cet enfant. Ils firent valoir ses droits cependant, mais ce fut seulement pour se donner l'occasion de transiger, et de sacrifier l'avantage de leur nièce au leur propre.

Les comtes de Valois et d'Evreux, oncles de Philippe-le-Long, et le comte de la Marche son frère, qu'on appeloit alors *les royaux de France*, n'avoient aucun intérêt à asseoir Jeanne sur un trône d'où ils avoient peut-être contribué à arracher sa mère; mais ils n'étoient point prêts non plus à déclarer que les femmes n'avoient aucun droit au trône de France, et moins encore à celui de Navarre, qui avoit déjà été

---

(1) *Cont. Nangii*, p. 74. — *Joh. Canon. Sanct. Victor.* p. 482.

transmis deux fois par des femmes, à la maison de Champagne, puis à celle de France.

D'autre part Philippe, qui s'étoit mis en possession du palais du Louvre, dès le moment de la mort de son frère, qui depuis, et durant quatre mois, avoit été l'administrateur du royaume, de l'armée, et du trésor, n'hésita point, à la mort de l'enfant son neveu, d'annoncer ses prétentions à la royauté, et de convoquer les pairs du royaume, pour se faire couronner à Reims le 9 janvier suivant. (1)

De même que Philippe s'étoit emparé du Louvre à main armée, il fit aussi occuper par ses soldats les portes de Reims, et il les fit fermer pendant la cérémonie du sacre ; aussi plusieurs des pairs ne voulurent point s'y rencontrer, et donner par leur présence leur sanction à ce qu'ils regardoient comme un acte de violence. Charles de la Marche, frère de Philippe, qui l'avoit accompagné jusque là, partit le matin même, pour ne pas se trouver à la cérémonie. Les comtes de Valois et d'Evreux y assistèrent ; mais ils ne cachèrent pas leur désapprobation, en sorte qu'on les rangeoit parmi les opposans. Le duc de Bourgogne fit présenter, de concert avec sa mère, une protestation en faveur des droits de Jeanne ; et il somma Pierre de Courtenai, archevêque de Reims, et les

(1) *Cont. Nangii*, p. 72.

évêques, de ne point passer outre. Pour remplacer les pairs qui s'étoient absentés, Mathilde comtesse d'Artois et de Bourgogne, mère de la femme de Philippe, fut chargée de porter la couronne au sacre, et ce fut pour les grands seigneurs une nouvelle cause de mécontentement. Cependant Édouard d'Angleterre avoit reconnu Philippe, par les lettres même qu'il lui adressa pour se dispenser d'assister à son couronnement, et depuis cette cérémonie chacun s'empressa de prouver que le pouvoir de fait étoit le pouvoir légitime. (1)

Philippe sentoit toutefois le besoin de donner à son titre à la couronne une sanction nationale, et il convoqua les états généraux à Paris, pour le commencement de février. Mais cette assemblée avoit encore si peu de consistance, que les historiens du temps ne reconnoissoient point en elle un des pouvoirs constitués de l'état; ils en parlent seulement comme d'une multitude réunie en présence de Pierre d'Arablay, chancelier, que le pape venoit de faire cardinal. Beaucoup de grands et de nobles, avec la plupart des prélats, et des bourgeois de Paris, s'y trouvoient (2). D'autre part les prélats,

(1) *Contin. Nangii*, p. 72. — *Jo. Can. Sanct. Victo.* p. 480. — *Rymer Acta.* T. III, p. 585. — *Gallia Christiana*, T. IX, p. 123.

(2) *Cont. Nangii*, p. 72.

les seigneurs et les villes de Languedoc, et probablement des autres provinces, se dispensèrent d'y assister ou d'y envoyer. Ils ne voyoient dans ces assemblées sans pouvoir, qu'un objet de pompe et de dépense, et ils se contentoient de donner leur procuration à quelque courtisan, afin qu'il y parût pour eux (1). L'assemblée approuva le couronnement de Philippe, lui promit obéissance, ainsi qu'à Louis son fils, qui fut reconnu pour son successeur, et déclara que les femmes ne pouvoient succéder à la couronne de France. On demanda aussi à l'Université son assentiment à cette doctrine; elle le donna, mais elle ne voulut pas le confirmer par serment. (2)

Philippe ne se sentoit point cependant affermi sur le trône, jusqu'à ce que les princes du sang, les royaux de France, comme on les appeloit, l'eussent reconnu. Au moment où il avoit pris le titre de roi, il avoit un fils et trois filles; mais son fils, âgé d'un an seulement, mourut le 18 février. Cet événement rapprochoit du trône son frère Charles de la Marche, devenu héritier présomptif, d'après l'exclusion des femmes qui venoit d'être prononcée : il contribua probablement à faire agréer à Charles la succession de Philippe. Des mariages furent

---

(1) Hist. de Languedoc, L. XXIX, c. 59, p. 173.
(2) *Cont. Nangii*, p. 72.

proposés pour concilier les intérêts des autres membres de la famille : il fut enfin convenu que le duc Eudes IV de Bourgogne épouseroit la fille aînée de Philippe, avec cent mille livres de dot (1), et que Philippe, fils aîné du comte d'Evreux, épouseroit Jeanne, fille de Louis X. Ces deux mariages furent célébrés le 18 juin 1318 *par paroles de présent*, quoique les époux fussent enfans, pour rendre leur union indissoluble (2). Dès-lors il paroît que les princes cessèrent de contester à Philippe V son titre à la couronne.

Le nouveau roi avoit pu compter dès le commencement sur l'appui de l'église. Jean XXII s'étoit empressé de le reconnoître, et lorsqu'il avoit été informé de ses différends avec les princes du sang, il leur avoit envoyé l'archevêque de Bourges et le général des Dominicains, pour les réconcilier (3). Jean XXII, né dans les plus bas rangs de la société, d'une petite taille et d'une figure ignoble, étoit plein de confiance dans son habileté et dans son savoir, qui lui avoient déjà fait faire tant de chemin. Il se croyoit appelé à régenter la France, où il voyoit un roi jeune et de petite tête, et des princes

(1) Preuves de l'Histoire de Bourgogne, T. II, §. 226, p. 164.
(2) *Cont. Nangii*, p. 74. — *Jo. Can. Sanct. Victor.* p. 481.
(3) *Raynaldi Ann. eccles.* 1317, §. 6.

brouillés entre eux; et il fixa sa résidence à Avignon, non point, comme son prédécesseur, pour y recevoir les ordres de Paris, mais pour être au contraire plus à portée d'en donner.

La première lettre de Jean XXII à Philippe V, du 18 janvier 1317, nous laisse entrevoir en même temps, et la confiance du pape en lui-même, et le caractère du roi auquel il s'adresse. Celui-ci sans doute ne méritoit pas moins que n'avoit fait son frère, les reproches de légèreté, d'inconséquence, et d'ignorance des affaires, qui lui sont adressés par ses contemporains. Jean XXII lui donne les conseils à peu près qu'il auroit donnés à un enfant. Il lui recommande de ne point se laisser aller à l'habitude de parler à ses voisins pendant la messe, comme on a rapporté au pape qu'il avoit coutume de faire; de porter désormais l'habit long de ses prédécesseurs, au lieu de cet habit court que Philippe avoit adopté, comme facilitant les exercices du corps; de ne point consacrer les dimanches au bain et à la toilette, de ne point choisir ce jour-là, comme on assure qu'on le fait en France, pour accommoder sa barbe et ses cheveux, au mépris du culte divin; de lire lui-même les lettres que lui adressoit le pape, les rois et les princes, et de les déchirer ensuite, ou de les conserver en lieu sûr, pour éviter que les secrets de l'état se divulguassent. (1)

Le pape ne se croyoit pas appelé seulement à faire l'éducation du roi, il tentoit aussi de réformer celle du royaume : il entreprit de diriger l'instruction dans les écoles et les universités ; soit qu'il crût rendre les peuples plus dociles en s'emparant exclusivement de leur enseignement, soit que, très instruit lui-même, son zèle pour le progrès des études fût désintéressé. Il écrivit à l'Université de Paris pour reprocher aux professeurs leur négligence dans les exercices publics, quelquefois leur ignorance, souvent leur abandon de la théologie pour les subtilités de la philosophie. Il ajouta que s'ils ne se hâtoient d'y porter remède, il leur enverroit des commissaires qui le feroient par la seule autorité de l'église romaine (2). En même temps il donna commission à l'archevêque de Bourges, aidé par Jean de Clermont, chanoine de Paris, de réformer l'Académie d'Orléans ; et il confirma les priviléges de l'Université de Toulouse, qu'il défendit contre la jalousie de celle de Paris (3). Il changea dans la même année toute l'organisation des évêchés

(1) *Raynaldi Ann. eccles.* 1317, §. 2 à 6.
(2) *Raynaldi Ibid.* § 15.
(3) *Raynaldi Ibid.* §. 16.

du midi, érigeant le siége de Toulouse en archevêché, et établissant des évêchés nouveaux à Montauban, Saint-Papoul, Lombez, Rieux, Lavaur, Mirepoix, Saint-Pons et Alais. Un monarque plus jaloux de ses droits que Philippe V, ne lui auroit point permis de faire une telle révolution ecclésiastique, sans s'être concerté auparavant avec l'autorité royale. (1)

Ce pontife, qui avoit une si haute confiance en ses lumières, devoit au reste faire payer cher à la France sa fausse science. Il croyoit avec la foi la plus entière, à la sorcellerie et à la magie, aussi il contribua par toute l'autorité de la religion à répandre cette crainte superstitieuse, et à multiplier les supplices des sorciers. Jugeant sans doute que son élévation avoit excité une vive jalousie, il se figura aussi être en butte aux maléfices de ses envieux. Une des premières victimes de ses terreurs, fut Hugues Géraldi, évêque de Cahors, qui avoit joui d'un grand crédit auprès de son prédécesseur Clément V. Jean XXII le fit dégrader le 4 mai 1317, et il le livra ensuite au juge séculier d'Avignon, pour être écorché vivant, tiré à quatre chevaux, et enfin brûlé, en punition des sortiléges par lesquels on l'accusoit d'avoir voulu faire

---

(1) *Bernardi Guidonis Vita Pontif.* p. 488 et p. 680. — Hist. de Languedoc, T. IV, L. XXIX, c. 52 à 56, p. 167 à 171. — *Raynaldi Ann. eccles.* 1317, §. 12.

périr le pape (1). De nouvelles terreurs assiégèrent bientôt Jean XXII, et il les apaisa par de nouveaux supplices. Il écrivit au roi Philippe et à son frère Charles, qu'on avoit voulu le faire périr en piquant au cœur, ou en faisant fondre des images de cire faites à sa ressemblance, et que le crime étoit indubitable, puisque trois de ces images se trouvoient entre ses mains. D'effroyables tortures furent employées pour découvrir les coupables, et la cour pontificale fut coup sur coup épouvantée par d'atroces exécutions. (2)

Une autre funeste conséquence de la confiance de Jean XXII dans son grand savoir, et de son caractère impitoyable, causa peut-être plus de douleurs encore. Il s'engagea avec toute la pédanterie d'un docteur, et toute l'irritabilité d'un souverain, dans une controverse ridicule avec les moines mendians du tiers-ordre de Saint-François, et il fit brûler ceux qu'il ne pouvoit convaincre. Ces moines avoient fait vœu de pauvreté, s'engageant à ne posséder rien, ni en propre, ni en commun. On leur objecta que les alimens qu'ils mangeoient leur appartenoient tout au moins au moment où ils les mangeoient. Ils s'obstinèrent à le nier, et

---

(1) *Bernardi Guidonis*, *p.* 680. — *Gallia christiana*, T. I, p. 138.

(2) *Raynaldi Annal.* 1317, §. 51-54.

le pape s'obstina davantage encore à le leur prouver, les accusant, en même temps, de violer leur vœu, toutes les fois qu'ils mangeoient, puisqu'ils s'approprioient ainsi une portion de la richesse mondaine, à laquelle ils avoient renoncé. (1)

Ces subtilités auroient pu passer pour un exercice innocent de l'esprit, si la plus odieuse intolérance ne s'en étoit emparée. On donna les surnoms de *fraticelli*, de *béguards*, de *béguines*, aux moines et aux religieuses qui prétendoient à cette pauvreté absolue. L'annaliste de l'église s'efforce de les faire considérer comme étrangers aux ordres monastiques, tandis que tous les écrivains contemporains les représentent comme appartenant au tiers-ordre de Saint-François. Dans les couvens de Béziers et de Narbonne, ces moines déclarèrent que le pape étoit l'Antechrist, et que tous ses cardinaux étoient hérétiques. En revanche, Jean XXII en fit brûler un grand nombre; mais plus il multiplioit les supplices, plus il inspiroit à ces enthousiastes le désir d'obtenir la couronne du martyre (2). Les exécutions commencèrent dès

(1) *Raynaldi Annal. eccles.* 1317, §. 27.
(2) *Jo. Can. Sanct. Victor.* 1316, p. 478, 479. — Bernardi Guidonis, *Secunda vita Johannis*, p. 490. — *Cont. Nangii*, p. 73, 74. — *Rymer Acta Publica*, T. III, p. 630. — *Raynaldi Ann. eccles.* 1317, §. 56-61.

l'année 1316, elles devinrent toujours plus fréquentes pendant toute la durée du règne de Jean XXII, et elles excitèrent un ressentiment si vif contre lui, qu'elles firent naître plusieurs conspirations pour lui ôter la vie.

En 1318, vingt-cinq moines franciscains des couvens de Narbonne et de Béziers, accusés d'avoir réformé leur ordre, pour suivre à la lettre la règle de Saint-François, et d'avoir pris le nom de spirituels, furent mis en jugement à Avignon; quatre d'entre eux furent transférés à Marseille, et brûlés en 1318. Frère Bernard Délicieux, le chef de la réforme, convaincu d'avoir prêché contre la sévérité excessive de l'inquisition, et d'avoir déclaré que si saint Pierre et saint Paul venoient à renaître, ils ne pourroient échapper à ses arrêts, fut condamné le 8 décembre 1319, malgré son grand âge et ses infirmités, à finir ses jours dans les prisons de l'inquisition de Carcassonne, nourri au pain et à l'eau, avec les fers aux mains et aux pieds (1). Vingt autres moines furent condamnés avec lui à une captivité perpétuelle. D'autres furent brûlés en 1319, et, dans les années suivantes, à Narbonne, Capestang, Lodève, Lunel, Béziers et Pézenas. A Narbonne, les bûchers furent allumés trois fois. Trois mal-

---

(2) Hist. de Languedoc, T. IV, L. XXIX, c. 67, p. 179.

heureux béguins ou béguines, c'est ainsi qu'on nommoit les Franciscains des deux sexes, qui suivoient la réforme de Pierre-Jean d'Oliva, furent brûlés sur le premier, dix-sept sur le second; on ne sait pas le nombre de ceux qui périrent sur le troisième; dix-sept, tant hommes que femmes, furent brûlés à Lunel, neuf à Béziers. (1)

Ces persécutions, qu'on pouvoit regarder comme exercées dans le sein même de l'église, étoient indépendantes de celles auxquelles les hérétiques étoient en butte. Jean XXII en redoubla la rigueur, et il profita de l'ascendant qu'il avoit pris sur Philippe V, pour donner un plus libre cours aux procédures des tribunaux de la foi. L'inquisition célébroit périodiquement en France ses effroyables sacrifices humains, qu'on y nommoit *sermons publics*. Depuis le 3 de mars 1308 au 30 septembre 1319, il y eut à Toulouse seulement, six de ces grandes assises de l'inquisition. La dernière fut présidée par le frère Bernard Guidonis, l'un des historiens français de cette époque auquel nous avons eu le plus fréquemment recours. Il étoit inquisiteur à Toulouse, dès l'an 1308, et il prend dans cette occasion, avec le frère Jean de Beaune, le titre d'inquisiteur de la foi dans tout le royaume de France.

(1) Hist. de Languedoc, L. XXIX, c. 71, p. 182.

1319. Bernard Guidonis avoit rassemblé à Toulouse, pour le sermon public du 30 septembre 1319, deux évêques, quatre grands vicaires, le sénéchal, le juge-mage, le viguier, et les consuls de Toulouse. Il étoit lui-même fondé de pouvoirs par trois autres évêques de la province. Il fit prêter serment à tous les juges séculiers qui se trouvèrent présens à l'assemblée, de conserver la foi de l'église romaine, de poursuivre et de dénoncer les hérétiques, de ne confier aucun office public à des gens suspects pour cause d'hérésie; d'obéir enfin à Dieu, à l'église romaine et aux inquisiteurs, en tout ce qui regarde les tribunaux de la foi. Ce serment fut suivi de la lecture d'une sentence d'excommunication lancée par l'archevêque de Toulouse et les inquisiteurs, contre tous ceux qui mettoient obstacle directement ou indirectement à l'exercice de l'inquisition.

Tous ceux que l'inquisition avoit poursuivis depuis le 7 mars 1316, époque du dernier sermon public de Toulouse, furent appelés ensuite pour recevoir leur sentence. Ils étoient divisés en treize catégories qu'on introduisoit successivement, en commençant par ceux que l'inquisition traitoit avec le plus d'indulgence. En effet, vingt individus appelés les premiers furent admis à déposer les grandes croix jaunes, qu'on les avoit précédemment obligés à porter sur leurs habits, pour appeler sur eux les insultes du peuple. Puis cinquante-six *en- murés*, ou condamnés au cachot, en furent délivrés, sous condition de porter les croix jaunes; cinq autres furent condamnés à divers pélerinages, sans avoir de croix; vingt prisonniers repentans durent entreprendre de nombreux pélerinages, en portant les croix jaunes; vingt-sept furent condamnés à une prison perpétuelle au pain et à l'eau. Entre ces cent vingt-huit condamnés, aucun n'avoit été convaincu d'hérésie, mais seulement d'avoir favorisé les hérétiques, ou de leur avoir montré de la compassion; parmi eux se trouvoient plusieurs femmes. L'absolution de tous étoit attachée aux châtimens qu'on leur imposoit comme pénitence. Les inquisiteurs appelèrent ensuite les prévenus de diverses catégories, morts avant ou pendant l'instruction de leurs procès. Ils étoient au nombre de treize; les biens de tous furent confisqués; les ossemens des plus coupables furent déterrés et brûlés. Quatorze hérétiques étoient en fuite; ils furent condamnés à mort par contumace, et abandonnés au bras séculier. Enfin, il y en eut quatre seulement de livrés effectivement au bras séculier, pour être brûlés vifs. Parmi ceux-ci, se trouvoit un accusé qui protestoit que la confession qu'on lui avoit arrachée par la violence des tortures, étoit fausse, mais qu'il préféroit ne point recommencer sa défense, pour n'être pas livré de nouveau aux mêmes tourmens. Les inquisiteurs lui offrirent de commuer son supplice en une prison perpétuelle, s'il vouloit consentir à s'avouer coupable, et il refusa (1). Quelque grand que fût le nombre des prévenus qui furent présentés au peuple dans ce sermon public, ils appartenoient tous à une seule province archiépiscopale; chaque tribunal de l'inquisition avoit les siens; et au mois d'octobre de la même année, il y eut un *sermon* semblable à Narbonne, qui se termina en envoyant trois hérétiques au bûcher. (2)

Philippe V sacrifia, peut-être avec plaisir, un grand nombre de victimes à l'influence sacerdotale. Sous d'autres rapports, il est difficile de démêler quel fut le caractère de son administration. Doué de peu de fermeté et de peu de talens, il avoit cependant joué le rôle d'un usurpateur, mais il en étoit embarrassé, et vis-à-vis des princes de son sang, et vis-à-vis des peuples; aussi il cédoit tour à tour aux passions de tous ceux qui l'entouroient. Il semble que rentrant dans le système de son père Philippe-le-Bel, il chercha un appui dans

---

(1) Hist. de Languedoc, T. IV, p. 179, n. 13.

(2) Hist. de Languedoc, T. IV, L. XXIX, c. 66, p. 177. *Liber sententiarum inquisitionis Tholosanæ ab anno 1307 ad 1323, a Philippo van Limborch editum Amstelodami,* 1692. *In-folio.* p. 208 et seq.

les états-généraux contre les princes du sang, dans les communes contre la noblesse, dans les légistes contre les prêtres; mais aucun historien ne nous fait connoître ses intentions, et ses actes sont susceptibles d'interprétations différentes. Les états paroissent avoir été assemblés trois fois pendant son règne : en 1317, pour reconnoître son titre à la couronne; en 1319, à la chandeleur, pour la réforme des finances; et le 14 juin 1321, à Poitiers, *pour réformer*, disoit-il dans ses lettres de convocation, *les abus dont ses sujets étoient grevés et opprimés en moult de manières, par le conseil des prélats, barons, et bonnes villes de son royaume.* Mais nous ne connoissons de ces tenues d'état, autre chose que les lettres de convocation. (1)

Dans les états de 1317, les communes avoient demandé à Philippe de leur donner une organisation militaire, pour qu'elles pussent plus facilement défendre et leurs propres droits, et ceux du trône. En effet, par son ordonnance du 12 mars 1317, le roi chargea les baillis de douze ressorts divers, de nommer un capitaine-général de chaque province, et un capitaine de chaque ville; il s'engageoit à payer ces officiers. Ceux-ci devoient s'assurer que la milice de chaque ville eût des armes suffisantes.

(1) Lettres de convocation adressées aux habitans de Narbonne, *Hist. de Languedoc, preuves*, §. 78, p. 162.

1317—1321. Cependant Philippe, de peur, disoit-il, que les pauvres gens ne vendissent ou n'engageassent dans leurs nécessités, ces armes qu'ils auroient achetées de leurs deniers, vouloit que son capitaine les tînt sous sa garde, pour les rendre aux propriétaires, seulement au moment où le public auroit besoin de leurs services. Il est peu probable que cette ordonnance donna beaucoup de satisfaction aux communes; cependant elle alarma la noblesse, qui obligea Philippe d'y apporter, six semaines après, quelques modifications. (1)

Philippe-le-Long, en assemblant les états, et en les consultant sur son administration, ne leur avoit point rendu l'autorité législative; au contraire, il multiplia les ordonnances, et il s'attribua à lui-même, ou plutôt aux hommes de loi qu'il consultoit, une plus grande part dans la législation que ne l'avoient fait ses prédécesseurs. On peut, dans cette activité même, voir l'indication d'un retour de Philippe vers les légistes, dont la noblesse s'étoit montrée jalouse, lorsqu'elle avoit engagé son frère à les maltraiter. Philippe, au contraire, sentoit qu'il avoit besoin d'eux, et que, comme il s'étoit emparé d'un trône qui, selon l'opinion commune, n'étoit pas à lui, il devoit s'adresser aux prêtres de la loi, pour qu'ils justifiassent, par leurs

(1) Ordonn. de France, T. I, p. 635, 636.

décisions érudites, ce que sa propre conscience et celle du peuple condamnoient.

Ces ordonnances de Philippe-le-Long sont entre autres remarquables par un trait qui est propre au despotisme, c'est la confusion continuelle des intérêts de la personne du roi avec ceux du royaume, c'est en même temps la tentative de régler l'usage de la volonté souveraine, tout en ne lui reconnoissant aucune limite. Dans une ordonnance rendue à Bourges, le 16 novembre 1318, le roi s'ordonne à lui-même d'entendre la messe tous les matins, il interdit à tous ses officiers de lui parler pendant la messe, il règle la manière de faire son lit, et les draps qu'on devra y mettre, non sans laisser percer quelque défiance des projets qu'on pourroit former contre sa personne (1). Puis il passe de là à régler la résidence des officiers de justice, la comptabilité des trésoriers, les fonctions du chancelier, auquel il interdit de sceller des lettres contraires aux ordonnances ou de conseiller au roi d'en accorder de telles. (2)

Le 17 mai 1320, Philippe rendit à Paris

---

(1) Nous ordonnons que nulle personne mécognue, ne garçon de petit état, ne entrent en notre garderobe, ne mettent mains, ne soient à notre lit faire, et qu'on n'y souffre mettre draps étrangers ». Art. 3, p. 670. Ordonnance du 16 novembre 1318.

(2) Ordonn. de France, T. I, p. 668.

une autre ordonnance, où l'on trouve une opposition non moins remarquable, entre ses caprices ou ses foiblesses qui causoient le désordre, et son intention de rétablir la régularité. « Pour ce que nous avons donné, dit-il, si
« grande quantité d'argent et de merrain sur
« les ventes de nos forêts, que le prix des
« ventes et les émolumens d'icelles se sont
« tournés en ces dons, ………. nous avons
« ordonné que nous ne donnerons plus d'ar-
« gent ni de merrain sur nos ventes, et
« tournera tout le prix et les émolumens
« d'icelles entièrement par devers nous. (1)

Mais les rois qui n'ont aucun appui dans la constitution de leur pays, aucune volonté qui, en s'opposant à la leur, les défende eux-mêmes contre les séductions de leurs courtisans, peuvent bien écrire dans leurs lois, *nous ordonnons que nous ne ferons plus ;* ils font bientôt après ce qu'ils se sont interdit à eux-mêmes, et leurs lois restent seulement comme monument de leur inconséquence et de leur foiblesse.

Il est vrai que le roi qui ne peut mettre des bornes à ses propres volontés, prouve souvent, en violant celles de ces prédécesseurs, combien les siennes seront à leur tour impuissantes. Philippe-le-Long, par une ordonnance qu'il

---

(1) Ordonn. de France, T. I, p. 708.

rendit à Pontoise le 29 juillet 1318, révoqua
tous les dons qui avoient été faits par son père
ou par son frère, « de terres, rentes, châteaux,
« villes, bois, possessions et domaines, encore
« qu'ils eussent été transportés à d'autres,
« par ceux à qui ils furent faits, soit par
« achat, par échange ou autrement; et spécia-
« lement tout ce que Pierre, seigneur de Cham-
« bli, Hugues de Bouville, et les enfans de
« Jean de Bouville, toute la lignée de Machault,
« Guillaume Flotte, les hoirs de Guillaume de
« Nogaret et de Guillaume de Plasian, Hugues
« d'Angers, les hoirs Oudart de Chambli, et
« les enfans de la dame Néaufle ou leurs de-
« vanciers, tiennent ou ont tenu des dons de
« Philippe IV ou de Louis X. (1)

Cette ordonnance a fondé en France la doctrine que les domaines de la couronne sont
inaliénables ; doctrine sage et juste dans un
gouvernement constitutionnel, où la nation
se réserve le contrôle des dépenses de son représentant, mais qu'il est difficile de concilier avec la toute-puissance d'un monarque
absolu. L'énumération des vieux serviteurs et
des favoris de deux règnes, qui avoient peu
mérité du peuple, mais beaucoup du roi, et
qui sont dépouillés du prix de leurs longs ser-

---

(1) Ordonn. de France, T. I, p. 665.

vices, par un acte arbitraire, « sommairement allant en avant de plain, et en bonne foi, sans écrits et figure de jugement, » était peu faite pour augmenter le respect ou la confiance dans l'autorité royale; et le préambule hypocrite de cette ordonnance ne pouvoit compenser son effet immoral. « Quand nous reçûmes de Dieu, « y disoit Philippe, le gouvernement de nos « royaumes, le plus grand désir que nous eus- « sions et ayons encore, fut et est de justice « et droiture garder et maintenir, sur lesquelles « lesdits royaumes sont établis. » (1)

Au reste, les nombreuses ordonnances de Philippe V, qui organisent le personnel, le travail et la compétence de la chambre des comptes (2); l'administration des eaux et forêts, l'office des receveurs (3), le personnel, l'heure des audiences, les heures du travail, et le paiement des gages ou honoraires du parlement, de la chambre des enquêtes, de celle des requêtes, et des poursuivans du roi (4), indiquent les progrès de l'ordre légal, et la substitution du despotisme fondé par les juges au despotisme conquis par les soldats.

Les finances étoient toujours la partie la plus

(1) Ordonn. de France, T. I, p. 665.
(2) *Ibid.* T. I, p. 703.
(3) *Ibid.* p. 707, 712.
(4) *Ibid.* p. 727.

défectueuse de ce système. Les Français qui avoient abandonné tous leurs autres droits, cherchèrent cependant encore à défendre leur argent contre la couronne, et Philippe reconnoissoit leur droit à se taxer eux-mêmes; mais ses actes étoient sans cesse en contradiction avec ses paroles, et ses revenus levés d'une manière vexatoire n'égaloient jamais ses prodigalités. « Les nobles hommes de la terre de
« Berry, dit-il, dans une ordonnance rendue
« à Bourges, le 17 novembre 1318, considé-
« rant les grands frais, mises et dépens, qu'il
« nous convient faire et souffrir pour notre
« guerre de Flandre, de leur propre volonté et
« pure libéralité, nous ont octroyé et donné la
« quinzième partie de tous les fruits, issues et
« émolumens de leurs terres pendant un an. »
En retour, il déclare que cette libéralité ne pourra jamais tirer à conséquence, ou établir un droit nouveau en faveur de la couronne (1). Dans une autre ordonnance rendue le 25 février 1319, sur la demande d'une assemblée des prélats, barons, chapitres et bonnes villes de son royaume, les plaintes universelles de ses sujets le forcèrent à faire quelques concessions. Il promit de ne point incorporer la gabelle du sel à son domaine, et de chercher les moyens de la ré-

---

(1) Ordonn. de France, T. I, p. 677.

duire; de ne plus faire d'emprunt forcé, ni en son nom, ni au nom de sa femme ou de son fils; de ne plus mettre en réquisition les chariots et chevaux des paysans, si ce n'est pour son service personnel ou celui de la reine (1). Mais les étrangers ne profitoient point de ces garanties, qui ne défendoient que bien imparfaitement les nationaux. Au contraire, les Français étoient jaloux de la richesse des Lombards, Florentins, Lucquois et Génois, qui s'étoient emparés de presque tout le commerce de France, et ils applaudirent à une ordonnance du 14 février 1317, par laquelle Philippe soumit ces étrangers à une contribution extraordinaire aussi onéreuse dans son tarif que vexatoire dans ses formes. (2)

Dans ses rapports avec le reste de l'Europe, le règne de Philippe-le-Long fut marqué par peu d'événemens. Il avoit trouvé la France engagée dans une guerre avec les Flamands, qui fut pour lui une occasion de négociations et de levées de deniers, mais non d'exploits militaires. Les Flamands, se ressentant toujours de la disette de 1316, se montrèrent empressés à prolonger l'armistice, qui avoit été conclu après la campagne de Louis Hutin. Les princes du sang crurent trouver, durant cet armistice, un

(1) Ordonn. de France, T. I, p. 678.
(2) *Ibid* p. 630.

moyen de réconcilier non les nations, mais les familles régnantes par un mariage. Louis, comte de Rethel, petit-fils et héritier de Robert III, comte de Flandre, offroit à la princesse qui lui donneroit sa main, un brillant établissement. Le comte d'Évreux le choisit pour époux de sa fille; bientôt le comte de Valois, jaloux de cette alliance, le demanda pour la sienne; et enfin Philippe-le-Long les supplanta tous deux, en le choisissant lui-même pour gendre. Les Flamands profitèrent de cette rivalité entre les princes français, pour élever leurs prétentions, gagner du temps, et faire prolonger la trêve jusqu'aux fêtes de Pâques de 1319. (1)

Dans l'intervalle, Jean XXII avoit envoyé deux légats en Flandre pour presser la pacification. Les Flamands les reçurent avec respect, comme porteurs des exhortations de l'église et non de ses ordres; mais ne trouvant point de sûreté suffisante dans les conditions qu'on leur offroit, ils refusèrent de conclure (2). Alors Philippe fit citer au parlement Louis, comte de Nevers et de Rethel, héritier du comte de Flandre; et l'accusant d'avoir excité son

---

(1) *Cont. Nangii*, p. 72. — *Jo. Can. Sanct. Victoris.* p. 480. — *Chron. de Saint Denys*, f. 153. — *Raynaldi.* 1317, §. 6.

(2) *Cont. Nangii*, p. 74. *Jo. Can Sanct. Victor* p. 481. — *Raynaldi* 1318. §. 21.

père à la guerre, il confisqua ses deux comtés qui furent saisis par les gens du roi, sans que les vassaux de Louis opposassent aucune résistance. (1)

La paix sembloit toujours éloignée ; le comte de Flandre avoit, en 1319, fait jeter en prison deux moines franciscains que le pape avoit envoyés pour négocier, non pas avec lui, mais avec ses communes (2). Les hostilités avoient recommencé à l'expiration de la trève, et Robert III avoit intention d'attaquer Lille ; mais les Gantois, fatigués de la guerre, le contraignirent à écouter les propositions que lui portoit le cardinal de Saint-Marcelin, légat du pape, et à promettre que l'année suivante il se rendroit à Paris, pour y donner les mains à un traité définitif.

En effet, Robert III arriva à Paris au mois d'avril 1320, avec sa fille, veuve d'Enguerrand de Coucy, son fils Louis, comte de Nevers, et les députés des communes de Flandre. Robert fit hommage pour son comté à Philippe V. Mais dès que son suzerain eut accepté son serment de fidélité, Robert lui redemanda les trois villes de Béthune, Lille et Douai, qu'il prétendoit n'avoir livrées en gage à Philippe-le-Bel, que d'après la promesse solennelle d'Enguerrand de

---

(1) *Cont. Nangii*, p. 74. — *Jo. Can. Sanct. Victor.* p. 481.
(2) *Cont. Nangii.* p. 75. — *Jo. Can. Sanct. Victor.* p. 483.

Marigny, qu'elles lui seroient restituées contre le paiement d'une somme convenue. Philippe-le-Bel avoit toujours nié cette promesse, et les deux princes s'aigrirent bientôt par des accusations mutuelles de mauvaise foi. Philippe V jura sur l'âme de son père que jamais le comte de Flandre ne commanderoit dans ces trois villes, et il demanda au comte de Valois, au comte de La Marche et à ses principaux barons de confirmer ce serment, aussi-bien qu'au nouveau comte d'Évreux, Philippe, dont le père, oncle du roi, étoit mort le 19 mai 1319. Le comte de Flandre, effrayé de l'accord de tous les princes du sang contre lui, craignit que son sauf-conduit ne fût violé, et reprit, pendant la nuit, la route de la frontière. (1)

Aussitôt que les députés des communes de Flandre apprirent son départ, ils dépêchèrent quelques uns d'entre eux pour le rejoindre, et l'engager à revenir. « On nous a donné commis-
« sion, lui dirent-ils, de prendre part à la
« paix que vous ferez avec le roi, ce qui semble
« indiquer que nous ne devons pas traiter sans
« vous; mais d'autre part nous connoissons nos
« communes, et nous sommes bien sûrs que si
« nous revenons à elles sans que la paix soit
« signée, elles ne nous laisseront point de têtes

(1) *Jo. Can. Sanct. Victor.* p. 484. — *Cont. Nangii.* p. 76. Oudegherst, c. 146, f. 242.

« à mettre dans nos capuchons ; aussi ne bou-
« gerons nous point d'ici que la paix ne soit
« conclue. » Le comte fut troublé de ce message ;
en se brouillant avec ses riches et puissantes
communes, il ne pouvoit plus espérer de résister à la France. Il revint donc à Paris, il
consentit à l'abandon des trois villes de la
Flandre française, et il accepta les conditions
que lui offroit Philippe, dont l'une étoit le mariage d'une fille du roi de France avec Louis,
comte de Rethel, petit-fils du comte de Flandre. (1)

Au reste, à cette époque même, le comte de
Flandre se brouilloit avec son fils. Il paroît que
Robert étoit un homme soupçonneux et foible,
qui accueilloit avidement les rapports calom-
nieux de tous ses favoris. En 1280, il avoit fait
étrangler Yolande de Bourgogne, sa seconde
femme, sur le soupçon qu'elle avoit empoisonné un fils qu'il avoit eu du premier lit. Il
accusoit à présent Louis, fils de cette Yolande,
d'avoir voulu l'empoisonner lui-même ; il le fit
enlever et mettre en prison, aussi-bien qu'un
moine qu'il accusoit de lui avoir prêté son ministère. Le moine mis à la torture n'avoua rien,
et l'accusation tomba ; mais le comte de Flandre

(1) *Jo. Can. Sanct. Victor.* p. 484. — *Cont. Nangii*, p. 76.
— Oudegherst, c. 146, f. 243. — *Gio. Villani.* L. IX, c. 120,
p. 502 — *Raynaldi Ann. eccles.* 1320, §. 20.

n'en vouloit pas moins faire passer son héritage à son second fils, Robert de Cassel. Tout se préparoit pour la guerre civile; la ville de Bruges s'étoit déclarée pour le fils aîné ; c'étoit aussi lui que protégeoit le roi de France; heureusement les magistrats de Gand et d'Ypres interposèrent leur médiation; ils engagèrent le vieux comte à remettre son fils en liberté, et celui-ci, qui se retira auprès de Philippe V, promit de ne pas rentrer en Flandre du vivant de son père. (1)

Philippe V étoit beau-frère d'Édouard II d'Angleterre; comme allié et comme roi, on peut croire qu'il ne voyoit pas avec indifférence les révolutions de cette île voisine; mais on ne trouve point qu'il y ait pris quelque part : heureux de n'avoir rien à craindre de ses voisins, de les savoir tous occupés dans leurs états, il se regardoit ainsi comme affranchi de la moitié des soucis du trône ; et tout le temps qu'il n'étoit point obligé de donner à la politique étrangère, il le considéroit comme gagné pour ses plaisirs. Il consentit, à son avénement au trône, à ce qu'Édouard ne lui rendît point hommage en personne, pour son duché d'Aquitaine, comme il y étoit obligé, et il se contenta de recevoir

---

(1) *Cont. Nangii*, p. 78. — *Gio Villani* L. IX, c. 121, p. 503.— Oudegherst, c. 146, f. 242.

1318. cet hommage, le 16 juin 1318, de son représentant l'évêque d'Héreford. (1)

Édouard, pour se dispenser de venir en France, avoit allégué les troubles de son royaume, dont il n'osoit point s'éloigner. En effet, il avoit tellement révolté les Anglais par les honneurs funèbres qu'il avoit rendus à Gaveston, et par ses efforts pour déshonorer son cousin Thomas, comte de Lancaster, le champion des droits du peuple, qu'il avoit causé un soulèvement universel. Mais dès qu'il avoit vu son peuple en armes, il s'étoit empressé de l'apaiser, en signant, le 9 août 1318, l'accord de Leek, par lequel il confirmoit tous les privilèges nationaux, et rappeloit le comte de Lancaster à sa cour. (2)

1319. Les nobles Anglais, vainqueurs de leur roi, avoient placé auprès de lui le fils de l'un d'entre eux, Hugues le Despenser, fort beau jeune homme, qu'ils regardoient comme devant être, en quelque sorte, leur espion à la cour. Mais le père de Despenser s'aperçut bientôt que le roi s'attachoit à son fils avec non moins de passion qu'il s'étoit attaché auparavant à Gaveston, et tous deux ne songèrent

---

(1) *Rymer*. T. III, p. 714.
(2) Rapin Thoyras, L. IX, p. 110. — Thom. Walsingham, p. 87. — *Raynaldi*. 1318, §. 27. — *Rymer Acta*. T. III, p. 733.

plus qu'à profiter de cette faveur nouvelle pour leur seul avantage. Ils se rendirent par là plus odieux encore à la noblesse, que n'avoit été l'ancien favori (1). En même temps, la guerre avec l'Écosse duroit toujours; Jean XXII secondoit Édouard par les foudres de l'église; il ne vouloit point reconnoître la royauté de Robert Bruce, et il le menaçoit de l'excommunication (2). Édouard avoit grande confiance dans le pape; mais il sentoit bien qu'il seroit plus considéré de ses sujets, s'il pouvoit passer auprès d'eux pour un guerrier fameux, et la difficulté étoit grande, car il reconnoissoit en lui-même qu'il n'auroit jamais de cœur pour affronter le danger. Un moine de Poitou s'offrit à le tirer d'embarras : il lui apporta, avec beaucoup de mystère, une huile sacrée, que la Sainte-Vierge avoit donnée, disoit-il, au martyr saint Thomas; il suffisoit d'en être oint pour devenir vaillant, demeurer invincible dans tous les combats, et accomplir enfin la conquête de l'Asie. Édouard II écrivit au pape pour savoir s'il pouvoit s'en servir sans scrupule, et pour lui demander, dans ce cas, de lui envoyer un cardinal qui lui donnât cette onction sacrée. Jean XXII lui répondit que, dans tout ce qu'on lui rapportoit sur cette

---

(1) Rapin Thoyras, L. IX, p. 113.
(2) *Raynaldi Annal.* 1319, §. 21-23.

huile, il ne voyoit rien qui indiquât de la magie, ou l'invocation des diables : qu'Édouard pouvoit donc s'en servir en sûreté de conscience, mais qu'il feroit bien, toutefois, de le faire en secret ; d'autant plus qu'il ne lui enverroit point un cardinal pour la cérémonie, de peur de compromettre l'église. Édouard ne comptant plus, en conséquence, ou sur son huile, ou sur son courage, ne se montra point à l'armée, et les Écossais lui enlevèrent la ville de Berwick qui avoit résisté jusqu'alors. (1)

Au lieu de chercher de nouveaux combats, Édouard II résolut de venir en France rendre hommage à son beau-frère. Cet hommage avoit quelque importance politique, car il équivaloit à une reconnoissance de cette législation qui excluoit les femmes, et, par conséquent, la sienne propre, de tout droit de succession à la couronne de France. Édouard envoya d'abord Hugues le Despenser à Philippe V, pour fixer avec ce dernier le lieu du rendez-vous. Il s'embarqua ensuite, le 19 juin 1320; il trouva le roi son beau-frère à Amiens, et les deux jeunes monarques, également avides de plaisir, également incapables de s'élever aux pensées sérieuses du gouvernement, passèrent un mois dans les fêtes auxquelles l'hommage du roi

---

(1) *Raynaldi Annal.* 1319, §. 20, 23. — Thom. Walsingham, p. 88. *Buchanani Rer. Scotic.* L VIII, p. 251.

vassal servoit de prétexte. Édouard II fut de retour à Douvres le 22 juillet (1). Cependant on prête toujours aux rois des pensées plus sérieuses que celles qui les occupent. Les mécontens d'Angleterre craignirent une ligue des deux beaux-frères contre eux ; ils prirent les devans, et se rassemblant inopinément, ils ravagèrent les terres des deux Despenser, et forcèrent Édouard à les exiler du royaume (2). Une sorte de calme suivit le triomphe de leur parti ; la guerre avec l'Écosse demeura aussi suspendue. Jean XXII, qui avoit de nouveau excommunié Robert Bruce comme rebelle, le 16 juin 1320, voyant qu'il demeuroit seul chargé des hostilités, ne voulut pas conserver des ressentimens, quand l'offensé n'en avoit plus. Il écrivit, le 21 octobre, à Robert Bruce, en lui donnant le titre de roi d'Écosse, et l'appelant son fils chéri en Jésus-Christ. De son côté, Philippe V renouvela les anciennes alliances de la France avec les Écossais. (3)

Pendant toute cette période, la politique des Français sembla s'arrêter au pied des Pyrénées ; leurs historiens ne font mention d'aucun événement qui mêlât leurs intérêts avec ceux des

(1) *Rymer Acta publica*. T. III, p. 818, 822, 839, 840.
(2) Rapin Thoyras, L. IX, p. 115. — Thom. Walsingham, p. 91.
(3) *Raynaldi Ann. eccles.* 1320, §. 36, 39, 40.

Espagnols; ce qui est d'autant plus étrange, que Philippe V avoit pris le titre de roi d'un des royaumes de l'Espagne, la Navarre, et que, quelles que pussent être ses prétentions au trône de France, d'où il disoit que les femmes étoient exclues de l'hérédité, il ne pouvoit oublier que la Navarre étoit un fief féminin, puisque sa propre mère l'avoit apporté à la maison de France. Les Navarrois ne firent aucun effort pour se soustraire à son usurpation; aucun parti ne se déclara pour Jeanne sa nièce, et pendant tout son règne, tous les historiens gardent sur la Navarre le silence le plus absolu. La Castille étoit nominalement gouvernée par Alphonse XI, né en 1310, et dont la longue minorité fut pour ce pays une source de troubles et de guerres civiles. Don Pedro et don Juan, son oncle et son grand oncle, nommés régens en 1314, périrent tous deux le 26 juin 1319, devant Grenade, dans une bataille contre les Maures; et la régence fut de nouveau disputée par les armes, entre d'autres princes du sang (1). En Aragon, don Jayme II, qui régnoit depuis 1291, ne sembloit pas moins oublié des Français, qu'il avoit autrefois combattu. Il n'eut rien à démêler avec Philippe V,

(1) *Mariana, De rebus. Hispan.* L. XV, c. 16, p. 659. — De Marlès, *Hist. de la domin. des Arabes et des Maures en Espagne.* T. III, p. 164-170.

et le reste de l'Europe fit à peine attention au singulier spectacle que donnoit sa cour. Son fils aîné, don Jayme, prince violent et vicieux, au moment où il alloit épouser une princesse de Castille, déclara qu'il avoit fait vœu de ne jamais régner et ne jamais se marier, renonça solennellement à tous ses droits, dans les cortès de Tarragone, et revêtit l'habit des chevaliers de Saint-Jean de Jérusalem, qu'il changea ensuite contre celui de Monteza. Il abdiqua ainsi sa grandeur, non par zèle religieux, mais pour se livrer sans contrainte à la crapule et à tous les genres de débauche. (1)

Un autre souverain aragonais, don Sanche, roi de Majorque, fils de ce don Jayme qui avoit été l'allié de Philippe III contre sa patrie, résidoit le plus souvent à Montpellier, dont il partageoit la seigneurie avec le roi de France; mais il y étoit sans cesse vexé par les officiers du monarque français, qui saisissoient tous les prétextes pour étendre les prérogatives de leur souverain. Don Sanche vint, en 1317, rendre hommage en personne à Philippe V, et il obtint à cette occasion le redressement de quelques abus; mais bientôt les vexations recommencèrent, et l'on a peine à comprendre comment

(1) *Mariana, De reb. Hispan.* L. XV, c. 16, p. 660. — *Çurita, Indices rerum ab Arag. reg. gesta.* L. II, p. 162.

les habitans de Montpellier n'étoient pas ruinés par le froissement continuel des deux juridictions. (1)

L'Allemagne, entraînée dans une guerre civile par la double élection à l'empire de Louis de Bavière et de Frédéric d'Autriche, ne pouvoit causer aucune inquiétude à la France. Le premier avoit vu se déclarer en sa faveur presque tous les états des bords du Rhin, surtout les villes et les peuples libres, tandis que le second, outre les forces de ses états héréditaires, comptoit sur l'appui de la noblesse dans tout l'empire, du pape, des prêtres, des Guelfes d'Italie, et de tous ceux qui suivoient plus habituellement l'impulsion de la France. L'impétuosité de Léopold d'Autriche, qui, avant de combattre le Bavarois, voulut écraser les Suisses, et qui fut lui-même défait, le 16 novembre 1315, à Morgarten, ruina le parti autrichien, qui fut long-temps à se remettre de cet échec, et qui, pendant toute la durée du règne de Philippe-le-Long, ne se signala plus en Allemagne que par des escarmouches; tandis que le même événement affermit l'indépendance des

(1) *Çurita, Annales de Aragon.* T. II, L. VI, c. 25, p. 30. — *Ejusd. Indices.* L. II, p. 161. — *Raynaldi Annales*, 1317, §. 5. — *Hist. de Languedoc*, T. IV, L. XXIX, c. 51, p. 167.

trois anciens cantons suisses, dont les libertés furent confirmées par Louis de Bavière. (1)

La France n'intervint point dans ces guerres civiles de l'Allemagne, mais Philippe V se laissa tenter par Robert, roi de Naples, et par le pape Jean XXII, de prendre part aux troubles de l'Italie. Le triomphe du parti guelfe dans cette contrée sembloit devoir être le résultat nécessaire de la rivalité entre les deux prétendans à l'empire. Il ne falloit plus, pour le rendre complet, que renverser quelques capitaines gibelins, qui s'étoient formé des principautés en Lombardie. C'est ce qu'entreprit Philippe de Valois, fils de Charles, et cousin germain du roi. Ce prince, âgé de vingt-huit ans, et qui plus tard porta la couronne de France, passoit pour avoir hérité des talens militaires qu'on avoit prêtés assez gratuitement à son père. Dès qu'il annonça le projet de passer en Italie, la noblesse française, impatiente d'une longue paix, méprisant la bravoure et le talent militaire des Italiens, et avide de piller leurs richesses, s'empressa de se ranger sous ses étendards. Sept comtes, cent vingt chevaliers, et six cents gentilshommes à cheval, formèrent

1320.

(1) *Olenschlager geschichte*, §. 36-39, p. 95-105. — *Muller geschichte der Schweitz*. B. II, c. 1, p. 33-46. — Coxe, *Maison d'Autriche*, T. I, c. 7, p. 162-174. — Schmidt, *Hist. des Allem.* L. VII, c. 5, T. IV, p. 440.

et la craignoient. La décision importante qui avoit été prise par l'autorité nationale, sur la loi de succession, n'étoit contestée ni au-dedans ni au-dehors du royaume : aucun trouble, aucun abus criant d'autorité n'avoient encore signalé la malhabileté du roi; et les ordonnances qu'il rendoit sembloient plutôt indiquer qu'il suivoit un plan régulier pour l'organisation de l'état. Mais tout le mérite de ces ordonnances appartenoit à quelqu'un des conseillers du roi, qui n'en a point recueilli la gloire; bientôt des actes d'un autre genre, émanés également de Philippe et des légistes qu'il appeloit à ses conseils, donnèrent à connoître le vrai caractère de ce roi, et le montrèrent tel qu'il étoit, pusillanime, ignorant, crédule et cruel.

Le premier scandale judiciaire fut donné par Henri Caperel, prévôt du Châtelet, qui fut accusé, en 1320, de s'être laissé gagner par un riche meurtrier qu'il avoit condamné à mort, et d'avoir fait revêtir ses habits à un pauvre innocent, qu'il fit pendre à sa place. Sans trop approfondir cette accusation, Philippe V fit pendre le prévôt à son tour. (1)

Bientôt un événement plus grave troubla le royaume, alarma le roi, et rappela le mouvement qui avoit suivi la captivité de Saint-Louis en Égypte. Un prêtre et un moine, qu'on pré-

(1) *Cont. Nangii*, p. 76.

tendit être tous deux déserteurs de leurs autels, avoient répandu une prophétie qui promettoit la délivrance du saint sépulcre, et la conquête de Jérusalem aux bergers, et aux pauvres en esprit. On ne sauroit se figurer avec quel enthousiasme, tout le peuple des campagnes couroit à eux : des bergers, des enfans de treize à quatorze ans, abandonnant leurs troupeaux dans les champs, se groupoient autour de ces deux prédicateurs. Bientôt plusieurs milliers d'hommes se trouvèrent réunis. Mal vêtus, sans argent, la plupart sans chaussure, ils suivoient en procession l'étendard de la croix, marchant deux à deux en silence. Ils traversoient les villes et les châteaux, sans désordre, sans violence, demandant, pour l'amour de Dieu, un peu de pain à la porte des églises. Pendant quelque temps la charité suffit seule à pourvoir à leur subsistance ; mais elle se lassoit, les ressources s'épuisoient, le nombre des pénitens qui prenoient le nom de pastoureaux augmentoit ; bientôt ils souffrirent de la faim : alors ils commencèrent à prendre de force les alimens dont ils avoient besoin partout où ils en trouvoient. Les riches, déjà irrités de voir abandonner leurs troupeaux et leurs cultures, recoururent aux magistrats : ceux-ci qui n'avoient rien fait pour éclairer ou calmer ces pauvres gens, qui n'avoient pris aucun soin de pourvoir à leur subsistance, qui ne connoissoient d'autre moyen d'administrer que par les supplices, firent saisir les pastoureaux partout où ils purent les atteindre sans trop de danger, et les firent pendre. D'autre part, toutes les fois que les pastoureaux se trouvoient en force, ils enfonçoient les prisons, et remettoient leurs camarades en liberté. C'est ainsi qu'une dè leurs troupes arriva à Paris, où elle délivra d'abord quelques pastoureaux retenus dans la prison de Saint-Martin-des-Champs. Elle força ensuite le Châtelet, et le prévôt, ayant voulu lui résister, fut précipité du haut de l'escalier en bas, et grièvement blessé. Les pastoureaux se firent ouvrir ensuite Saint-Germain-des-Prés, mais ils n'y trouvèrent aucun prisonnier de leur troupe. Ils se retirèrent alors dans le Pré aux Clercs, s'y mettant en défense comme s'ils s'attendoient à être attaqués; mais le gouvernement étoit effrayé de leur nombre, et les laissa ressortir de Paris, sans les avoir molestés : ils prirent ensuite la route de l'Aquitaine. (1)

La plupart des provinces de France n'ayant point de chronique à cette époque, on ne peut suivre la marche des pastoureaux au travers du

(1) *Jo. Canon. Sanct. Victor.* p. 485. — *Cont. Nangii,* p. 77. — *Amalrici Augerii,* T. III, P. II, p. 475. — *Bernardi Guidonis,* p. 682. — Chr. de Saint Denys, f. 156.

royaume. On sait seulement qu'ils entrèrent, le 25 juin 1320, à Albi; le 29 juin à Carcassonne, et on évalue à quarante mille ceux qui traversèrent en même temps le Languedoc, en y entrant par le Bourdelois, la Gascogne et l'Albigeois. Ces malheureux, dont les magistrats et les prêtres demandoient l'extermination, étoient eux-mêmes animés d'une égale intolérance; on les avoit nourris dans la haine des juifs, et le massacre des juifs leur paroissoit être le premier acte de religion auquel ils fussent appelés. Partout où ils purent les atteindre, ils les livrèrent à des supplices effroyables. Les juifs du diocèse de Toulouse se réfugièrent, au nombre de plus de cinq cents, dans le château royal de Verdun sur la Garonne. Ils y furent bientôt assiégés, et comme les officiers royaux ne pouvoient engager aucun chrétien à prendre leur défense, les pastoureaux les poursuivant dans la haute tour qui leur avoit été assignée pour retraite, et mettant le feu aux étages inférieurs, les réduisirent, avant de s'égorger tous les uns les autres, à jeter leurs enfans aux assaillans, dans l'espoir, bientôt trompé, qu'ils prendroient pitié de leur innocence. (1)

Les juifs furent de même tous massacrés, et tous leurs biens furent pillés par les pastou-

---

(1) *Cont. Nangii*, p. 77. — *Jo. Can. Sanct. Victor*. p. 486. — Hist. de Languedoc, T. IV, L. XXIX, c. 73, p. 184.

reaux, à Auch, Gimont, Castel-Sarrasin, Toulouse, Rabastens, Gaillac, et dans plusieurs autres villes du Languedoc. Ces bandes fanatiques s'approchoient d'Avignon, et le pape effrayé prononça l'anathème, le jour de Pentecôte, contre quiconque marchoit sous le drapeau de la croix, avant que la croisade fût décrétée par l'église. Il somma en même temps le sénéchal de Beaucaire d'opposer la force à cette troupe insensée. Celui de Carcassonne prit des mesures plus énergiques encore; comme les pastoureaux se dirigeoient vers la mer, afin de s'embarquer à Aigues-Mortes, ce lieutenant du roi leur coupa tous les chemins, leur enleva les vivres, les empêcha également d'entrer à Aigues-Mortes ou de retourner en arrière; et les contint, dans ces plaines fiévreuses et pestilentielles, sans nourriture, sans logement, jusqu'à ce que la faim ou la maladie les eussent moissonnés, faisant pendre tous ceux qui s'écartoient de la troupe. Le plus grand nombre périt de misère; beaucoup d'autres furent attachés aux gibets, ou aux arbres de la campagne, et le reste réussit à s'échapper. Le gouvernement applaudit à ces exécutions, comme si tous les enseignemens publics n'avoient pas contribué à entraîner ces pauvres gens dans leurs erreurs, ou comme si les ministres royaux n'étoient pas coupables, pour n'avoir point empêché leur rassemblement, pour n'avoir point veillé sur eux depuis qu'ils étoient réunis, pour n'avoir point essayé de les dissiper par la persuasion et la douceur. (1)

Les officiers du roi avoient vengé les juifs sur les pastoureaux, mais ils n'avoient pas su ou pas voulu les défendre; et Jean XXII, dans le moment même où les juifs étoient poursuivis par la fureur populaire, lança contre eux de nouvelles bulles qui sembloient destinées à enflammer toujours plus ce zèle fanatique. Le 22 août 1320, il appela tous les évêques du midi *à tarir la source des détestables blasphèmes et de la perfidie des juifs*, en leur enlevant et faisant brûler tous les exemplaires du Talmud (2). Le même jour il adressa une autre bulle aux inquisiteurs de la foi à Carcassonne, pour leur ordonner de procéder désormais contre les sorciers et les magiciens, avec la même vigueur qu'ils l'avoient fait jusqu'alors contre les juifs, pour augmenter en conséquence leurs pouvoirs, et pour leur faire connoître toutes les cérémonies par lesquelles on entroit en commerce avec le diable, et qui

(1) Hist. de Languedoc, T. IV, L. XXIX, c. 75, p. 185. — *Raynaldi Ann. eccles.* 1320, §. 21, 22, 23. — *Jo. Can. Sanct. Victor.* p. 486. — *Petri de Herentals, Vita Joh. XXII. Script. Ital.* T. III, p. 500.

(2) *Raynaldi Annal.* 1320, §. 24-30.

devoient, en conséquence, être l'objet de leurs rigueurs. (1)

Ainsi c'étoit au nom de la science, au nom de la religion, qu'on encourageoit toutes les croyances les plus absurdes, toutes les craintes les plus fantastiques, et qu'on excitoit à la cruauté contre ceux qu'une imagination troublée faisoit redouter. Ces efforts constans pour rendre le peuple toujours plus fanatique eurent bientôt un résultat déplorable, un résultat qui, entre tant de forfaits, est peut-être encore la tache la plus honteuse de ce siècle.

Philippe-le-Long avoit résolu de visiter, dans l'année 1321, le comté de Poitou, qui avoit été son apanage, avant qu'il parvînt à la couronne; et il avoit convoqué à Poitiers, pour le 14 juin, octave de la Pentecôte, les états du royaume. Mais il y avoit peu de jours qu'il avoit ouvert cette assemblée, lorsque, le 24 juin, on lui rapporta « que dans toute l'Aquitaine les fon- « taines et les puits étoient infectés de poison « par les lépreux, ou le seroient bientôt. On « ajoutoit que déjà, dans les parties supérieures « de l'Aquitaine, plusieurs lépreux avoient « été brûlés, et qu'ils avoient confessé, comme « on les mettoit sur le feu, qu'ils avoient cher- « ché, en répandant partout des poisons, ou à

---

(1) *Raynaldi Annal.* 1320, §. 31.

« faire mourir tous les chrétiens, ou à les ren-
« dre tous semblables à eux. Ils comptoient,
« ajoutoit-on, répandre ce maléfice dans toute
« la France et toute l'Allemagne. » (1)

Les croisés avoient rapporté du Levant la
lèpre, qui, encore aujourd'hui, y est commune;
la saleté et la pauvreté, compagnes de la barbarie, l'avoient ensuite rendue endémique chez
les Français. D'ailleurs on confondoit sous le
nom de lèpre toutes les maladies de la peau :
tous ceux qui en étoient atteints étoient relé-
gués dans des maladreries, ou lazareths, bâtis
aux portes de presque toutes les villes. Il ne
falloit rien moins que l'état de déraison et de
terreur dans lequel les autorités civiles et religieuses avoient entretenu l'esprit du peuple,
pour que le vulgaire lui-même pût croire que
des malheureux, qui sentoient à toute heure
leur dépendance et leur foiblesse, songeroient
à conjurer contre la partie saine et vigoureuse
du genre humain. Il étoit absurde de supposer
que leur souffrance commune leur donnât un
esprit de corps, qu'ils eussent des assemblées;
que, comme on le racontoit, ils eussent tenu
quatre conciles généraux, où toutes les maladreries de la chrétienté, à la réserve de deux
situées en Angleterre, avoient envoyé des dé-

---

(1) *Cont. Nangii*, p. 78.

putés. Mais le chef de l'état étoit lui-même aussi ignorant que ses sujets : il étoit accessible à toutes les superstitions, à toutes les terreurs, à toutes les fureurs de la populace ; il crut fermement à la conjuration des lépreux, et il donna l'ordre aux magistrats de les poursuivre. Ceux-ci, rivalisant de zèle avec les juges qui avoient servi Philippe-le-Bel, n'hésitèrent point à trouver dignes de mille morts ceux qui causoient la terreur du monarque. Bientôt, s'exaltant, s'enivrant par la vue des supplices, ils s'acharnèrent à obtenir par la torture la preuve légale des plus grandes absurdités, et ils mirent ainsi leur conscience en repos.

On arracha aux lépreux la confession qu'ils avoient été séduits par les juifs pour empoisonner les fontaines et les rivières ; qu'ils composoient leur poison avec du sang humain, de l'urine, et trois sortes d'herbes qu'ils ne savoient point nommer ; qu'ils y joignoient ensuite une hostie consacrée ; qu'après avoir séché ces ingrédiens, et les avoir réduits en poudre, ils en faisoient des sachets, qu'ils attachoient à une pierre, pour les jeter au fond des rivières. Une autre fois, on ramassa un sachet qu'on assura qu'une femme lépreuse avoit jeté, quand elle vit qu'on la poursuivoit ; l'on y trouva « la tête d'une couleuvre, les pieds d'un cra-« paud, et des cheveux de femme, imprégnés

« d'une liqueur très-noire et très-fétide, qui fai-
« soit horreur à voir comme à sentir. » On n'essaya point l'effet que ces substances pourroient
produire sur des animaux, mais on les jeta sur
un brasier ardent; et comme elles ne flambèrent
point, on en conclut que c'étoit un poison très
violent. Au reste, loin de tenter s'il étoit possible d'empoisonner une fontaine ou une rivière; si les substances que les lépreux, mis à
la torture, confessoient qu'ils avoient employées, étoient poisonneuses, on ne constata
pas même le fait qu'il y eût eu un seul homme
empoisonné, qu'il y eût eu une seule rivière ou
une seule fontaine dont les eaux eussent causé
un seul malaise. (1)

Les juges seigneuriaux, les juges royaux, les
juges ecclésiastiques, et le roi, qui s'étoit retiré précipitamment à Paris, procédèrent, à
l'envi l'un de l'autre, comme si une démence
universelle les avoit frappés, contre ces malheureux, auparavant l'objet de la compassion
publique. Un premier conte absurde fut appuyé
par d'autres contes non moins absurdes : le roi
de Grenade fut dénoncé comme premier auteur
du complot. Pour détruire la chrétienté, il
avoit gagné les juifs; et ceux-ci, n'osant exécuter
eux-mêmes la commission qu'il leur avoit don-

---

(1) *Cont. Nangii*, p. 78. — *Amalrici Augerii*, p. 476. —
Jo. Can. Sanct. Victor. p. 486. — Chr. de Saint Denys, f. 157.

née, s'étoient adressés aux lépreux, leur avoient donné de l'argent, et en avoient promis davantage encore. Sur ces promesses, les lépreux s'étoient partagé entr'eux les royaumes, les contrées, et tous les biens temporels, en sorte qu'on en brûla un à Tours, pendant les fêtes de Saint-Jean-Baptiste, qui prenoit le titre d'abbé de Mont-Mayeur. (1)

De tous les côtés, dans toute la France, on arrêtoit tous les lépreux. Tous ceux qui avoient quelque signe de maladie de la peau étoient, par cela seul, regardés comme conjurés; leurs souffrances habituelles sembloient un motif suffisant pour leur en infliger de plus aiguës. Tous les juges également s'arrogeoient le droit de leur faire éprouver d'horribles tortures et de les livrer ensuite aux flammes. Les juges royaux réclamèrent d'abord, il est vrai, contre ce qu'ils déclaroient être une usurpation de leur juridiction. Ils prétendoient que les lépreux, en empoisonnant toutes les eaux, avoient conjuré, non seulement contre les particuliers, mais contre le roi et le royaume; en sorte que, comme coupables du crime de lèse-majesté, leur procès faisoit partie des cas royaux, et que, lorsque les juges des barons ou ceux des prélats les faisoient brûler, le roi y perdoit

---

(1) *Cont. Nangii*, p. 78.

les profits judiciaires et les confiscations qui lui revenoient. D'après ce motif, Philippe V fit traduire à son tribunal l'évêque d'Alby et ses juges, pour lui payer l'amende, comme ayant usurpé la juridiction des juges royaux, et il demanda en même temps que tous les lépreux survivans fussent livrés entre ses mains. Mais réfléchissant ensuite que l'examen de son droit entraîneroit des longueurs, et voulant, dit-il, *plus promptement laver la terre de la pourriture criminelle et superstitieuse des lépreux qui existoient encore*, il ordonna, par ses lettres expédiées à Crécy, le 18 août 1321, « que tous « les juges justiciassent et fissent exécuter les « lépreux qui se trouvoient dans leurs districts « respectifs, exerçant sur eux le plein jugement « de la vengeance : d'autant que, par grâce « spéciale, il retiroit absolument de dessus eux « sa main, si elle avoit pu les protéger (1). » Plus tard encore, il publia contre eux un édit qu'on regarda comme plus doux, par lequel il ordonna que les seuls lépreux coupables seroient livrés aux flammes ; qu'on attendît même les couches des lépreuses coupables, avant de les faire brûler ; tandis que tous ceux qui seroient reconnus pour innocens, seroient en-

---

(1) Lettres de Philippe V aux sénéchaux de Toulouse et de Carcassonne. *Preuves de l'Hist. de Languedoc*, T. IV, §. 79, p. 163.

fermés à perpétuité dans leurs lazareths, sans qu'on leur permît plus aucune communication avec le reste des hommes. (1)

Les juifs qui avoient été rappelés en France, en 1315, par Louis X, et qui avoient payé à grand prix le privilége de ce roi, qui leur permettoit d'y négocier pendant douze ans, se trouvèrent compris dans l'accusation contre les lépreux, comme les ayant séduits, et leur ayant fourni de l'argent et des poisons. Ce soupçon suffit pour faire renouveler contre eux une persécution universelle. En général, on ne se donna pas la peine de distinguer entre eux les innocens d'avec ceux qu'on nommoit les coupables. « Dans plusieurs provinces, dit le con-
« tinuateur de Nangis, et surtout en Aquitaine,
« ils furent tous brûlés sans aucune distinction.
« Dans le bailliage de Tours, et dans un château
« royal nommé Chinon, on creusa une fosse
« immense, dans laquelle on alluma un énorme
« bûcher, et cent soixante juifs de l'un et de
« l'autre sexe y furent brûlés tous ensemble.
« Plusieurs d'entr'eux s'élancèrent d'eux-mê-
« mes, en chantant des hymnes, dans la fosse,
« comme s'ils y étoient invités à noces. Beau-
« coup de femmes jetèrent elles-mêmes leurs

(2) *Cont. Nangii*, p. 78. — *Jo. Can. Sanct. Victor.* p. 486. — *Raynaldi*. 1321, §. 44. — Chr. de Saint Denys, f. 157. — Hist. de Languedoc, T. IV, L. XXIX, c. 78, p. 187.

« enfans dans le feu, de peur qu'ils ne fussent
« pris pour être baptisés par les chrétiens et les
« nobles qui assistoient à l'exécution. A Paris,
« ceux-là seuls qui s'avouèrent coupables furent
« brûlés : les autres furent condamnés à un exil
« perpétuel. Quelques uns seulement, parmi
« les plus riches, furent retenus en prison,
« jusqu'à ce qu'on eût vérifié le montant de
« leurs créances, qui, avec tout le reste de leurs
« biens, furent réunies au fisc royal. On assure
« que le roi retira de leurs dépouilles cent
« cinquante mille livres. » (1)

Mais déjà ce roi ne pouvoit plus jouir ni de
l'argent que lui apportoient ces confiscations,
ni des souffrances de ceux qu'il persécutoit :
tandis que la France, comme dans la dernière
année du règne de Philippe-le-Bel, frémissoit
à la vue des supplices prolongés et épouvantables que le roi ordonnoit de toutes parts, Philippe-le-Long étoit aussi, comme son père,
marqué d'avance par la mort. Quand il signa,
le 18 août, son ordonnance de Crécy contre les
lépreux, il étoit déjà, depuis le commencement
du mois, atteint d'une fièvre quarte jointe à
une dyssenterie, que les médecins ne réussissoient point à vaincre. On dit alors que les malédictions de son peuple avoient attiré sur lui

---

(1) *Cont. Nangii*, p. 78, 79.

cette langueur, en punition des impôts intolérables auxquels il avoit soumis les pauvres, et qu'il étoit sur le point de redoubler. Cédant lui-même à cette croyance, il ordonna de suspendre, durant sa maladie, la perception d'une partie de ces impôts. Mais ni cette ordonnance, ni les remèdes des médecins, ni les reliques de la sainte chapelle, qu'on lui apporta à baiser en grande cérémonie, ne lui procurèrent aucun soulagement. Il mourut enfin à Longchamp, où il avoit été retenu plus de cinq mois au lit, le 3 janvier 1322, après avoir régné un peu plus de cinq ans, et avant d'avoir atteint sa trentième année. (1)

(1) *Cont. Nangii*, p. 79. — *Jo. Can. Sanct. Victor.* p. 487. — *Gio. Villani.* L. IX, c. 128, p. 506. — *Raynaldi Ann. eccles.* 1322, §. 22. — Chr. de Saint Denys, f. 158. — Hist. de Languedoc, L. XXX, c. 1, p. 189.

CHAPITRE XXVI.

Règne de Charles IV, dit le Bel. — Troubles de Flandre. — Intrigues de Charles dans l'empire. — Révolution en Angleterre. — Mort d'Édouard II. — Mort de Charles, et fin des premiers Capétiens. — 1322-1328.

1322.

Le règne de Philippe V, marqué par des fautes, des actes de foiblesses, et surtout souillé par d'horribles et injustes supplices, ne laisseroit que de tristes et honteux souvenirs, si ce prince n'avoit, par un hasard heureux, fait proclamer la loi royale de France, la seule loi fondamentale des monarchies absolues, celle de la succession au trône; et si cette loi, qui ne fut due qu'à son intérêt personnel, ne s'étoit pas trouvée si bien d'accord avec les intérêts nationaux, qu'elle fut mise bientôt sous la sanction du point d'honneur et de tous les préjugés du peuple, et que d'autres monarchies se sont empressées de l'adopter. Philippe-le-Long ne soupçonnoit point lui-même les conséquences de la règle qu'il fit établir; il ne s'étoit jamais élevé à des considérations générales. Avide du pouvoir suprême, et le regardant comme dévolu au plus fort, il avoit profité de ce que sa belle-sœur étoit étrangère, malade et délaissée, pour s'emparer violemment de son palais et de la régence pendant sa grossesse; pour se faire continuer cette régence pendant la minorité de son fils, qu'il comptoit prolonger jusqu'à vingt-cinq ans ; pour se saisir enfin, à la mort de ce fils, du trône de France, en invoquant pour se justifier un usage dont il ne pouvoit citer aucun exemple, et une loi abrogée, qui n'avoit aucun rapport avec ses prétentions. Son usurpation étoit plus caractérisée encore quant au trône de Navarre, qui, d'après les exemples les plus incontestables, celui entre autres de sa propre mère, appartenoit à la ligne féminine. Mais quelque mal fondées que fussent les prétentions de Philippe, elles avoient été confirmées par la seule autorité compétente, la seule qui puisse sanctionner ou changer les lois constitutives d'une nation; la seule qui puisse donner de la légitimité au pouvoir de fait. Les représentans de la nation avoient été consultés dès le commencement du règne de Philippe; ils avoient reconnu ce prince comme roi des Français, et ils avoient proclamé comme loi fondamentale de la monarchie, comme loi qu'ils croyoient trouver dans le passé, et qu'ils rendoient obligatoire pour l'avenir, que les femmes étoient à perpétuité exclues du trône de France.

Cette loi qui avoit obtenu d'une manière solennelle en 1317, l'assentiment du roi de fait, des prélats, des barons et des députés des communes de France, fut pour la première fois exécutée en donnant l'exclusion aux enfans du roi qui l'avoit proclamée. Philippe V avoit eu un fils et quatre filles; lorsque le 2 février 1317, il demandoit aux états de prononcer l'exclusion perpétuelle des filles, il ne s'attendoit pas que le 8 mars suivant, le pape devroit lui écrire pour le consoler sur la mort de ce fils (1). Il étoit jeune, et il se flatta peut-être que d'autres fils remplaceroient celui qu'il avoit perdu. Du moins, n'essaya-t-il point de changer la loi qu'il avoit introduite, ou d'assurer autrement le sort de ses filles. Son frère Charles recueillit sans aucun obstacle, sans aucune discussion, et comme *héritier légitime*, la couronne qu'il avoit d'abord prétendu lui-même n'être point si exclusivement dévolue au sexe masculin. (2)

(1) *Raynaldi Ann. eccles.* 1317, §. 7.
(2) *Contin. Nangii*, p. 79. — *Jo. Can. Sanct. Victor.* p. 487. — *Raynaldi*. 1322, §. 22. La princesse Jeanne, fille aînée de Philippe-le-Long, et femme d'Eudes IV, duc de Bourgogne, réclama seulement les biens dont son père étoit en possession avant de monter sur le trône, et en particulier

Charles, le troisième fils de Philippe-le-Bel, étoit alors âgé de vingt-huit ans; il avoit reçu en apanage le comté de La Marche, réuni à la couronne avec celui d'Angoulême en 1303, à la mort de Hugues XIII de Lusignan, qui n'avoit pas laissé d'enfans. Comme son père, Charles est désigné par le surnom de Bel, qui auroit pu être appliqué à toute sa famille. Sa femme Blanche, fille de Othon IV, comte de Bourgogne, et sœur de Jeanne, veuve de Philippe V, étoit toujours enfermée au château Gaillard, en punition de l'adultère qu'elle avoit confessé, et que son amant avoit expié par un horrible supplice. Charles, qui avoit perdu le fils qu'elle lui avoit donné, désiroit se remarier; mais il répugnoit aux moyens violens qu'avoit employés son frère Louis; d'ailleurs il vouloit ménager la veuve de son frère, et sa belle-mère, la comtesse Mathilde d'Artois. La cour de Rome lui en fournit les moyens en cassant le 19 mai son mariage, quoiqu'il eût été contracté avec dispense de Clément V, parce

le comté de Poitiers, et six mille livres de rente en terre eu Champagne. La réclamation n'étoit probablement pas fondée, mais l'eût-elle été, elle avoit peu de chances de faveur devant le parlement du nouveau roi; aussi ne prit-il que peu de jours pour l'examiner, et le 22 janvier rendit-il un arrêt qui déboutoit la duchesse de Bourgogne, et maintenoit Charles dans la jouissance de tout ce qu'avoit possédé son frère. Planche, *Hist. de Bourgogne*, L. X, c. 41, p. 173.

que dans cette dispense, ne se trouvoit pas mentionnée l'affinité spirituelle qu'on prétendit, sans pouvoir le prouver, qui existoit entre les deux époux. (1)

Charles IV se trouvant libre, demanda alors en mariage, sa cousine issue de germaine, Marie de Luxembourg, fille de l'empereur Henri VII, mort neuf ans auparavant, et sœur de Jean, roi de Bohème, que cette alliance attacha à la cour de France. Jean XXII accorda une dispense pour ce mariage, qui étoit bien plus contraire aux lois canoniques que celui qu'il venoit de rompre; et cette flexibilité de la règle lorsqu'elle s'appliquoit aux rois, excita assez de murmures. Le mariage fut célébré le 21 septembre 1322 (2), à Troyes en Champagne.

Le caractère du nouveau roi nous est à peine connu; la plupart des historiens français, qui, en écrivant la vie des papes, nous donnoient occasionnellement quelque lumière sur les rois, tels que Bernard Guidonis, Amalric Auger, et Jean, chanoine de Saint-Victor, nous abandonnent à l'avénement de Charles. Jean Vil-

(1) *Raynaldi Ann. eccles.* 1322, §. 28. — *Cont. Nangii*, p. 79. — *Jo. Can. Sanct. Victor.* p. 488. C'est la fin de ce fragment.
(2) *Raynaldi*, §. 29. — *Cont. Nangii*, p. 79. — *Gio. Villani*, L. IX, c. 170, p. 523.

lani n'accorde que de loin en loin quelques mots aux affaires de France. L'Angleterre manque à cette époque d'historiens. La France, enfin, n'en a point d'autre que le continuateur anonyme de Guillaume de Nangis, qui raconte avec assez de détail et d'intelligence ce qui est étranger au royaume, mais qui semble craindre de toucher aux affaires nationales, comme si elles étoient des secrets d'état. Le meilleur des historiens français du moyen âge, Froissart commence, il est vrai, son récit avant la fin de ce règne ; mais ses premiers chapitres, sur un temps déjà éloigné de lui, sont remplis d'erreurs. Charles-le-Bel, le dernier des anciens Capétiens, est enveloppé presque de la même obscurité dont nous avons trouvé couverts les derniers rois de chacune des dynasties prêtes à s'éteindre. Comme on n'écrivoit pas l'histoire pour les peuples, mais pour les princes, celui qui ne laissoit pas de fils pour gardien de sa mémoire, ne trouvoit pas non plus d'historien qui s'occupât de conserver le souvenir de ses actions.

Au moment où Charles IV parvint au trône, la France retentissoit des cris des suppliciés. Les lépreux et les juifs étoient partout abandonnés à la fureur de leurs persécuteurs. Parmi les premiers actes du nouveau roi, on doit remarquer ses ordonnances relatives à ces deux classes de malheureux. Il admit sans l'ombre d'un doute la conjuration des lépreux, et la justice des supplices du plus grand nombre; mais il pourvut à ce que ceux qu'on avoit réservés en vie, parce qu'on n'avoit trouvé aucun indice contre eux, et qu'on avoit enfermés les uns dans des lazareths, d'autres dans les maisons désertes de quelques villages, n'y fussent pas réduits à mourir de faim. Ce n'est pas qu'il leur accordât aucun secours sur ses finances; il voulut seulement que les revenus des maisons de charité recommençassent à être employés à leur fournir des alimens, et que, dans les villages où aucun fonds n'avoit été destiné pour eux, les habitans fissent des quêtes en leur faveur, puisqu'on ne leur permettoit plus de chercher eux-mêmes leur vie. Qu'on juge quel devoit être l'état de ces malheureux, puisque le nouveau roi, voulant étendre sur eux les grâces qu'il jugeoit utile d'accorder à l'occasion de son avénement à la couronne, se borna à cette recommandation en faveur de ceux qui avoient été reconnus innocens. (1)

L'indulgence accordée aux juifs par le nouveau roi fut à peu près de même nature. Ceux qui avoient été réservés en vie étoient conve-

(2) Circulaire du 30 juillet 1322, dans les preuves de l'Hist. de Languedoc, T. IV, n. 79, p. 164.

nus de payer une somme considérable pour se soustraire aux supplices et aux confiscations ; la part de ceux de la province de Languedoc fut fixée à quarante-sept mille livres, et Charles IV leur accorda gracieusement, dans le premier mois de son règne, la permission de sortir durant le jour des prisons où ils étoient retenus, pour rassembler l'argent que leur demandoit le fisc; et lorsqu'ils avoient payé leur part, la permission de recueillir le reste de leurs biens, et de sortir du royaume. (1)

Tous les actes du nouveau roi n'étoient pas au reste des actes de grâce. Dès le 5 avril de la première année de son règne, il rendit une ordonnance pour reprendre tous les domaines *mal aliénés* par son père et ses frères, se fondant sur l'exemple que lui avoit donné Philippe-le-Long, pour révoquer les grâces que celui-ci avoit accordées. (2) Il interdit à tous les officiers publics nommés par son frère, de faire usage de leur commission, sans en avoir auparavant fait renouveler le sceau, et sans avoir payé en conséquence les émolumens de sa chancellerie, qui faisoient une partie importante de ses revenus (3). Enfin, il ordonna une refonte des monnoies, ayant pris pour

(1) Preuves de l'Hist. de Langued. T. IV, n. 80, p. 164.
(2) Ordonn. de France, T. I, p. 762.
(3) Ordonn. du 16 novembre 1322, T. I, p. 774.

cela, à ce qu'il assure, le conseil de ses bonnes villes ; cependant on s'aperçut bientôt que cette refonte cachoit une falsification ; le commerce en éprouva une perte notable, et la clameur populaire commença à accuser Charles de s'être pressé si fort de marcher sur les traces de son père. (1)

Dans la ferveur d'un nouveau règne, Charles pour regagner la faveur populaire, parla de projets de croisade; il avoit pris la croix dès l'année 1313, avec son père et ses deux frères, et la dévastation du royaume catholique d'Arménie, conquis à cette époque par les Musulmans, rallumoit le zèle des chrétiens et celui du pape. Jean XXII adressa, le 22 juin 1322, une bulle à Charles IV, pour lui exposer les horreurs de cette guerre, et l'exhorter à porter des secours à ses frères d'Orient. Il lui accorda en même temps des décimes pendant quatre ans, d'abondantes indulgences, et la confiscation des biens d'un neveu du pape Clément V, qui avoit pillé son trésor (2). Charles commença par percevoir l'argent qui lui étoit offert; puis, après quelque délai, il rassembla dans ses provinces du midi une petite armée; et par une résolution bizarre, il

---

(1) Ordonn. du 5 mai et du 15 octobre. T. I, p. 766, 769. — *Cont. Nangii*, p. 80.
(2) *Raynaldi Ann. eccles.* 1322, §. 30, 31.

tira de ses prisons celui qu'il destinoit à la commander. C'étoit Amalric, vicomte de Narbonne, qui avoit été enfermé au Châtelet de Paris, pour avoir fait noyer un gentilhomme de ses vassaux, et en avoir fait pendre un autre, encore qu'ils eussent interjeté appel au roi de son jugement. Un acte de cruauté fut pris par un gouvernement foible pour un acte de vigueur, et Amalric fut jugé d'autant plus propre à commander une armée qu'il avoit montré plus d'audace dans ses usurpations sur l'autorité royale. Un traité fut conclu à Paris, le 13 février 1323, par lequel le roi lui promettoit deux cent mille livres par an, durant son expédition en Chypre et en Arménie; en le chargeant seul de la construction et de l'armement de vingt galères, deux navires et quatre galiotes, aussi-bien que de la levée et de l'entretien de trois mille arbalétriers commandés par trente hommes d'armes (1). Ces projets, et l'armement de ces vaisseaux occupèrent, pendant une partie de l'été, la noblesse de France. Plusieurs grands seigneurs s'engagèrent à marcher à cette expédition. Peu à peu leur ardeur se refroidit; la partie de la Cilicie habitée par des Arméniens, qu'on nommoit alors Armé-

(1) Preuves de l'Hist. de Languedoc, T. IV, n. 81, p. 167. — *Epistola Caroli IV ad Carcassonn. Episcop. Martene Thes. Anecdot.* T. I, p. 1370.

nie inférieure, avoit été changée en désert par les Turcs, et le projet de la reconquérir, qui étoit le but de la croisade, fut abandonné en silence. (1)

Presque au moment ou Charles IV faisoit sortir du Châtelet de Paris le vicomte de Narbonne, pour commander une armée, il y enfermoit un autre grand baron du midi, Jourdain de Lille, sire de Casaubon, frère puîné de Bernard de Lille-Jourdain, dans le Toulousain. Ce baron ayant marié sa sœur à Arnaud d'Ossa, neveu du pape, croyoit par cette alliance s'être mis au-dessus de toutes les lois. Déjà le roi lui avoit fait grâce pour dix-huit crimes divers, dont chacun auroit mérité la mort; lorsque sur de nouvelles accusations de brigandage, de rapt et de meurtre, il fut cité au parlement de Paris. Quoiqu'il y parut entouré d'un brillant cortége des nobles de sa province, quoique Jean XXII fit ce qu'il put pour le protéger, il fut condamné à mort, et exécuté le 21 mai 1323. Il fut traîné à la queue des chevaux, et ensuite pendu. Ses seigneuries de Languedoc furent confisquées par le roi, celles du duché de Guienne furent saisies par Édouard II; cependant le 12 octobre, le pape

(1) Hist. de Languedoc, T. IV, L. XXX, c. 3 et 5, p. 190, 191. — *Gio. Villani.* L. IX, c. 147, p. 514.

en demanda la restitution en faveur de Bernard de Lille, frère du mort. (1)

L'autorité, en multipliant les supplices, ne tarde pas à rendre un peuple cruel. Les Français applaudirent à la condamnation peut-être méritée de Jourdain de Lille, parce que, menacés sans cesse des échafauds, ils étoient bien aise que les grands n'en fussent pas plus à l'abri qu'eux. Ils applaudissoient également aux supplices multipliés qu'ordonnoient les prêtres, parce qu'on les avoit accoutumés à croire que le courroux de la Divinité n'étoit apaisé que par des victimes humaines. Jean XXII s'acharnoit toujours plus contre les moines mendians. Le 26 février 1322, il avoit adressé une bulle à neuf d'entre les archevêques de France, leur ordonnant d'examiner avec sévérité sur leur foi, tant les hommes que les femmes qui faisoient profession d'être du tiers-ordre de Saint-François (2); et les registres du Vatican nous apprennent qu'en effet, « à plusieurs reprises, beaucoup de frères mi« neurs furent brûlés en divers lieux, aussi« bien que beaucoup de sœurs de l'ordre, à

---

(1) *Cont. Nangii*, p. 80. — Chr. de Saint Denys, p. 161. — *Rymer.* T. IV, p. 21. — Hist. de Languedoc, T. IV, L. XXX, c. 4, p. 191.

(2) *Raynaldi.* 1322, §. 51.

« cause de leurs opinions sur la pauvreté évan-
« gélique (1). » La controverse avoit quelque
peu changé de nature ; les malheureux enthousiastes que le pape faisoit brûler sous le
nom de fraticelles et de béguines, soute-
noient que le Christ lui-même avoit, avant
saint François, fait vœu de pauvreté, et n'avoit
rien possédé en propre ; le pape, d'autre part,
par sa bulle du 4 novembre 1323, déclara
une telle opinion hérétique, en sorte que ceux
qui continuoient à l'affirmer avec obstination,
devoient être livrés au bras séculier. (2)

La persécution contre la sorcellerie n'étoit
pas moins active; les accusations de maléfice
se multiplioient, et elles étoient toutes accueil-
lies par les tribunaux. La foi dans les sortiléges
étoit affermie par ces condamnations mêmes, et
ceux qui persécutoient les magiciens essayoient
souvent ensuite d'avoir recours à la magie,
quand ils éprouvoient quelque embarras ou que
quelque passion leur faisoit désirer une aide
surnaturelle. Des cris qu'on avoit entendus
sous terre à Château-Landon, y firent découvrir un chat noir qu'on y avoit enterré dans
une cassette. La France entière en fut alarmée ;

---

(1) *Apud Raynaldi*, §. 52. — *Bernardi Guidonis Vita
Joh.* XXII, p. 491. — *Gio. Villani*, L. IX, c. 155, p. 517.
(2) *Raynaldi Annal.* 1323, §. 38-63. — *Bernardi Guidonis*, p. 490.

un grand nombre de malheureux furent incarcérés, et traduits devant les inquisiteurs à Paris, pour donner quelque explication sur ce chat; on découvrit enfin qu'un abbé de Cîteaux, et quelques uns de ses chanoines, l'avoient enfermé dans cette cassette, avec des vivres pour trois jours; qu'ils devoient l'en tirer ensuite pour l'employer dans une opération magique, par laquelle ils comptoient découvrir des effets qui leur avoient été volés. Les angoisses du chat noir furent cruellement vengées : deux religieux furent brûlés vifs; d'autres furent dégradés et condamnés à une prison perpétuelle (1). Dans la même année, d'autres accusations de sorcellerie furent portées au tribunal de l'inquisition à Paris, contre un moine de Morigny, près d'Étampes, et contre le sire de Parthenay, puissant gentilhomme du Poitou, que Charles IV fit arrêter, en saisissant tous ses biens, mais qui échappa au supplice par un appel à la cour de Rome. (2)

La vénalité des prélats d'Avignon laissoit en en effet aux riches et puissans seigneurs des moyens d'échapper, même à cette accusation, la plus grave de toutes : mais ce n'étoit pas que le pape ou conseillât l'indulgence, ou cherchât à décréditer ces absurdes superstitions : au

---

(1) *Cont. Nangii.* p. 81. — Chr. de Saint Denys, p. 161.
(2) *Cont. Nangii*, p. 81.

contraire, c'étoit lui qui, avec une haine implacable contre les sorciers, que redoubloit sa terreur, employoit toute l'autorité de l'église à inculquer dans le peuple la croyance en eux. Il publia en 1327 une bulle, dans laquelle il disoit : « Quelques fils de perdition, nourrissons d'ini- « quité, s'appliquant damnablement aux opé- « rations coupables de leurs détestables malé- « fices, ont fabriqué quelques images de plomb, « ou même de pierre, sous la figure ou le type « royal, pour exercer sur elles par des arts « magiques, leurs horribles maléfices, leurs « enchantemens, leurs évocations des démons, « et leurs autres œuvres exécrables et prohi- « bées ». Il ajoutoit que comme parmi les prévenus de ces crimes se trouvoient des ecclésiastiques, qui avoient décliné la juridiction des tribunaux français, il chargeoit trois cardinaux de les examiner, pour les dégrader, et les renvoyer ensuite aux juges séculiers (1). Dans une seconde bulle de la même année, il s'étonnoit ensuite des progrès que faisoient les sciences occultes, comme si, par sa terreur même, il n'en avoit pas été le principal promoteur. « Nous nous apercevons avec douleur, « dit-il, et nous en sommes troublés jusque « dans nos entrailles, que plusieurs qui ne sont

---

(1) *Raynaldi.* 1327, §. 44.

« chrétiens que de nom, ont laissé la lumière
« de la vérité, et qu'ils sont tellement couverts
« des nuages de l'erreur, qu'ils ont fait une
« alliance avec la mort, et un pacte avec l'enfer;
« car ils immolent aux démons, ils les ado-
« rent, ils fabriquent ou font fabriquer des
« images, des anneaux, des miroirs, des fioles
« ou tout autre objet auquel ils puissent lier
« magiquement les démons. Ils leur demandent
« des réponses et en reçoivent d'eux; ils im-
« plorent leur secours pour accomplir leurs
« désirs dépravés, et en retour de la plus hon-
« teuse assistance, ils offrent une honteuse ser-
« vitude. O douleur ! cette maladie pestilen-
« tielle se répandant plus que de coutume dans
« le monde, infecte toujours plus gravement
« le troupeau du Christ. (1)

Avant la fin de la seconde année de son règne, Charles IV voulut visiter les provinces qui lui étoient soumises; les ordonnances qu'il publia dans différentes villes, nous donnent l'itinéraire de son voyage. Il étoit à Angers au mois de novembre 1323, à Toulouse au mois de février 1324, et il étoit de retour à Vaumain dans le Vexin au mois de mai de la même année. En passant à Montauban, il rendit à cette ville les droits de commune, dont un ar-

(1) *Raynaldi.* 1327, §. 45.

rêt du parlement l'avoit privée le 9 septembre 1321 (1). Il fit ensuite son entrée à Toulouse, accompagné de la reine son épouse, du roi Jean de Bohème son beau-frère, du comte Charles de Valois son oncle, et de Sanche d'Aragon, roi de Majorque. Il est probable que pour honorer sa venue, les Toulousains imaginèrent d'ouvrir dans leur ville un concours de poésie en langue provençale. Sept bourgeois de Toulouse, qui se firent appeler *les sept trobadors de Tolosa*, invitèrent par une circulaire qui nous a été conservée, les poètes de leur langue à présenter à Toulouse, le 1er mai 1324, une pièce de poésie sacrée, promettant de donner pour prix à la meilleure, une violette d'or et le titre de *docteur dans la gaie science*. Telle est l'origine des jeux floraux, par lesquels on s'est efforcé de conserver au moins l'ombre de l'ancienne poésie provençale (2). Mais les temps avoient changé, toutes les cours du midi avoient disparu, et avec elles les troubadours, les mœurs qui leur étoient propres, et leur genre de vie. Les bourgeois des communes qui les remplaçoient, valoient mieux peut-être, mais ils étoient beaucoup moins poétiques; avec moins de loisir, ils avoient moins de rêveries, moins de passion pour le plaisir, moins de galanterie;

(1) Hist. de Languedoc, T. IV, L. XXX, c. 6, p. 123.
(2) Hist. de Languedoc, T. IV, L. XXX, c. 10, p. 196.

ils accordoient moins d'estime aux flatteurs et aux parasites de cour, même quand ils leur reconnoissoient le talent de faire de jolis vers. L'ancienne poésie provençale étoit morte; l'Académie des jeux floraux ne réussit point à la ressusciter.

Au reste, les bourgeois de Toulouse avoient mal connu les goûts royaux de Charles IV, quand ils lui avoient préparé des concours de poésie pour lui faire honneur. Il n'est pas toujours agréable à ceux qui sont grands par les distinctions sociales, de se rapprocher de ceux qui ne sont grands que par les dons de la nature; et alors même que le poète ne recherche le prince que pour le flatter, le prince se sent quelquefois gêné de penser que cet homme qu'il n'a point fait ce qu'il est, le juge et le mesure. Les poètes provençaux devoient se réunir à Toulouse pour le 1er mai. Charles IV ne les attendit pas; il repartit au milieu de mars. A son arrivée à Issoudun, la reine Marie accoucha avant terme d'un fils qui mourut aussitôt. La mère de cet enfant ne lui survécut que peu de jours; elle fut enterrée à Montargis (1). Charles qui désiroit ardemment assurer sa succession, et qui avoit déjà perdu deux fils en bas âge, de deux femmes différentes, n'attendit pas trois mois

(1) *Cont. Nangii*, p. 82. — Hist. de Languedoc, L. XXX, c. 9, p. 196.

pour se remarier. Le 5 juillet suivant, il épousa sa cousine germaine, Jeanne, fille de Louis, comte d'Evreux; quoiqu'il obtint au préalable une dispense du pape, les mariages entre parens avoient été tellement décriés par l'église romaine, que celui-ci causa beaucoup de scandale (1). En même temps, pour attacher aux intérêts de la France le roi de Bohême son beau-frère, qui auroit pu s'éloigner de lui à la mort de sa sœur la reine Marie, il fit épouser Blanche, fille de Charles de Valois, au fils de ce roi, nommé Wenceslas au baptême; mais qui avoit changé de nom en l'honneur de son oncle, depuis qu'il étoit élevé en France, et qui fut depuis l'empereur Charles IV. (2)

Nous aurons peu de chose de plus à dire sur Charles-le-Bel, sur sa famille, ou sur son administration intérieure; il nous reste à voir quel rôle il joua et fit jouer à la France, dans ses rapports avec le reste de l'Europe.

Les relations avec la Flandre participoient de la nature des affaires domestiques et des affaires étrangères. Le comté de Flandre étoit bien toujours le premier comté de France, et il reconnoissoit toujours le ressort de la cour des pairs et du parlement de Paris : mais la vigoureuse

---

(1) *Gio. Villani*, L. IX, c. 262, p. 560. — *Cont. Nangii*, p. 82.

(2) *Olenschlager, Geschichte*, c. 50, p. 132.

résistance que les Flamands avoient opposée à Philippe-le-Bel et à ses fils, avoit procuré à leur pays une indépendance réelle, et leur jalousie de la France devoit plutôt les faire ranger parmi ses ennemis que parmi ses sujets.

Louis, comte de Nevers, fils aîné du comte de Flandre, étoit mort à Paris le 12 juillet 1322, et son père Robert III étoit mort à Ypres, le 17 septembre de la même année, à l'âge de quatre-vingt-trois ans. Ce vieillard devenu haineux et défiant durant son demi-radotage, s'étoit efforcé de déshériter son petit-fils Louis, comte de Réthel, en faveur de son second fils, et de son favori Robert, comte de Cassel. Louis qui avoit épousé une fille de Philippe-le-Long, et qui vivoit à la cour de France, partit en hâte pour la Flandre, à la nouvelle de la mort de son grand-père ; il fut reçu avec faveur par les puissantes communes, qui avoient déjà embrassé le parti de son père contre le vieux Robert ; il fut proclamé comme comte de Flandre, et il reçut à ce titre l'hommage de ses vassaux. Mais quand, après cette cérémonie, il revint à Paris, Charles IV le fit mettre en prison pour le punir de s'être autant pressé, et d'avoir pris possession de son comté, avant d'en avoir reçu l'investiture du roi de France. En même temps il donna ordre au parlement d'examiner si le droit de représentation étoit reconnu en Flandre, et si ce comté devoit passer au fils du fils aîné, ou au second fils, Robert de Cassel, et à ses sœurs. Au bout de peu de jours cependant le roi fit remettre le comte Louis en liberté, et le parlement rendit un arrêt le 29 janvier 1323, par lequel il le reconnoissoit pour comte de Flandre, aussi-bien que pour comte de Nevers, au droit de sa grand'mère. (1)

Ce nouveau comte, élevé en France, étoit presque absolument français de mœurs et de caractère; il connoissoit mal l'esprit indépendant de ses riches et industrieux sujets, et il méprisoit la roture des Flamands, qui osoient prétendre à la liberté : il étoit confirmé dans ces sentimens par son principal conseiller, l'abbé de Vézelay, son vassal dans le Nivernais, mais l'ennemi héréditaire des Flamands, car il étoit fils de Pierre Flotte, chancelier de France, tué dans la guerre contre eux. Bientôt la défiance et la haine prirent la place de l'amour et du dévouement, dans les rapports entre le comte de Flandre et ses sujets. Le premier, au mépris de leurs priviléges, et sans se donner la peine de comprendre les intérêts de leur commerce, multiplioit les péages et les entraves à la circulation des marchandises : il donna entre autres, à son grand-oncle, le comte Jean de

(1) *Cont. Nangii*, p. 80. — *Gio. Villani*, L. IX, c. 183, p. 529 — Oudegherst, *Chr. de Flandre*, c. 147, f. 244.

Namur, la seigneurie du canal de l'Ecluse, et il ne voulut point révoquer ou limiter ce don, quelques sollicitations que lui adressassent les bourgeois de Bruges, dont les débouchés se trouvoient interrompus. Ceux-ci perdant patience, attaquèrent brusquement l'Écluse, au mois d'août 1323, prirent cette ville, la brûlèrent et emmenèrent prisonnier le comte de Namur. Pour ne pas aigrir trop leur seigneur, ils laissèrent cependant ensuite échapper le comte, et ils acceptèrent l'amnistie que Louis leur offroit (1). Celui-ci, sans faire attention à la jalousie des communes contre les nobles, confioit tous les emplois à des gentilshommes flamands, qui, en cherchant à humilier les bourgeois, les aigrissoient seulement et les offensoient. Mais comme les villes possédoient seules toute la force et toute la richesse, dès qu'elles se soulevoient Louis étoit forcé de céder, et il s'estimoit encore heureux que les bourgeois voulussent accepter ses amnisties. (2)

Au lieu de chercher dans sa propre politique la cause de ces fréquens soulèvemens, Louis supposa que son oncle, Robert de Cassel, qui avoit voulu lui enlever son héritage, en étoit

(1) *Cont. Nangii*, p. 82. — *Gio. Villani.* L. IX, c. 220, p. 544. — Oudegherst, *Chr. de Flandre*, c. 149, f. 247.
(2) Oudegherst, *Chron.* c. 150, p. 250. — *Gio Villani*, L. IX, c. 282, p. 566.

le moteur ; et comme il savoit que Robert étoit
alors à Warneston, à trois lieues de Lille, il
ordonna à son secrétaire d'écrire aux habitans
de cette bourgade, dont il se croyoit sûr, de
le tuer, comme un traître ; le secrétaire obéit,
mais il expédia en même temps un courrier à
Robert de Cassel, pour qu'il eût à se mettre en
sûreté ; et quand son maître le sut, il lui répondit hardiment, qu'il avoit mieux aimé sauver son honneur que lui obéir. Il fut jeté en
prison ; mais cette anecdote fut connue, et
commença à aigrir les esprits. En même temps,
de nouveaux impôts furent levés sur le peuple,
toujours sous prétexte de payer le subside promis à la France ; les députés des communes
qui étoient assemblés à Courtrai, assurés qu'ils
avoient déjà beaucoup plus payé qu'il ne falloit
pour solder leur dette, demandèrent à voir les
comptes. Louis, soit pour les intimider, soit
pour faire disparoître ses registres, fit mettre
le feu au faubourg de Courtrai, que ces députés
habitoient. La flamme ne s'enfermant point
dans les limites qu'il croyoit lui avoir assignées,
gagna la ville, qui fut consumée tout entière
le 13 juin 1325. Les habitans soulevés d'indignation tournèrent leur rage contre lui ; plusieurs de ses gentilshommes qui essayoient de
le défendre furent tués autour de lui ; il fut
enfin arrêté avec cinq chevaliers, deux damoi-

seaux et plusieurs soldats, et conduit à Bruges, où il fut retenu prisonnier dans la maison de ville ; vingt-sept de ses compagnons d'armes furent traduits en justice, condamnés comme incendiaires, et exécutés sous ses yeux (1). On estimoit que Louis s'étoit rendu indigne de régner; presque toutes les villes de la Flandre levèrent l'étendard de la rebellion, et offrirent la souveraineté au comte Robert de Cassel. Les Gantois seuls, toujours jaloux de Bruges, se déclarèrent pour leur comte et invoquèrent l'aide de la France. Robert acceptant le commandement du parti contraire, retira de sa prison le secrétaire de son neveu qui lui avoit sauvé la vie, et battit les Gantois, auxquels il tua cinq cents hommes. (2)

Charles IV envoya le bailli de Vermandois à Bruges, pour demander que le comte Louis fût remis en liberté ; n'ayant pu l'obtenir, il fit prononcer des anathèmes contre les Flamands, par les évêques de Tournay et de Terouanne; il exhorta en même temps les Gantois à demeurer fidèles à leur comte, en leur promettant de puissans secours; cependant lorsqu'il vit que les paroles seules ne pouvoient suffire pour faire

(1) *Cont. Nangii*, p. 83, 84. — Oudegherst, c. 150, f. 251. — *Gio. Villani.* L. IX, c. 308, p. 580.

(2) *Cont. Nangii*, p. 84. — *Raynaldi Ann. eccles.* 1325, §. 14.

triompher le parti qu'il affectionnoit, il offrit
sa médiation, et il réussit enfin, au mois de
novembre 1326, à faire remettre en liberté le
comte Louis, sous condition qu'il jureroit de
maintenir tous les priviléges et libertés de Bruges, d'Ypres, et du Franc, et que les Gantois
entreroient dans la ligue des villes libres. (1)

Les sujets ont toujours une grande foi dans
les sermens des princes, parce qu'ils jugent
d'eux d'après leurs propres sentimens. Ils ne
soupçonnent jamais que ces princes prétendront n'avoir pas été libres, lorsqu'ils s'engageoient avec eux, parce qu'ils savent fort bien
que les princes, forcés de céder aux circonstances, sont encore plus libres lorsqu'ils jurent
d'observer les priviléges de leurs sujets, que
ces sujets ne l'ont été ou ne le seront jamais, lorsqu'ils jurent d'obéir aux princes.
Cependant lorsque les souverains violent les
sermens qu'ils ont prêtés à leurs sujets, ils ne
sont jamais punis, ni par la réprobation des
autres souverains, ni par celle de l'église, ni
même par le déshonneur qu'ils méritent. En
sortant des prisons de Bruges, le comte Louis
se rendit directement à Paris pour porter ses
plaintes au roi et au parlement sur la violence
qu'il avoit éprouvée. Ses sermens, et le traité

---

(1) Oudegherst, *Chron. de Flandr.* c. 151, f. 252.

1326.　conclu avec lui sous la médiation de la France, furent regardés comme non avenus. Charles IV annonçoit qu'il alloit faire marcher de nombreuses armées pour le soutenir ; le riche commerce que les Flamands faisoient avec la France alloit être ruiné. Les communes se soumirent ; elles consentirent à envoyer des députés à Arques, près de Saint-Omer, où Charles IV les attendoit avec Louis : elles s'humilièrent et demandèrent grâce, et un traité y fut conclu, qui confirma leurs priviléges, sous condition que trois cents des premiers citoyens de ces villes, se rendroient en pélerinage, les uns à Jaint-Jaques de Galice, les autres à Saint-Giles de Provence, et le reste à Notre-Dame de Rochemadour, et que les Flamands paieroient dans certains termes, cent mille livres tournois à leur comte, et deux cent mille au roi de France. (1)

2—1328.　Parmi les voisins de la France, quelques uns continuoient à attirer à peine son attention. Charles IV étoit roi de Navarre, comme l'avoient été son père et ses deux frères, et cependant c'est la période où l'histoire d'Espagne demeure la plus étrangère à l'histoire de France, où les deux nations sont le plus complétement séparées par les Pyrénées. Nous ne savons rien sur le gouvernement des Français en Navarre,

(1) Oudegherst, c. 152, p. 254. — *Cont. Nangii*, p. 86. — *Raynaldi Ann. eccles.* 1325, §. 14, et 1326. §. 11.

pendant le règne de Philippe IV et de ses trois fils. En Castille, Alfonse XI fut déclaré majeur par les cortès de Valladolid, en 1322, au moment où il atteignoit sa quinzième année; mais cet acte législatif ne put lui donner ni la prudence, ni la force de l'âge ; aussi il se passa long-temps encore avant que les troubles de sa minorité fussent apaisés, et avant que les Castillans vissent finir les guerres civiles et les brigandages auxquels ils étoient depuis si long-temps en proie (1). En Aragon, Jayme II, quoiqu'il régnât depuis trente ans, étoit encore dans la vigueur de l'âge, mais il continuoit à diriger toute son attention vers l'Italie. Il préparoit en secret la conquête de la Sardaigne, qu'il vouloit enlever à la république de Pise ; la conjuration qu'il avoit ourdie avec quelques seigneurs sardes, éclata le 11 avril 1323, par le massacre de tous les Pisans établis dans cette île ; elle fut suivie d'une guerre acharnée que termina le traité du 10 juin 1326, par lequel les Pisans cédèrent la Sardaigne au roi d'Aragon. Don Jayme survécut plus d'une année à cette conquête ; il mourut le 2 novembre 1327, à l'âge de soixante-six ans, et il fut remplacé par son second fils Alfonse IV. (2)

Sur leur frontière orientale, les Français ne

(1) *Mariana, De rebus Hispan.* L. XV, c. 18, p. 662.
(2) Hist. des Répub. Ital. c. 31, T. V, p. 122. — *Mun-*

s'apercevoient point qu'il se formoit une nation nouvelle, les Suisses, dont la confédération ne comprenoit encore que quelques montagnards des trois anciens cantons, déjà signalés par leur courage héroïque, et par leurs victoires sur les princes de la maison d'Autriche. Ces exploits d'un petit peuple, qui devoient avoir pour la France des résultats importans, en mettant entre les mains d'une race belliqueuse la garde des montagnes centrales de l'Europe, et en préparant une pépinière de soldats qui versèrent souvent leur sang pour les Français, furent alors confondus avec les soulèvemens vulgaires que la tyrannie excitoit tour à tour dans toutes les provinces, et qu'elle noyoit bientôt dans le sang. (1)

L'attention publique fut beaucoup plus vivement excitée par la guerre qui éclata en 1325, entre Édouard, comte de Savoie, et Guigue VIII, dauphin de Viennois. La famille de ce dernier, quoiqu'elle ne gouvernât point encore toute la province nommée d'après elle Dauphiné, s'étoit élevée en importance; le dauphin avoit épousé une fille de Philippe-le-Long; d'autre part le comte de Savoie avoit de puissantes alliances en France; et ces deux seigneurs d'un pays qui

taner, *Chronica dels Reys*. c. 292, f. 239. — Çurita, *Anales*. T. II, L. VI, c. 75, p. 81. — *Ejusd. Indices*. L. II, p. 170.
(1) Muller, *Geschichte der Schweiz*. B. II, c. 1, p. 50.

parloit français, mais qui relevoit de l'empire, étoient à peine regardés comme étrangers à la France. Le comte de Savoie fut défait le 7 août 1325, dans la plaine de Saint-Jean-le-Vieux, au-dessous du château de Varey : plusieurs des grands seigneurs français qui lui avoient amené des secours, entre autres, Robert, comte de Tonnerre, frère du duc de Bourgogne, Jean de Challon, comte d'Auxerre, et Guichard de Beaujeu, y furent faits prisonniers. Le pape chargea l'évêque de Toulouse, et le grand-maître des hospitaliers, de rétablir la paix entre ces deux princes, et Charles IV s'occupa de faire recouvrer, moyennant rançon, la liberté aux prisonniers; l'une et l'autre négociation fut longue et difficile; ce ne fut pas avant le règne suivant que le comte de Tonnerre sortit de captivité, en donnant au dauphin une somme prodigieuse, et lui cédant une partie de ses seigneuries. (1)

Tous ces événemens paroissoient encore cependant de peu d'importance, à côté des révolutions de l'empire, et de celles dont l'Angleterre fut le théâtre durant la même période. Depuis l'élection contestée du mois d'octo-

---

(1) Hist. du Dauphiné, T. I, c. 20, p. 288. — Guichenon, *Hist. généal. de Sav.* T. I, p. 377. — *Gio. Villani.* L. IX, c. 310, p. 581. — *Raynaldi*, 1326, §. 17. — Chr. de Saint Denys, f. 170.

bre 1314, l'empire étoit toujours disputé entre Louis de Bavière et Frédéric d'Autriche; le pape Jean XXII, qui se prétendoit juge entre les candidats, profitoit, de concert avec le roi Robert de Naples, de l'interrègne qu'il faisoit durer, pour étendre sa domination sur l'Italie; il sembloit même vouloir y fonder une principauté nouvelle, en faveur du cardinal du Poiet, qu'on croyoit être son fils. Mais en 1322, les deux rivaux allemands, fatigués d'une guerre ruineuse, firent un dernier effort pour la terminer par une grande bataille. Frédéric introduisit en Allemagne des bandes barbares de Valaques, de Cumans, de Bulgares et de Serviens, tandis que Louis fut puissamment secondé par son allié Jean, roi de Bohême. Les deux armées se rencontrèrent à Muhldorf, le 28 septembre 1322, et après un combat de sept heures, l'un des plus acharnés qu'eût vus l'Europe, l'armée autrichienne fut défaite, et Frédéric demeura prisonnier, entre les mains de son rival, avec la plus grande partie de sa noblesse. (1)

Les vainqueurs commencèrent par partager entre eux les prisonniers, pour s'enrichir par leur rançon : Frédéric demeura à Louis de Bavière, qui le fit garder dans sa forteresse de

---

(1) *Gio. Villani.* L. IX, c. 173, p. 524. — Olenschlager, c. 42, p. 111. — *Pez. Script. rer. Austriac.* T. I, p. 1002. — Raynaldi 1322, §. 14. — *Cont. Nangii*, p. 82.

Traussnitz du haut Palatinat : mais son frère Henri, avec les nobles autrichiens, tombèrent en partage à Jean, roi de Bohème et à ses alliés. Jean vouloit aussi que cette victoire sanctionnât l'échange qu'il désiroit faire de son royaume de Bohème contre le palatinat du Rhin. Né dans le Luxembourg, élevé dans la langue française, aimant les fêtes et les plaisirs chevaleresques, il regardoit la Bohème comme barbare, il ne pouvoit en souffrir le séjour, et il désiroit se rapprocher de la France. Il étoit venu à Paris avec son oncle l'archevêque de Trèves, pour les fêtes de Pentecôte de l'an 1323, où sa sœur Marie fut couronnée comme reine de France (1); et il auroit voulu établir sa cour à peu de journées de distance de cette capitale. Cependant lorsque les états de Bohème lui adressèrent leurs plaintes sur son projet de les abandonner, il jeta dans le feu l'acte d'échange avec la maison de Bavière, qu'il avoit déjà dressé. (2)

Tandis que la diète germanique, assemblée à Nuremberg, sanctionnoit les titres de Louis de Bavière déjà affermis par la victoire, Jean XXII, à l'instigation, à ce qu'on croit, du roi de France, dans une bulle publiée à Avignon,

---

(1) *Cont. Nangii*, p. 81.
(2) Olenschlager, c. 43, p. 116 — *Dubravius, Hist. Boicæ gentis.* L. XX, p. 167.

le 9 octobre 1323, le déclaroit coupable, pour avoir pris le titre de roi, et pour avoir conféré l'électorat de Brandebourg à son fils, avant d'avoir été reconnu par le Saint-Siége. Il lui donnoit trois mois pour renoncer au titre royal et à l'administration de l'empire, déliant en même temps ses sujets du serment de fidélité qu'ils lui avoient prêté (1). On assure que Charles IV espéroit monter sur le trône impérial; que son beau-frère le roi Jean de Bohème, qui avoit été jusqu'alors le principal soutien de Louis de Bavière, avoit suggéré au roi de France ce projet ambitieux, et lui en avoit garanti la réussite; qu'il lui avoit promis de lui amener au mois de juillet, à Bar-sur-Aube, l'archevêque de Trèves son oncle, l'archevêque de Cologne, et beaucoup de princes allemands, qu'il engageroit dans le parti français; qu'enfin, Jean XXII s'étoit fié à ces assurances, lorsqu'il avoit poursuivi avec acharnement les procédures contre Louis de Bavière. En effet, il frappoit coup sur coup celui-ci par de nouvelles bulles, et il le déclara enfin excommunié, le 21 mars 1324. (2)

Toutefois, la cour de France et celle d'Avi-

(1) *Raynaldi.* a. 1323, §. 30. — Olenschlager, c. 47, p. 124. — *Gio. Villani.* L. IX, c. 226, p. 545.

(2) *Gio Villani.* L. IX, c. 247, p. 553. — *Raynaldi.* 1324, §. 26 et 13. — Olenschlager geschichte, c. 51, p. 133

gnon montroient peu de connoissance des hommes, en faisant dépendre des projets d'une exécution aussi hasardeuse, de la constance d'un personnage tel que Jean, roi de Bohême. Ce prince, qui n'aspiroit à d'autres vertus qu'à celles des chevaliers errans, brave, galant, brillant dans toutes les fêtes, ravissant toujours les étrangers par les grâces de son accueil, mais inquiet, haïssant le séjour de ses états, ne songeant jamais à leur avantage, n'avoit aucune suite dans ses projets; sa politique étoit toute sentimentale, elle reposoit toute sur ses affections personnelles, et non sur l'intérêt des peuples qu'il étoit appelé à gouverner. En quittant la cour de France il n'aspiroit qu'à mettre la couronne impériale sur la tête de Charles-le-Bel; dès qu'il eut passé le Rhin, et qu'il entendit les Allemands exprimer leur indignation contre les procédures violentes de la cour pontificale, et leur aversion pour le joug français, il ne fut pas moins indigné qu'eux, et il écrivit à Jean XXII qu'il ne se prêteroit jamais à des projets dont le résultat seroit de dépouiller les électeurs ses collègues de leurs plus beaux priviléges. (1)

Une diète, que Louis de Bavière avoit présidée au printemps, à Francfort, et où il avoit

(1) Réponse du pape, du 26 mai 1324. — *Raynaldi Ann ecl.* 1324, 17, 18.

exposé toute l'injustice et la précipitation des attaques de la cour d'Avignon contre lui, avoit hâté l'explosion de cette jalousie germanique. Les Franciscains avoient secondé l'empereur élu, en associant leur querelle sur la pauvreté évangelique à la sienne ; tandis que deux docteurs élevés à l'Université de Paris, Jean de Gand, et Marsile de Padoue, s'efforçoient dans les écrits qu'ils publioient pour l'empereur, d'assigner les limites que ne devoit point franchir l'autorité ecclésiastique (1). Des diatribes violentes contre le pape commençoient à circuler en Allemagne ; les chapitres ne vouloient plus reconnoître leur évêque, s'il se déclaroit attaché à la cour d'Avignon ; celui de Freysingen chassa le sien ; les bourgeois de Strasbourg jetèrent dans le Rhin un prêtre qui avoit voulu afficher à l'église la sentence du pape contre l'empereur ; ceux de Ratisbonne forcèrent les Dominicains à prier pour lui, en ne leur laissant parvenir des vivres qu'à cette condition. (2)

Charles-le-Bel ne pouvoit plus mal prendre son temps, pour la conférence à laquelle il avoit invité les princes allemands, à Bar-sur-Aube ; il s'y rendit cependant au mois de juillet 1314, avec une suite nombreuse, ne dou-

(1) *Cont. Nangii*, p. 75. — Olenschlager geschichte, c. 55, p. 136 et note 1 ; et c. 54, p. 139.
(2) Olenschlager, c. 55, p. 144.

tant point que l'éclat de sa cour ne frappât d'admiration les électeurs. Il se présenta ouvertement comme candidat à l'empire ; mais aucun des électeurs, des princes, des députés des villes qu'il avoit invités, ne se rendit à Bar, à la réserve du seul duc Léopold d'Autriche, uniquement occupé de faire rendre la liberté à son frère, et qui s'étoit adressé au roi de France pour cela, comme on l'accusoit de s'être adressé aussi au diable (1). Léopold promit de faire agir l'archevêque de Salzburg et l'évêque de Passau contre la Bavière, l'électeur de Cologne et l'évêque de Munster sur le bas Rhin, l'évêque de Strasbourg en Alsace : il promit que son frère Frédéric abdiqueroit l'empire dès qu'il auroit recouvré la liberté, tandis qu'en retour Charles IV le feroit, lui Léopold, son vicaire impérial en Allemagne. Trente mille marcs d'argent furent avancés par la France, pour faciliter les armemens des Autrichiens : mais, dans le même temps, le roi de Bohème, les trois électeurs ecclésiastiques, et la plupart des princes allemands, s'étoient réunis à Cologne à la cour de Louis de Bavière, pour célébrer son mariage, et ils s'étoient engagés à repousser de toute leur force les projets ambitieux de la France. (2)

(1) *Albertus Argentinensis*, p 123. — *Chron. Leobiense* an. 1324. — Olenschlager, c. 45, p 120.
(2) *Alb. Argentin.* p. 123. — Olenschlager, 56, 57.

La constance dans leurs affections politiques n'étoit pas, il est vrai, la vertu des princes allemands : malgré toutes les sollicitations de Léopold, Charles-le-Bel n'envoya pas un seul soldat français au-delà du Rhin, mais il y fit passer beaucoup d'argent, et avant que l'année fût révolue, il y avoit recouvré un grand nombre de partisans. Jean XXII le secondoit de tout son pouvoir, et si les Franciscains représentoient ce pape comme l'Antechrist, les Dominicains et tous les autres prêtres voyoient en lui le vicaire de Dieu sur la terre. Louis de Bavière qui avoit entrepris, en 1325, le siége de Burgaw en Souabe, fut forcé à le lever par le duc Léopold, et y perdit tous ses bagages. Les électeurs de Mayence et de Cologne, croyant cet échec décisif pour le parti bavarois, convoquèrent une diète électorale, à Rensé près de Coblentz, pour donner un nouveau chef à l'empire. Les légats de l'église et les ambassadeurs de France annonçoient que le moment étoit venu de rendre le sceptre de Charlemagne au représentant français de ce monarque. Les négociateurs de Charles IV cependant, qui se rendoient en bateau vis-à-vis de Rensé, pour avoir des conférences avec les électeurs, s'apercevant de la jalousie que de tels projets inspi-

p. 145. — *Gio. Villani.* L. IX. c. 267, p. 561. — *Raynaldi Ann. eccles.* 1324, §. 26.

roient aux Allemands, déclarèrent qu'ils demandoient la couronne impériale pour Charles IV seulement, non pour ses successeurs, et qu'ils entendoient bien qu'elle demeureroit élective. Mais Berchtold de Bucheck, frère de l'archevêque de Mayence, répondit que si Louis de Bavière devoit perdre la couronne, l'Allemagne ne manquoit pas de princes nés dans son enceinte et parlant sa langue, qui pussent le remplacer ; et qu'il s'opposeroit toujours de tout son pouvoir à l'élection d'un étranger, surtout d'un Français. Ces paroles entraînèrent l'archevêque de Trèves, le roi de Bohème, et bientôt après tous les électeurs : les négociateurs français furent alors forcés de se retirer. (1)

Toutefois Louis de Bavière ne voulut pas s'exposer plus long-temps à des tentatives qui pouvoient avoir pour lui une si fatale issue. On dit qu'il hésita s'il se déferoit de Frédéric d'Autriche, son compétiteur et son prisonnier, ou s'il se réconcilieroit avec lui. Il se décida pour le parti le plus généreux ; il employa son confesseur pour traiter avec Frédéric, et celui-ci ayant promis de recon-

(1) *Albert. Argentinensis*, p. 123. — Henric. Rebdorff. *Chron.* p. 612. — Mutius, *Chron. German. in Struvio*, L. XXIV, p. 869. — Olenschlager geschichte, c. 59-62, p. 150, 154. — *Raynaldi*, 1325, §. 7.

noître Louis comme roi des Romains, et de réconcilier avec lui la maison d'Autriche, le Bavarois vint le trouver à Traussnitz, communia avec lui, et le remit en liberté le 13 mars 1325, sans rançon, sans cession de provinces ou de forteresses, sans otage, et se reposant seulement sur son serment. (1)

Louis de Bavière ne fut point trompé dans la pleine confiance qu'il avoit accordée à Frédéric : ce ne fut pas cependant la faute du pape, qui, dans l'intérêt de la France, fit tout ce qu'il put pour ébranler sa foi. Dès qu'il apprit que Frédéric étoit sorti de prison, il lui écrivit le 4 mai : « Qu'il se réjouissoit de ce qu'il avoit
« recouvré la liberté, si c'étoit sans condition ;
« mais que plusieurs hommes graves supposant
« qu'il n'étoit sorti de prison que moyennant
« des promesses odieuses à Dieu, désavanta-
« geuses pour lui, et périlleuses pour la chose
« publique, il croyoit convenable de l'avertir
« que toutes les promesses qu'il pouvoit avoir
« faites à Louis, tous les sermens par lesquels
« il les avoit confirmées, étoient de nulle va-
« leur : qu'en effet, de sa souveraine autorité

(1) Olenschlager, c. 65, p. 155 et *Urkunden*, n. 44, p. 129. — Pez. T. I. *Rer. Austr.* p. 1005. — Gio: *Villani* L. IX, c. 295, p. 569. — Raynaldi. 1325, §. 1. - Coxe, *Maison d'Autriche* T. I, c. 7, p. 182 — Schmidt, *Hist. des Allem.* L. VII, c. 5, T. IV, p. 460.

« il les cassoit et anéantissoit ; qu'en vertu de la
« sainte obédience, et sous peine d'excommuni-
« cation, il lui défendoit de les observer, tout
« comme de retourner dans les prisons de ce
« rebelle excommunié, s'il s'étoit engagé à l'al-
« ternative. » (1)

Jean XXII écrivit aussi, le 30 juillet, au roi
de France, pour lui recommander « de déposer
« enfin sa tiédeur, de veiller et d'agir car les
« choses étoient encore en tel point que son
« désir royal pouvoit toujours être satisfait,
« tandis que bientôt peut-être il ne le pourroit
« plus : déjà le retard des subsides, pendant
« une année entière, avoit beaucoup nui, car
« il avoit rendu ceux qui devoient agir et plus
« tièdes et plus lents (2). » Charles IV se décida
enfin, et fit passer des sommes considérables en
Allemagne, surtout entre les mains de Léopold,
à qui le pape avoit aussi écrit pour le presser
de recommencer les hostilités, d'autant qu'il
n'avoit point voulu reconnoître la convention
de Traussnitz. Léopold partagea l'argent de la
France avec Ladislas, roi de Pologne, qui accourut à son aide avec des nuées de Lithuaniens,
de Russes, de Valaques, la plupart païens, appelés par le pape à dévaster l'Allemagne catho-

(1) Olenschlager Urkunden. n 45, p 152   Raynaldi
1325, §. 2.
(2) Urkunden. n 47, p 157.

lique. La condition de Louis de Bavière sembloit plus dangereuse que jamais, mais Frédéric d'Autriche, loin de vouloir se joindre à ses ennemis, revint se mettre entre ses mains, déclarant qu'il étoit prêt à rentrer en prison, puisqu'il n'avoit pas réussi à faire poser les armes à son frère. Louis, fatigué de combats toujours renaissans, signa avec Frédéric, à Munich, au commencement de septembre 1325, un nouvel accord par lequel les deux princes convenoient de partager la dignité impériale, et d'administrer en commun l'empire (1). Il semble que ce traité qui détermina enfin le duc Léopold à poser les armes, et à renoncer à l'alliance de la France, fut, peu de mois après, suivi d'un troisième, par lequel Louis abandonnoit toute l'Allemagne à Frédéric, et se réservoit seulement l'Italie. Toutefois, comme ces pactes étoient contraires à la constitution de l'empire et aux droits des électeurs, les deux princes les tenoient aussi cachés qu'ils pouvoient, et c'est la cause de l'obscurité qui couvre aujourd'hui ces transactions, objet de controverse entre les Bavarois et les Autrichiens. (2)

(1) Olenschlager Urkunden, n. 50, p. 137.
(2) Olenschlager gesch., c. 69, p. 169. — *Gio. Villani.* L. IX, c. 514, p. 582. — *Raynaldi*, 1326, §. 6 et 7. — Coxe, *Maison d'Autriche*, T. I, c. 7, p. 182.

La mort du duc Léopold d'Autriche, qui succomba le 27 février 1326, à une fièvre chaude, mit enfin un terme aux intrigues et aux prétentions de la France. Ce prince belliqueux, infatigable, et qui nourrissoit contre Louis de Bavière un ardent ressentiment, avoit seul pu former et maintenir un parti français en Allemagne. Il semble que, par ses promesses, il avoit flatté la vanité de Charles IV, plus encore qu'il n'avoit éveillé son ambition. Il tiroit de lui des sommes considérables qui nourrirent pendant plusieurs années les guerres civiles de l'Allemagne, mais il ne put jamais obtenir de lui un soldat; aussi le pape et le duc d'Autriche ne cessoient de reprocher au roi de France sa tiédeur, lorsqu'il s'agissoit de la couronne impériale. Toutes ces négociations étoient apparemment ignorées des contemporains, car les plus anciens historiens de France n'en font aucune mention. (1)

Après la mort de Léopold, la diète de l'empire assemblée à Spire, au mois de mars 1326, reconnut Louis de Bavière comme monarque légitime, et l'exhorta à passer en Italie avec une armée, pour faire repentir le roi de Naples et le pape des outrages qu'ils avoient faits aux

---

(1) *Cont. Nangii*, p. 85. — *Pauli Æmilii Veron. in Carolo IV*, p. 266.

Allemands (1). En effet, Louis de Bavière prit à Milan, le 30 mai 1327, la couronne de Lombardie, tandis que Frédéric, engagé avec ses frères cadets dans des querelles sur la succession de leurs aînés, et souffrant en même temps d'une maladie de langueur, retomba dans l'obscurité, et mourut enfin le 13 janvier 1330.

L'influence de Charles IV sur les révolutions d'Angleterre, pendant la même période, fut plus active ; elle eut des conséquences plus importantes, mais elle ne peut de même être jugée que sur les rapports des étrangers. Le roi de France, comme un sultan dans son sérail, est entouré d'une obscurité profonde ; nous ne trouvons ni des historiens français, ni des actes originaux qui nous fassent connoître ses projets, ses passions, les vues de ses ministres, pas plus que nous ne connoissons sa cour. C'est au-dehors de son royaume que nous devons nous placer pour nous apercevoir de son existence, tout au moins d'après la crainte qu'il cause.

Charles IV étoit à peine assis sur le trône de France, lorsqu'il reçut des lettres de son beau-frère Édouard II, roi d'Angleterre, en date de Glocester, 16 février 1322, par lesquelles celui-

---

(1) *Olenschlager geschichte*, c. 70, 71, p. 174, 178.— *Gio. Villani.* IX, c. 314, p. 585.

ci lui demandoit de prompts secours en fantassins et en cavaliers, pour les opposer à ses barons, que son cousin Thomas de Lancastre avoit soulevés dans le nord contre lui (1). Édouard avoit adressé de semblables sollicitations à Charles, comte de Valois, aux comtes de Saint-Paul, d'Artois, d'Aumale, de Bar, au pape et aux cardinaux; cependant on ne doit point juger de ses dangers par son effroi; ses lieutenans avoient alors même l'avantage sur le comte de Lancastre, qui se retiroit précipitamment vers l'Écosse. Celui-ci ayant été forcé de s'arrêter au passage d'une rivière, y fut vaincu et fait prisonnier, avec quatre-vingt quinze barons ou chevaliers attachés à son parti (2). Il fut conduit au château de Pomfret, où Édouard II le fit condamner, le 22 mars, par un petit nombre de pairs, entre lesquels siégeoient les deux Despenser, et lui fit trancher la tête. Thomas de Lancastre étoit fils d'Edmond, frère d'Édouard I, et aïeul de Blanche, de qui les rois de la maison de Lancastre ou de la Rose-Rouge firent dériver leurs droits. Avec lui périrent sur les échafauds, d'abord ses compagnons d'armes, ensuite tous ceux que, dans toute

---

(1) *Rymer Acta*. T. III, p. 929.
(2) Rapin Thoyras, L. IX, p. 117. — Th. Walsingham, p. 94.

l'Angleterre, Édouard II soupçonnoit d'être ses partisans. (1)

Ce roi, l'un des plus foibles entre les hommes qui sont montés sur le trône, fut d'autant plus cruel, qu'il avoit eu une plus grande peur; et quand cette peur fut dissipée, la destruction de ses ennemis lui inspira des projets de conquête. Il entra au mois de juillet en Écosse avec une puissante armée; il en ressortit au mois de septembre, sans avoir pu joindre ses ennemis, qui s'étoient réfugiés dans leurs marais ou leurs montagnes, tandis qu'il s'épuisoit par des marches fatigantes où il perdit vingt mille hommes par la faim ou la maladie. Comme il se retiroit avec l'armée qu'il avoit conduite au travers des déserts, sans songer à ses approvisionnemens, les Écossais sortirent de leurs retraites, l'atteignirent à Blackmoor, lui enlevèrent ses bagages, firent prisonnier le comte de Richmond, fils du duc de Bretagne, qui servoit dans son armée, brûlèrent le couvent de Rippon, rançonnèrent celui de Béverley, et furent sur le point de le prendre lui-même. Découragé par ces revers, Édouard entra

---

(1) *Rymer.* T. III. — *Placita coronæ*, p. 936, 968. — Gio. Villani. L. IX, c. 136, p. 509. — *Cont. Nangii*, p. 80. — *Raynaldi Ann.* 1322, §. 20. — Henr. de Knyghton, *De event. Angl.* L. III, p. 2539, 2540.

en négociation avec Robert Bruce, et, le 30 mai 1323, il signa avec lui une trêve qui devoit durer treize ans. (1)

Édouard II désiroit vivement conserver l'amitié de son beau-frère : Charles IV, au contraire, partageant peut-être les ressentimens secrets de sa sœur, et méprisant son époux, ne prenoit aucun soin de ménager le roi d'Angleterre. Il laissoit libre carrière au parlement de Paris, aux sénéchaux de Périgueux, de Cahors et de Toulouse, pour empiéter sur les justices du duc d'Aquitaine. On nous a conservé un grand nombre de lettres d'Édouard à Charles, dans lesquelles il se plaint de ces vexations, et il témoigne ensuite son étonnement de ce que toutes ses réclamations demeurent sans réponse. (2)

Dans l'année 1323, les usurpations des officiers du roi continuèrent, le sénéchal de Toulouse, surtout, citoit à son tribunal les feudataires du duché d'Aquitaine, les condamnoit sous de faux prétextes, et se saisissoit de leurs fiefs au préjudice du seigneur direct. Édouard

(1) Rapin Thoyras, IX, p. 117. — Thom. Walsingham, p. 97. — H. de Knyghton, L. III, p. 2542. — *Rymer.* T. III, p. 1022. — *Cont. Nangii*, p. 80. — *Gio. Villani.* L. IX, c. 159, p. 520 ; c. 178, p. 526 ; c. 205, p. 535. — Hist. de Bretagne, L. IX, c. 90, p. 303. — *Buchanani Rer. Scotic.* L. VIII, p. 253.

(2) *Rymer, Acta.* T. III, p. 949-959, 990

continuoit aussi à écrire lettres sur lettres à Charles IV pour se plaindre de tant d'injustices, mais il ne recevoit point de réponse, ou tout au moins il n'obtenoit point de redressement (1). En même temps Isabelle de France, qui jusqu'alors avoit formé le lien entre les deux beaux-frères, commençoit à les opposer l'un à l'autre. Humiliée et aigrie de la fortune du favori, Hugues le Despenser, qui chaque jour étoit comblé de nouvelles grâces, elle avoit fini par chercher un consolateur : elle aimoit Roger Mortimer, l'un des gentilshommes qui avoient combattu les Despenser, et qui, fait prisonnier par eux, avoit été deux fois condamné à mort; elle réussit à le dérober au supplice, puis, au mois d'août 1323, elle le fit évader de la tour; mais n'attendant plus de ménagemens des Despenser, et ne voulant plus leur en accorder, elle écrivit au roi de France son frère, pour se plaindre de la manière dont elle étoit traitée en Angleterre, où Édouard II, disoit-elle, la considéroit moins comme sa femme que comme sa servante. (2)

Le parlement de Paris prenoit à tâche de sanctionner toutes les usurpations des officiers

---

(1) *Epistolæ Edw. II ad Carol. IV*, 4 et 12 April. — Rymer. T. III, p. 1005, 1010.

(2) Rapin Thoyras, L. IX, p. 118. — Thom. Walsingham, p. 97. — Rymer T. IV, p 7, 8, 20, 22.

royaux; ennemi de la féodalité, il vouloit ramener le duc d'Aquitaine à la même dépendance à laquelle il avoit déjà réduit tous les autres feudataires. Dans toutes les causes portées devant lui, il condamnoit invariablement les Gascons qui cherchoient à défendre les libertés de leur province. Édouard perdit patience; il n'avoit pas encore rendu hommage à son beau-frère; il lui envoya, au commencement de mars 1324, son frère Edmond, comte de Kent, avec l'archevêque de Dublin, et un docteur en droit, pour lui demander de fixer le lieu où il recevroit son hommage, espérant dans cette conférence obtenir enfin quelque redressement; mais en même temps il donna ordre de rassembler à Portsmouth, pour les fêtes de la Trinité, une quarantaine de vaisseaux, afin de transporter en Aquitaine assez de troupes pour y faire respecter son autorité. (1)

Sur ces entrefaites, les gens du roi de France prétendirent qu'un château que le seigneur de Montpezat, en Agénois, venoit de bâtir sous le nom de *Sanctus Sacerdos*, étoit sur le territoire français; et le parlement de Paris ayant confirmé leurs prétentions, ils y mirent garnison. Le sire de Montpezat, secondé par le sénéchal de Gascogne, vint attaquer cette garnison, passa

---

(1) *Rymer, Acta.* 10 et 11 *Martii*, T. IV, p. 40.

les soldats au fil de l'épée, renversa les murs du château, et en rapporta tous les meubles à Montpezat. A la nouvelle de cette insulte, Charles IV manifesta la plus violente indignation; il demanda que le sénéchal de Guienne et le sire de Montpezat lui fussent livrés, pour qu'il les punît à discrétion, et que le château de Montpezat fût confisqué à son profit. Édouard effrayé s'empressoit d'offrir des réparations; il demandoit seulement à sauver ses droits légitimes, à punir lui-même les coupables, et à garder, comme seigneur direct, la confiscation du fief de son vassal : il implora la médiation du pape; et dans les instructions qu'il donna, le 8 juillet, à ses ambassadeurs, on peut voir qu'il étoit disposé à toute sorte de sacrifice. (1)

Mais Charles vouloit la guerre, il servoit ainsi en même temps les ressentimens de sa sœur, et sa propre cupidité. Il donna à son oncle, Charles de Valois, le commandement de cette expédition. Celui-ci étoit arrivé en Languedoc au commencement de juillet, avec ses deux fils Philippe et Charles, Robert d'Artois, comte de Beaumont-le-Roger, et le seigneur Jean d'Anneblay, chevalier du roi :

(1) *Epistola Edw. ad Papam*, 8 *Maii*. — *Rymer*, T. IV, p. 49, 28 *Maii*. — *Ib.* p. 55. — *Ad legatos*, 8 *Julii*, p. 65. — *Contin. Nangii*, p. 82. — Hist. de Languedoc, T. IV, L. XXX, c. 11, p. 198. — *Raynaldi Ann.* 1324, §. 38.

les milices du Languedoc furent rassemblées par leurs ordres, à Cahors, où Valois les passa en revue le 8 août; après quoi il fit son entrée en Guienne, par Agen, qui ne lui opposa aucune résistance (1). Édouard, à cette nouvelle, donna aussitôt des ordres rigoureux pour arrêter tous les Français qui se trouvoient en Angleterre, pour armer des vaisseaux, pour assembler des troupes (2); mais sous son foible gouvernement, tout ce qui étoit éloigné étoit bientôt oublié. Son frère Edmond, comte de Kent, qu'il envoya commander en Aquitaine, n'y trouva point de soldats; il fut obligé de s'enfermer dans la Réole, dont Valois entreprit le siége, après s'être emparé, sans coup férir, de Condom, de Bazas et de toutes les places du comté de Gaure. Vers le milieu de septembre, Edmond livra la ville aux Français, s'engageant à venir lui-même se constituer prisonnier, s'il ne pouvoit déterminer son frère à accepter les conditions que lui imposoit Charles-le-Bel. Montpezat fut ensuite pris et rasé; le sire de ce château étoit déjà mort de douleur. (3)

Édouard, si subitement attaqué par son beau-

(1) *Cont. Nangii*, p. 82. — Hist. de Languedoc, L. XXX, c. 12, p. 199.

(2) *Rymer*. T. IV, p. 71, 72, 73. — *Epistola Edw. II ad Papam*, 28 *Julii*. — *Ib.* p. 74.

(3) *Cont. Nangii*, p. 83. — Thom. Walsingham, p. 99

frère, s'en prit à sa femme de ces hostilités, et peut-être avec quelque raison; il craignit qu'elle n'ouvrît aux Français les châteaux forts qu'elle possédoit dans les comtés de Cornouailles, de Sommerset, Dorset, et Devonshire, et il donna ordre, le 18 septembre, qu'on introduisît dans tous ces lieux forts ses propres soldats (1). En même temps, il écrivit à l'archevêque de Bordeaux, aux sept évêques de Guienne, à tous les nobles, à toutes les communes de cette province, pour leur exposer son bon droit, et les exhorter à la fidélité. Il écrivit encore au roi d'Aragon pour solliciter son assistance; au duc de Bretagne, pour revendiquer les priviléges des pairs de France, violés à son égard; à tous les cardinaux, pour leur envoyer une longue relation du commencement de la guerre, et de l'injustice qu'il avoit soufferte (2). Mais quelque justes que fussent ses plaintes, il ne se trouvoit en état de les soutenir par aucun effort vigoureux. Il fut donc réduit à accepter, le 12 novembre, la trève que son frère avoit signée, et la médiation du pape. Aussitôt il donna dans tous ses ports

— Rapin Thoyras, L. IX, p. 123. — Hist. de Languedoc, T. IV, L. XXX, c. 12, p. 199.
(1) *Rymer*. T. IV, p. 84.
(2) *Rymer*. T. IV, p. 87, 94, 98.

l'ordre de désarmer (1). De son côté, Charles
de Valois licencia l'armée avec laquelle il avoit
déjà conquis la plus grande partie de la Guienne.
Il laissa cependant des garnisons françaises dans
les places dont il s'étoit rendu maître, tandis
qu'il ne restoit plus de garnison anglaise que
dans les trois villes de Bordeaux, Bayonne et
Saint-Séver (2). La trève conclue par le comte
Edmond expiroit le 14 avril 1325. Si l'on en
juge par la correspondance d'Édouard, il se
préparoit bien pendant l'hiver au renouvellement des hostilités; mais aucun des ordres
qu'il donnoit n'étoit exécuté, et à l'approche
du printemps, il crut reconnoître qu'une nouvelle campagne lui enleveroit le reste de la
Guienne. Sur ces entrefaites, les ambassadeurs
qu'il avoit en France, d'accord avec les légats
du pape, lui firent conseiller d'envoyer Isabelle
sa femme auprès de son frère, pour être mé-
diatrice entre eux. Malgré les raisons qu'il avoit
de se défier d'Isabelle, et l'offense qu'il lui avoit
tout récemment donnée, il y consentit, parce
qu'il oublioit toujours, en présence du danger
immédiat, celui qu'il avoit redouté auparavant. Isabelle quitta Londres pour Paris,
le 8 mars, et la trève fut prolongée jusqu'au

1324.

1325.

(1) *Rymer.* T. IV, p. 105.
(2) *Cont. Nangii*, p. 83. — Chr. de Saint-Denys, p. 164,
165. — *Gio. Villani.* L. IX, c. 268, p. 561.

2 juin, pour lui donner le temps de traiter de la paix. (1)

Isabelle, à ce que raconte Froissart, quand elle aborda son frère, voulut se mettre à genoux devant lui; elle lui porta ses plaintes contre son mari et le favori de celui-ci, et elle lui dit être bien informée « que si elle demeuroit au pays « guère de temps, le roi, par mauvaise ou « fausse information, la feroit mourir, ou « languir à honte. » A quoi le roi répondit: « Ma belle sœur, apaisez-vous et vous con- « fortez; car, foi que je dois à Dieu, et à « monseigneur Saint-Denys, j'y pourvoirai de « remède. » (2)

Cependant la négociation dont elle étoit chargée éprouva peu de difficultés. Le 31 mai, elle signa, avec les ambassadeurs de son mari et les commissaires du roi de France, un traité qui portoit qu'un sénéchal de Charles IV seroit mis provisoirement en possession de toute la Guienne, avec promesse de la rendre au roi d'Angleterre, après l'hommage que celui-ci viendroit rendre au roi de France, à Beauvais, le 29 août. Ce traité fut ratifié par Édouard, le 13 juin. En même temps il donna des ordres

---

(1) *Epistolæ Edw. ad Pap.* 8 *Martii.* — *Rymer.* T. IV, p. 140, et 14 *Maii*, p. 144, 148.

(2) Chroniques de Froissart, édit. de Buchon. T. I, c. 7, p. 21; édit. de Sauvage, in-folio, c. 6, p. 4.

pour le voyage à Beauvais qu'il alloit entreprendre. (1)

Mais Édouard, comme il étoit prêt à s'embarquer, commença à entretenir quelque doute sur l'accueil qui lui seroit fait à la cour de son beau-frère : surtout Hugues Despenser songea avec inquiétude que son maître alloit se trouver entouré par les gens qui le regardoient lui avec le plus de mépris ou de haine, et qui ne manqueroient pas de demander au roi le renvoi d'un favori qui le déshonoroit. Arrivé à Langdon près de Douvres, Édouard écrivit à Charles, le 24 août, qu'une infirmité subite l'avoit saisi en voyage, et qu'il demandoit à rendre l'hommage par son fils aîné Édouard, comte de Chester, à qui il céderait à cette occasion son duché d'Aquitaine et son comté de Ponthieu (2). Il paroît que Charles et Isabelle furent enchantés d'avoir le jeune Édouard entre leurs mains; car le roi de France répondit aussitôt, le 4 septembre, pour accepter cet arrangement. Le 2 du même mois, Édouard avoit transmis à son fils le comté de Ponthieu; le 10, le duché d'Aqui-

(1) *Rymer.* T. IV, p. 153, 157. — *Cont. Nangii*, p. 83. — Thom. Walsingham, p. 100. — Henr. de Knyghton, L. III, p. 2543. — *Gio. Villani.* L. IX, c. 313, p. 582. — Rap. Thoyras, L. IX, p. 125.

(2) *Epistola Edw. II ad Carolum IV.* — *Rymer.* T. IV, p. 163.

taine; et, le 12, ce jeune prince, âgé seulement de treize ans, s'embarqua à Douvres pour la France. (1)

Bientôt Édouard apprit avec plaisir que l'hommage de son fils avoit été reçu par le roi de France, et que ses officiers avoient été mis en possession de l'Aquitaine, non pas toutefois de l'Agénois; il rappela alors sa femme et son fils auprès de lui, et il reçut avec étonnement leur réponse, qui lui fut transmise par Charles IV ; ils disoient qu'ils ne se croyoient pas en sûreté en Angleterre. Le 1er décembre, Édouard répondit à Charles IV : « Quant à ce que vous
« nous avez mandé, très cher frère, que vous
« avez entendu par gens dignes de foi que notre
« compagne la reine d'Angleterre n'ose venir
« par-devers nous, pour péril de sa vie, et
« doute qu'elle a de Hugues le Despenser,
« certes, très aimé frère, il ne convient pas
« qu'elle se doute de lui, ni de nul autre
« homme vivant en notre royaume; car, par
« Dieu, il n'y a Hugues ni autre vivant en
« notre pouvoir, qui mal lui voulût, et nous le
« pussions sentir, que nous le châtierions en
« manière que autres en prendroient exemple ;
« et ce est, et a été, et toujours sera notre en-
« tière volonté, et assez en avons le pouvoir,

(1) *Rymer.* T. IV, p. 164, 165, 168. — Thom. Walsingham, p. 101.

« Dieu merci. Et, très cher et très aimé frère, « sachez certainement que nous ne pûmes onc- « ques apercevoir, en privé ni en apert, ni en « dits, ni en faits, ni en contenance, qu'il ne « se porte en tout point vers notre compagne, « comme faire doit à sa très chère dame. Mais « quand nous nous rappelons les aimables con- « tenances et paroles d'entre eux, lesquelles « nous avons vues, et les grandes amitiés qu'elle « lui tendit à son allée outre mer, et les aima- « bles lettres qu'elle lui a tout récemment man- « dées, lesquelles il nous a montrées, nous ne « pouvons en nulle manière croire que notre « compagne puisse craindre telle chose de lui.... « Par quoi, très cher et très aimé frère, nous « vous prions encore, si spécialement comme « nous pouvons, que pour l'honneur de vous « et de nous, et de notre dite compagne, vous « vouliez tant faire qu'elle revienne par-devers « nous, à plus grande hâte qu'elle pourra, car « certainement nous sommes moult désaise, « pour la raison que tant avons été privé de sa « compagnie. » (1)

Isabelle cependant avoit autre chose dans l'esprit que le soin de se mettre en sûreté : elle vouloit rentrer en Angleterre, mais avec une armée : elle vouloit y commander au nom de

---

(1) *Epistol. Edw. ad Carol.* — *Rymer.* T. IV, p. 180.

son fils; et, pour disposer de lui à sa volonté, elle résolut de rompre le mariage qu'Édouard II négocioit alors même pour lui en Castille, et de le marier, au contraire, avec la fille de quelque seigneur dépendant de la cour de France, dont elle pût faire l'instrument de son ambition (1). Sur ces entrefaites, son oncle, Charles de Valois, qui tout récemment encore avoit contribué à la faire revenir en France, par les succès qu'il avoit obtenus dans la guerre d'Aquitaine, qu'elle étoit venue terminer, mourut de paralysie, le 16 décembre, âgé de cinquante-cinq ans. Pendant les règnes successifs des trois fils de Philippe-le-Bel, qu'on regardoit comme peu attentifs aux affaires, et peu capables de conduire l'état, on avoit considéré Charles de Valois leur oncle, comme le vrai chef de la monarchie; on l'avoit vu tour à tour diriger les conseils et les armées de la France, et l'on savoit surtout que c'étoit à lui qu'on devoit attribuer la persécution de tous les anciens ministres de son frère, et le supplice d'Enguerrand de Marigny. Cet acte de cruauté pésoit aussi sur sa conscience : pendant sa maladie qui dura plusieurs mois, il fit distribuer des aumônes à tous les pauvres de Paris, sous condition qu'ils prieroient *pour le seigneur Enguer-*

(1) *Rymer.* T. IV. p. 175, 185, 186.

rand et le seigneur *Charles*; car, par une humilité tardive, il faisoit mettre le nom de sa victime avant le sien. (1)

La mort de Charles de Valois ne changea rien aux projets de la reine Isabelle; elle avoit retrouvé à la cour de France son amant Roger Mortimer, qui y étoit reçu et associé à toutes les fêtes qu'on donnoit à Isabelle, avec plus d'éclat que la décence publique ne l'auroit comporté. Sa passion pour Mortimer augmentoit l'aversion qu'elle ressentoit contre son mari; tandis que Mortimer, homme de parti, attaché à tous les amis du comte Thomas de Lancastre, et désireux de venger sa mort, vouloit que l'amour de la reine secondât ses haines politiques. Édouard II, averti que la reine et son amant entretenoient une active correspondance avec tous les mécontens du royaume, et qu'ils se préparoient à l'attaquer à force ouverte, donna, le 8 février 1326, des ordres pour mettre les côtes d'Angleterre en état de défense, tout comme pour repousser et dissiper une armée avec laquelle elle tenteroit un débarquement, *sauvant*, dit-il, *les corps de son fils et de la reine tant seulement*. (2)

En même temps, Édouard pressoit Charles

---

(1) *Cont. Nangii.* p. 84. — *Chr. de Saint-Denys*, T. 168. — *Pauli Æmilii Veron.* p. 266. — *Raynaldi*, 1326, n. 21.
(2) *Rymer.* T. IV, p. 188.

dans ses lettres de lui renvoyer tout au moins son fils, sans avoir égard *à la plaisance et volonté des femmes* (1). Charles, tout en favorisant les intrigues de sa sœur, feignoit de craindre pour elle et pour son fils des dangers imaginaires; il demandoit ou faisoit demander par le pape, des sûretés pour la mère et pour le fils, quoiqu'Édouard protestât qu'il étoit encore plein d'affection pour sa femme, et que quant à son fils, celui-ci étoit encore trop jeune pour qu'il lui fût même possible de se rendre coupable (2). Il sembloit difficile de répondre aux protestations pacifiques d'Édouard, et à toutes ses tentatives de réconciliation par une déclaration de guerre. Aussi Charles, sans renoncer à seconder les projets de sa sœur, se crut-il obligé, pour ne point violer ouvertement la neutralité, de l'éloigner quelque temps de sa cour. Isabelle se rendit d'abord dans le comté de Ponthieu, qui avoit été récemment cédé à son fils, et où elle croyoit pouvoir assembler les soldats et les mécontens qu'elle transportoit en Angleterre. Mais elle trouva les habitans trop attachés au gouvernement d'Édouard, pour se prêter à sa rébellion. Elle passa donc dans les états de Guillaume, comte de Hollande

(2) *Rymer.* T. IV, p. 194.
(1) *Epist. Edw. II ad Pap.* 15 *April.* — *Ib.* p. 206, 10 *Junii*, p. 208. — *Raynaldi*, 1326, §. 13 et 14.

et de Hainaut, qui avoit épousé sa cousine Jeanne, fille de Charles de Valois; elle convint avec lui que son fils Édouard épouseroit Philippa, fille du comte de Hainaut, et en retour, pour cette brillante alliance, le comte de Hainaut lui donna pour chevalier son frère Jean, homme habile et vaillant, qui prit le commandement de la petite armée qu'avoit rassemblée Isabelle, et qui accomplit pour elle la révolution. (1)

Mais quoique Isabelle eût quitté la France, elle continuoit à recevoir de son frère des soldats et de l'argent, et elle faisoit, plus ouvertement que jamais, ses préparatifs de guerre. Le sénéchal de Toulouse et le comte de Cominges avoient rassemblé sur la frontière de Guienne la noblesse de Languedoc; Alfonse de la Cerda, fils de Ferdinand, qui avoit disputé long-temps le trône de Castille, y fut envoyé par Charles IV pour la commander; et comme il n'y avoit encore aucun prétexte pour commencer les hostilités contre l'Angleterre, les Français entrèrent en Guienne en annonçant qu'ils vouloient punir les désordres des fils naturels de quelques seigneurs gascons qui s'étoient livrés au brigan-

---

(1) Froissart a fait de cet événement un récit romanesque, démenti par les actes authentiques. V. les notes de M. Buchon, c. 9, 10, 11, p. 25 et suiv. — *Cont. Nangii*, p. 84. — Thom. Walsingham, p. 101. — Rapin Thoyras, IX, p. 129.

dage : d'où vient que cette expédition fut nommée la guerre des bâtards. (1)

Édouard II, qui se voyoit de tous côtés menacé par la France, donna enfin, le 6 juillet, ordre de courir sus aux Français, tant sur terre que sur mer; il le révoqua le 10, sur de nouvelles espérances de paix qui lui furent données; mais Charles ayant réussi à le pousser à bout, et à lui faire commettre les premières hostilités, donna, le 16 août, l'ordre d'arrêter dans toute la France, tous les sujets de la couronne d'Angleterre, et de séquestrer tous leurs biens; Édouard répondit par un ordre semblable, le 26 août, et dès ce moment la guerre fut déclarée. (2)

C'étoit à Dordrecht, en Hollande, qu'Isabelle avoit donné rendez-vous aux chevaliers français et brabançons qu'elle avoit engagés sous ses drapeaux; des vaisseaux étoient préparés pour leur embarquement; ils y montèrent le 23 septembre : deux jours d'orage les détournèrent quelque peu de leur route, mais en même temps les brouillards les dérobèrent à la marine anglaise, chargée de les surveiller; le troisième jour, vendredi 26 septembre, ils prirent terre à Orewell près d'Harwich, dans le comté de

(1) *Cont. Nangii*, p. 86. — Hist. de Languedoc, T. IV, L. XXX, c. 15, p. 202.
(2) *Rymer*. T. IV, p. 216-229. — *Cont. Nangii*, p. 84.

Suffolck ; dès le lendemain, le roi en fut informé à Londres, et donna ordre de leur courir sus (1). La reine amenoit avec elle environ mille cavaliers en armures de fer; c'étoit bien peu pour attaquer un si puissant royaume; aussi passa-t-elle quatre jours près d'Harwich, dans une grande anxiété, ne sachant si elle étoit entourée d'amis ou d'ennemis. Mais les Anglais étoient las de rougir pour leur roi; les deux Despenser étoient en haine au peuple, et ils excitoient la jalousie de la noblesse; Henri de Lancaster, *au tort col*, frère de ce comte Thomas à qui Édouard II avoit fait trancher la tête, vint le premier joindre Isabelle, avec une grande compagnie de gendarmes. Il fut bientôt suivi par le comte de Norfolck, grand maréchal d'Angleterre, le comte de Leicester, les évêques d'Ély, de Lincoln, d'Hereford, de Dublin. « Après « vinrent tant d'uns et d'autres, comtes, barons, « chevaliers et écuyers, à tout gens d'armes, « qu'il leur sembla bien qu'ils étoient hors de « tout péril, et tous les jours leur croissoient « gendarmes, ainsi qu'ils alloient avant. » (2)

Arrivée à Wallingford, Isabelle publia le 15 octobre une proclamation par laquelle elle pro-

(1) Froissart, c. 18, p. 41 ; et notes de Dassier. — Knyghton, *De event. Angl.* L. III, p. 2544. — Rymer. T. IV, p. 231, 232.

(2) Froissart, c. 19, p. 42.

testoit n'avoir pris les armes que pour mettre un terme à la tyrannie des Despenser, sur lesquels elle rejetoit toutes les fautes de l'administration. Londres s'étoit soulevée ; les Bardi, Florentins, banquiers de la cour, avoient été pillés par la populace ; les partisans des Despenser avoient été massacrés, et l'évêque d'Exeter, avant de mourir entre les mains du peuple, avoit passé par des tourmens de tout genre. Comme l'invasion venoit du levant, Édouard s'enfuit au couchant ; mais nulle part il ne trouvoit des moyens de résistance, nulle part ses partisans ne s'armoient pour lui. Le vieux Despenser s'enferma à Bristol, espérant pouvoir défendre cette ville, et arrêter ainsi la marche de la reine qui poursuivoit son mari ; mais dès que les étendards de celle-ci parurent devant Bristol avant la fin d'octobre, le vieux Despenser, âgé de quatre-vingt-dix ans, lui fut livré ; il fut traîné sur la claie, décapité, et ensuite pendu. (1)

Édouard pendant ce temps, avec le jeune Despenser, vouloit s'enfuir en Irlande ; mais les vents acharnés à sa perte, le repoussèrent sur la côte, aussi souvent qu'il s'embarqua. Il fut enfin découvert le 16 novembre, par le

---

(1) Froissart, c. 21, p. 46. — *Gio. Villani.* L. X, c. 7, p. 606. — Thom. Walsingham, p. 104. — Rapin Thoyras, L. IX, p. 132. — *Rymer.* T. IV, p. 237.

comte Henri de Lancaster, dans l'abbaye de Neath au Glamorgan-Shire, et conduit à la reine à Hereford. Parmi les compagnons de sa fuite, le chancelier Baldock périt entre les mains de la populace; Hugues Despenser, et Simon Reading furent exécutés le 24 novembre; mais Isabelle de France voulut que le supplice du premier, où l'obscénité étoit jointe aux plus affreux tourmens, rappelât au peuple l'accusation qui pesoit sur lui et sur son mari (1). Ce dernier fut conduit par Lancaster, au château de Kenilworth, qui appartenoit à ce seigneur, et il y fut retenu sous bonne garde près d'une année, tandis que son fils fut proclamé roi, sous le nom d'Édouard III, le 24 janvier 1327. Cependant la reine, qui affichoit toujours plus sa passion pour Mortimer, craignit que la captivité d'Édouard II ne finît par toucher le comte de Lancaster, l'homme du royaume qu'il avoit le plus offensé; elle le retira de ses mains, et le confia à la garde des chevaliers Maltravers et Gorney, qui se défirent enfin de lui, au mois d'octobre 1327, dans le château de Berkley. Ils avoient ordre de ne laisser voir sur son corps aucune trace de violence; ils imaginèrent donc de lui enfoncer dans le fondement un tuyau de corne, et d'y faire passer ensuite un barreau

---

(1) Froissart, c. 24, p. 52. — La sentence rapportée par Knyghton, L. III, p. 2547. — *Raynaldi.* 1326, §. 16.

de fer rouge, qu'ils chassèrent dans ses entrailles. Ils firent voir alors le cadavre à des bourgeois de Bristol et de Glocester, qui attestèrent qu'il étoit sans blessure ; mais les cris perçans de leur victime pendant son supplice, avoient révélé leur crime. (1)

La révolution qui plaçoit Édouard III sur le trône des Anglais fut suivie de leur paix avec la France ; elle fut conclue le 31 mars 1327 à Paris, à des conditions avantageuses pour l'Angleterre. « Par contemplation, est-il dit dans le traité, de « notre très chère dame, la reine d'Angleterre, « sœur du roi de France. » Les Français s'engagèrent à rendre tout ce qu'ils avoient conquis sur les Anglais en Aquitaine, ce qu'ils n'exécutèrent ensuite, il est vrai, qu'avec beaucoup de lenteur. La peine de mort prononcée par le parlement, contre quelques seigneurs gascons, fut convertie en bannissement, et les dommages et confiscations à payer par le duché d'Aquitaine, furent fixés à la somme de cinquante mille marcs sterling. (2)

Ainsi fut terminée l'importante révolution

---

(1) Rapin Thoyras, L. X, p. 147. — Thom. Walsingham, p. 108. — H. de Knyghton, L. III, p. 2551, 2552. — Froissart, notes, p. 50. — *Raynaldi.* 1327, §. 43.

(2) Pleins pouvoirs, p. 264. — Traité, p. 279. — Ratification, p. 284 dans Rymer, T. IV. — *Raynaldi.* 1327, §. 43.

qu'Isabelle de France opéra en Angleterre, se- 1327.
condée par les intrigues, l'argent et les soldats
de Charles IV. Il ne reste aucun indice
qui fasse peser sur le roi de France la
moindre partie de la responsabilité du meurtre
d'Édouard II, si ce n'est que les historiens
français n'en témoignent aucune horreur; et
que, dans le récit de Froissart, c'est la reine
qui paroît comme l'héroïne. Le peuple tour-
noit toute son indignation contre Édouard II,
dont les mœurs excitoient un dégoût qui étouf-
foit toute pitié. D'autres forfaits en grand
nombre pesoient sur Philippe-le-Bel et ses enfans; mais l'opinion publique pervertie, pardonnoit les crimes pour ne poursuivre que
les péchés. On commençoit, il est vrai, à croire
généralement cette maison dévouée à la vengeance céleste, toutefois ce n'étoit pas pour de
criantes injustices, pour d'atroces cruautés,
tels que les supplices des Templiers et des Lépreux qu'on s'attendoit à la voir punie. C'étoit
d'abord la malédiction de Boniface VIII qui pesoit sur elle; c'étoit ensuite les fréquentes violations des immunités ecclésiastiques, qu'on
assuroit avoir offensé Dieu; c'étoit enfin le mariage de tous les princes de France avec leurs
proches parentes, qu'on croyoit devoir attirer
la vengeance du ciel sur leurs têtes; et ce châ-
timent, on croyoit le reconnoître dans chacune

des calamités qui frappoient la maison de France. Philippe-le-Bel, dont la beauté même annonçoit la forte constitution, étoit mort à quarante-six ans, encore dans la force de l'âge. Il avoit laissé trois fils parvenus à l'âge d'hommes, et non moins remarquables que lui par leur beauté; tous trois avoient été en même temps trompés par leurs femmes, et avoient révélé leur honte à l'Europe par des procès scandaleux. Le premier étoit mort à l'âge de vingt-six ans, laissant un posthume qui ne vécut que cinq jours; le second mourut âgé de trente ans, après avoir vu son fils mourir avant lui; le troisième avoit déjà perdu ses deux fils, lorsque, dans sa trente-quatrième année, il tomba malade à Vincennes, le jour même de Noël 1327. Sa maladie, nous dit-on, fut longue et douloureuse, quoiqu'on ne nous en fasse pas connoître la nature. Il y succomba dans la nuit du 31 janvier au 1er février 1328, laissant sa troisième femme Jeanne d'Évreux, désolée, veuve et grosse en même temps; et avec ce dernier coup parut s'accomplir le jugement dont la maison des Capets étoit depuis long-temps menacée. (1)

« Quand il aperçut que mourir lui convenoit,

---

(1) *Cont. Nangii*, p. 87. — *Gio. Villani.* L. X, c. 59, p. 637. — *Raynaldi Ann. Eccl.* 1328, c. 68. — H. de Knyghton, *de event. Angl.* L. III, p. 2553. — Chron. de Saint-Denys, f. 171. — *Pauli Æmilii Veron.* p. 267.

« dit Froissart, il devisa que s'il avenoit que
« la reine s'accouchât d'un fils, il vouloit que
« messire Philippe-de-Valois, son cousin ger-
« main en fut mainbourg (tuteur), et régent
« du royaume, jusques à donc que son fils seroit
« en âge d'être roi ; et s'il avenoit que ce fût une
« fille, que les douze pairs et les hauts barons
« de France eussent conseil et avis entre eux
« d'en ordonner, et donnassent le royaume à
« celui qui avoir le devroit. Sur ce, le roi
« Charles alla mourir environ la Chandeleur.
« Ni demeura mie grandement après ce, que la
« reine Jeanne accoucha d'une fille (cette fille,
« nommée Blanche, vint au monde le 1er avril
« 1328). De quoi le plus du royaume en furent
« durement troublés et courroucés (1). » Le
corps de Charles IV fut enseveli avec honneur à Saint-Denys, à côté de celui de Philippe V son frère, et son cœur fut déposé au
couvent des Dominicains de Paris.

(1) Froissart, édit. de Buchon, c. 49, p. 121, T. I.

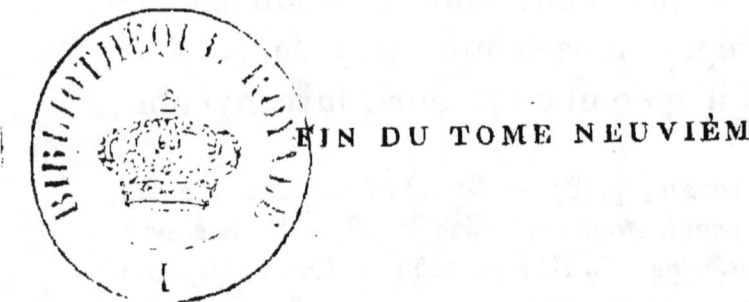

FIN DU TOME NEUVIÈME.

TABLE CHRONOLOGIQUE

ET ANALYTIQUE

DU TOME NEUVIÈME.

SUITE DE LA QUATRIÈME PARTIE.

LA FRANCE DEPUIS L'AVÉNEMENT DE SAINT-LOUIS JUSQU'A CELUI DE PHILIPPE DE VALOIS. 1226—1328.

CHAPITRE XIX. *Philippe IV détache le duc de Bretagne du parti de l'Angleterre; il ravage la Flandre; il repousse les princes de l'Empire, et oppose Albert d'Autriche à Adolphe de Nassau. Il fait la paix avec Édouard, et la scelle par un double mariage; les deux rois se sacrifient réciproquement l'Écosse et la Flandre. Gui de Flandre se livre à Philippe, qui le retient en prison.* 1296-1299.................... *page* 1

Union nécessaire de l'étude des faits à celle de la philosophie de l'histoire........................ *ibid.*

L'histoire de France ne le cède à aucune autre en utiles leçons et en redoutables exemples.............. 3

Corruption constante dans l'ordre politique et l'ordre religieux................................. 4

Manque de nobles exemples, de sentimens généreux, et de liberté................................ 5

Philippe IV s'allie hors de chez lui avec le parti de la liberté, qu'il ne craignoit pas............... 7

1296. Succès de Philippe en Aquitaine; son adresse dans les négociations....................... 8

Il cache son ressentiment contre Boniface, et celui-ci continue à favoriser la France *page* 10
Philippe profite du mécontentement du duc de Bretagne pour se l'attacher.............. 11
1297. Le comte de Flandre renonce à son allégeance envers la France.................... 13
Négociations d'Édouard avec les seigneurs de l'empire pour les soulever contre la France. 14
Le comte de Bar entre en Champagne, et il y est battu.......................... 16
Le comte de Flandre cherche en vain à regagner les bourgeois qu'il avait aliénés.... 17
2 juin. Philippe assemble son armée à Compiégne et la conduit en Flandre.......... 19
13 août. Victoire du comte d'Artois sur les Flamands, à Furnes.................. 20
Édouard arrive à Bruges avec peu de soldats; causes de son retard.................. 22
Édouard quitte Bruges, qui ouvre ses portes à Philippe IV........................ 23
Adolphe de Nassau et les autres ennemis de la France ne font pas de mouvement...... 24
Le pape s'emportant contre les Colonne fait des avances au roi de France.......... 26
11 août. Canonisation de Saint-Louis, que le pape regarde comme une grâce faite au roi............................... 28
Revers du comte de Flandre, qui demande un armistice.......................... 29
9 octobre. Suspension d'armes entre la France l'Angleterre; alliés de Philippe.......... 30
Efforts d'Édouard, pendant l'hiver qu'il passe en Flandre, pour renverser la coalition... 32

Édouard rappelé en Écosse par la rebellion de
    Guillaume Wallace .... *page* 33

1298. 18 février. Édouard donne de pleins pouvoirs au
    pape pour l'arranger avec Philippe....... 34

30 juin. Prononcé de Boniface, qui réunit les
    deux rois par des mariages............ 36

3 juillet. Le pape promet de n'y rien ajouter
    sans le consentement de Philippe........ 37

1299. 22 avril. La sentence arbitrale arrêtée et exé-
    cutée dans les deux royaumes.......... 38

19 juin. Traité de Montreuil; mariage d'Édouard
    avec Marguerite 39

1298. 2 juillet. Adolphe de Nassau défait et tué par
    Albert d'Autriche................... 41

1299. Alliance d'Albert avec Philippe, et leur confé-
    rence à Vaucouleurs................. 43

Concessions de Philippe à Boniface VIII, et
    leurs nouveaux différends............. 45

Dépenses excessives de Philippe; ses exactions
    sur les juifs....................... 47

Il vend la liberté à ses serfs du Languedoc... 48

Défaite des Écossais abandonnés par Philippe,
    leur roi renvoyé en France............ 49

1300. Charles de Valois recommence les hostilités
    contre le comte de Flandre............ 50

Ce comte se rend volontairement, et il est jeté
    en prison à Paris.................... 52

CHAPITRE XX. *Jubilé; autorité que Boniface VIII s'arroge sur les princes; il offense Philippe IV. Violence
de leurs démêlés; soulèvement de la Flandre; défaite
des Français à Courtrai; arrestation de Boniface à
Anagni; sa mort.* 1300-1303.............. *page* 54

1300. Fêtes et réjouissances en Europe pour la paix. *ibid.*

Philippe IV reçu en triomphe dans les villes de
Flandre.......................... *page* 55
Boniface renouvelle le jubilé centenaire; af-
fluence des pèlerins à Rome............. 57
Orgueil de Boniface; il veut rendre la Sicile
à Charles II....................... 58
Échec que reçoivent les Français de Naples à
Trapani............................ 60
Novembre. Boniface appelle Charles de Valois
à l'aide des Napolitains............... 61
1301. 13 avril. Boniface appelle en justice Albert
d'Autriche, pour le meurtre de son prédé-
cesseur............................ 63
Boniface évoque à lui le jugement entre les
rois de Hongrie..................... 65
Il protége les infans de la Cerda en Castille... 67
Il soutient les Écossais contre le roi d'Angleterre........................... 68
3 septembre. Charles de Valois à Anagni,
nommé gonfalonier du pape............ 69
Nouveaux différends entre le roi et Boniface
pour le comté de Melyneil............. 70
L'évêque de Pamiers envoyé à Paris; offense
Philippe........................... 72
Philippe fait informer contre l'évêque de Pamiers............................. 73
12 juillet. L'évêque de Pamiers est arrêté; sa
dégradation demandée au pape.......... 75
5 décembre. Boniface évoque à lui le jugement de l'évêque; il avertit le roi de sa
faute.............................. 76
Il convoque à Rome le clergé français pour le
1er novembre suivant................. 78

Il adresse au roi la bulle *Ausculta fili*, où il lui reproche ses torts.............. *page* 79
Colère de Philippe ; il croit l'autorité royale compromise......................... 80
La cour de Rome nie l'intention d'attaquer l'indépendance de la couronne............. 81
Les états du royaume convoqués pour prendre connoissance des bulles................ 83
Petite bulle falsifiée par le chancelier, et communiquée aux états................... 85
Réponse insultante du roi, qui ne fut point expédiée............................. 87

— 1302. 11 février. La bulle du pape brûlée en présence de la noblesse................. 88
10 avril. Les états assemblés dans trois salles, lettre des trois ordres à la cour de Rome............................... 89
Modération de la cour de Rome en se justifiant et répondant au roi................. 91
Oppression et soulèvement de la Flandre, qui fait diversion aux affaires de Rome....... 92
21 mars. Soulèvement de Bruges ; les Français y sont massacrés.................... 94
Deux princes flamands se joignent aux insurgés ; progrès de l'insurrection............ 95
Les Flamands prennent position à Courtrai, où Robert d'Artois vient les chercher..... 97
11 juillet. Bataille de Courtrai. Les Français défaits par leur imprudence............ 99
Robert d'Artois tué avec la plus grande partie de la noblesse....................... 101
Philippe reconnoît le danger de la lutte où il s'est engagé........................ 102

—Grand nombre d'ordonnances de Philippe pour
    lever de l'argent.................. *page* 104
Il veut s'attacher les ordres, en promettant des
    réformes............................ 105
Il dénonce au peuple l'inquisition, et révèle
    ses forfaits......................... 107
Septembre. Il s'avance vers la Flandre avec
    une puissante armée.................. 109
Les deux armées en présence à Douai, lais-
    sent passer la saison sans combattre...... 110

1303. 21 avril. Boniface se réconcilie avec Albert, et
    le reconnoît pour roi des Romains....... 112
Il s'attache Charles II de Naples, et confirme
    la paix de Sicile..................... 114
Philippe, pour avoir les mains libres, recher-
    che la paix avec l'Angleterre........... 115
20 mai. Paix de Paris entre la France et l'An-
    gleterre............................ 116
12 mars. Les barons de France assemblés au
    Louvre; Nogaret amène le pape devant
    eux................................ 118
Boniface envoie le cardinal de Saint-Marcellin
    pour tenter une réconciliation........... 120
13 avril. Le pape rebuté, déclare Philippe
    compris dans les excommunications....... 121
13 juin. Guillaume de Plasian, au nom des
    princes français, accuse Boniface........ 122
27 juin. Philippe veut convoquer un concile
    pour juger le pape................... 124
15 août. Boniface repousse avec dignité les
    accusations de Plasian................. 126
Il menace Philippe d'une excommunication di-
    recte; bulle qu'il prépare............... 128

Envoi de Nogaret en Italie ; complot ourdi
contre Boniface.................. *page* 129
7 septembre. Boniface surpris dans Anagni, et
prisonnier des Français................. 130
10 septembre. Boniface délivré par le peuple
d'Anagni 132
11 octobre. Il meurt à Rome d'une fièvre
chaude........................... 133

CHAPITRE XXI. *Fin de la guerre de Flandre. — Philippe IV réduit la cour de Rome sous sa dépendance, et retient le pape en France ; il ruine ses peuples par l'altération des monnoies ; il fait arrêter tous les juifs en un même jour. — Mort d'Édouard Ier d'Angleterre.* 1303-1307...................... *page* 134

Philippe, moins irrité contre les Flamands que contre
Boniface............................ *ibid.*
1303. Ardeur des Flamands, qui viennent attaquer
ses lieutenans....................... 135
Philippe de Riéti revient de Naples pour se
mettre à leur tête.................... 136
Septembre. Philippe accorde aux Flamands une
trève d'une année.................... 138
Ordonnances de Philippe pour le service militaire et la levée des subsides............. 139
— Ordonnances sur les monnoies, sur la réforme
du royaume......................... 141
Voyage de Philippe dans le midi ; il modère
l'inquisition........................ 143
22 octobre. Élection de Benoît XI suspecte à
la France........................... 144
1304. 2 avril. Benoît XI fait lui-même des avances à
Philippe............................ 145

7 juin. Il reprend courage et excommunie les
coupables d'Anagni. . . . . *page* 146
7 juillet. Benoit XI empoisonné dans un plat
de figues 147
Philippe se défiant de sa noblesse et de son
clergé favorise les communes. 148
Guerre de Flandre. Août. Victoire des Fran-
çais à Ziriksée. 149
Philippe établit son quartier-général à Tournai. 151
Fin septembre. Bataille obstinée de Mons en
Puelle; défaite des Flamands. 152
Au bout de trois semaines les Flamands repa-
roissent avec une troisième armée. 154
Philippe traite avec les Flamands, et recon-
noit leur indépendance 155
Mécontentemens en France; Philippe y oppose
des supplices. 156
Conclave qui dure neuf mois; les cardinaux
ne peuvent s'accorder 158
1305. Convention entre eux, par laquelle Philippe se
trouve maître de l'élection. 159
Conférence de Philippe avec Bertrand de Goth;
il le nomme pape. 161
Philippe acharné contre la mémoire de Boni-
face. 163
Nogaret demande que Boniface soit regardé
comme déjà condamné 164
Le nouveau pape Clément V appelle les cardi-
naux en France. 165
Édouard retenu par les Écossais ne peut se
trouver au couronnement du pape 166
14 novembre. Couronnement de Clément V à
Saint-Just de Lyon. 168

Mort de la reine Jeanne ; divers soulèvemens contre Philippe. . . . . *page* 169

Nombreuses exécutions qu'il ordonne dans le midi. 171

1306. Janvier. Robert Bruce échappé de Londres soulève l'Ecosse ; rigueurs d'Edouard. 172

Juin. Albert d'Autriche veut assurer la Bohème à son fils Rodolphe. 173

Guerres civiles de Castille. 174

Désordre des finances de Philippe; comptes de sa maison. . . . . *ibid.*

22 juillet. Il fait arrêter tous les juifs en même temps, et confisque leurs biens. 175

Nouvelle altération des monnoies. Philippe les décrie et revient à celles de Saint-Louis. . . 177

Soulèvement à Paris ; Philippe modifie son ordonnance. 178

1er juin. Philippe rend le combat judiciaire à la noblesse. 180

Quelques différends renaissent entre lui et l'Angleterre 181

1307. Nouveau soulèvement de l'Écosse ; Édouard part pour la soumettre. 182

7 juillet. Il meurt en route, à Carlisle. 183

Caractère efféminé d'Édouard II qui lui succède. 184

CHAPITRE XXII. *Conférence de Poitiers entre le pape et le roi ; arrestation des Templiers ; leur procès et leur supplice.* 1307-1310. *page* 186

1307. Clément V appelé à Poitiers, y est retenu malgré lui . . . . *ibid.*

Juin. Philippe arrive à Poitiers avec les ambassadeurs de plusieurs princes. 187

Philippe presse Clément de condamner la mémoire de Boniface.................., *page* 188
Faveurs accordées par Clément V à Charles de Valois 190
Et à Louis Hutin, qui va prendre à Pampelune la couronne de Navarre................ 193
A Charles II de Naples et à son petit-fils Charobert de Hongrie.................... 194
Philippe demande à Clément V la suppression de l'ordre des Templiers................ 195
Les Templiers accusés par des hommes notés d'infamie............................... 196
14 septembre. Philippe donne l'ordre d'arrêter tous les Templiers de France............. 197
13 octobre. L'ordre secret exécuté partout en même temps.......................... 199
27 octobre. Clément V se plaint de cette rapidité et de cette violence............... 201
Il permet de nouveau les poursuites contre les Templiers 202
Ardeur des juges de Philippe à trouver des coupables.............................. 203
Détail des accusations contre les Templiers, et des interrogatoires................... 205
Philippe cherche à soulever toute la chrétienté contre les Templiers.................. 207
Janvier. Arrestation des Templiers en Angleterre et en Provence..................... 208
12 août. Bulle du pape contre les Templiers; convocation d'un concile à Vienne........ 209
31 janvier. Édouard fait hommage à Boulogne pour le duché d'Aquitaine.............. 211
1er mars. Albert d'Autriche tué sur la Reuss, comme il marchoit contre les Suisses..... 213

Philippe veut élever Charles de Valois au trône
impérial .... page 214
27 novembre. Henri VII de Luxembourg élu à
la suggestion du pape...................... 215
Philippe appelle les communes de France à
sanctionner ses mesures.................... 217
Pâques. États de Tours qui approuvent le supplice des Templiers........................ 218
Philippe embarrassé de ce que les Templiers
rétractent leurs confessions............... 220
1309. Cinquante-six d'entre eux brûlés comme relaps,
pour s'être rétractés...................... 221
Le pape, en abandonnant les personnes, ré-
clame la garde des biens des Templiers..... 222
8 août. Les commissaires du pape commencent
le procès contre l'ordre des Templiers..... 224
22 novembre. Jacques de Molay, grand-maître,
affirme qu'on a falsifié ses dépositions... 225
Défense des Templiers devant les commissaires
du pape.................................... 226
Sermons publics des conciles provinciaux ;
Templiers brûlés........................... 228
Les Templiers acquittés dans les conciles tenus
hors de France............................. 230
1310. 15 août. L'île de Rhodes conquise par les Hospitaliers.................................. 231

CHAPITRE XXIII. *Procès à la mémoire de Boniface VIII. — Concile de Vienne ; dernières années
et mort de Philippe-le-Bel.* 1310-1314......... 233

1309. Clément V annonce qu'il recevra à Avignon les
dépositions contre Boniface................ *ibid.*
23 mai. Il écrit à Charles de Valois qu'il a cette
affaire à cœur autant que le roi........... 235

13 septembre. Il assigne les princes pour être entendus parmi les accusateurs...... *page* 236

1310. 28 juin. Il promet sûreté et secret aux témoins. 237

Précis de l'accusation présentée par Nogaret et Plasian 238

Témoins qui déposent de l'incrédulité de Boniface, quant aux mystères de la foi....... 241

Témoins qui disent l'avoir vu rendre un culte au diable, ou l'avoir servi dans ses mauvaises mœurs........................ 242

Témoins qui racontent son langage impie adressé aux ambassadeurs toscans.............. 244

Témoins de la réception qu'il fit à Roger de Loria................................. 245

Appréciation de la valeur de ces témoignages........................... 246

Les défenseurs de Boniface veulent empêcher l'examen des témoins 248

Embarras du pape, après avoir entendu trente-six témoins à charge.................. 250

1311. Philippe consent à renoncer à la poursuite de la mémoire de Boniface............... 251

27 avril. Bulle de Clément, qui reconnoît les motifs honorables du roi .... *ibid.*

La décision laissée à l'église; ordre de détruire toutes les pièces du procès.............. 254

Grâces accordées au roi en retour; absolution de Nogaret......................... 255

Clément invite les évêques à se procurer par la torture de nouvelles preuves contre les Templiers................................. 256

16 octobre. Ouverture du concile de Vienne, appelé à juger les Templiers............. 258

3 avril et 6 mai. L'abolition de l'ordre prononcée par *provision*, non par sentence.. *page* 259
Boniface VIII reconnu légitime ; croisade publiée ; Bégards persécutés. 261
1310-1314. Lyon réuni par Philippe à la couronne de France............................. 263
Philippe avoit semé la dissension entre l'archevêque et les bourgeois de Lyon 264
1310. Il fait occuper Lyon par son fils, Louis Hutin....................................... 266
1309. 4 mai. Mort de Charles II, roi de Naples ; succession de Robert.................... 267
1310. Rivalité en Italie, de Robert, roi de Naples, et Henri VII, empereur............... 269
1312. 29 juin. Couronnement de Henri VII, à Rome. 270
1313. 24 août. Mort de Henri VII. Soupçons d'empoisonnement 271
1310. Soulèvement de la noblesse anglaise contre Gaveston ; quarante articles 272
1313. Philippe, médiateur de cette querelle, invite Édouard II à Paris................... 273
3 juin. Fêtes à Paris pour la chevalerie des fils du roi................................... 274
Mission de Marigny à Londres, pour pacifier l'Angleterre................................. 276
1311. Nouveaux différends avec les Flamands, armées rassemblées sans résultats........ 277
1310-1314. Embarras des finances du roi ; ordonnances sur les monnoies............... 279
Nouvelles attaques contre les Juifs et les Lombards. 281
Lois pour régler l'intérêt de l'argent ; disparution des capitaux 282

Assemblées d'états sur lesquelles le roi rejette
l'odieux de ses lois financières....... *page* 283
Caractère soupçonneux du roi ; procès d'empoisonnement......................... 285
Persécution contre les hérétiques ; sermon publié à Paris......................... 286
1314. 11 mars. Supplice du grand-maître des Templiers, et du maître de Normandie....... 287
19 avril. Supplice des amans des belles-filles
du roi............................... 289
Condamnation de Marguerite et de Blanche ;
Jeanne est absoute 292
Citation supposée de Clément et de Philippe au
tribunal de Dieu..................... 293
20 avril. Mort de Clément V, à Roquemaure ;
ses amours avec Brunissende........... *ibid.*
29 novembre. Mort de Philippe IV, à Fontainebleau............................. 294

CHAPITRE XXIV. *Règne de Louis X dit Hutin. — Les ministres de Philippe IV persécutés. — Campagne de Flandre. — Le roi meurt, laissant sa veuve enceinte. — Régence de Philippe, comte de Poitiers.* 1314-1316.
page 296

Joie du peuple au commencement d'un nouveau règne,
leçon pour les rois.................. *ibid.*
Philippe IV étoit orgueilleux et cruel, mais habile... 297
1314. Étourderie de Louis Hutin ; état de la famille
royale.............................. 299
Crédit que Charles de Valois acquiert sur lui ;
il écarte les parvenus favorisés par Philippe. 300
Pierre de Latelli, chancelier, arrêté et mis en
jugement........................... 303

	Enguerrand de Marigny arrêté ; haine que lui porte Charles de Valois............*page*	304
1315.	Ses commis exposés à la torture pour les faire déposer contre lui.....................	305
	Il est accusé de sorcellerie et pendu le 30 avril..............................	306
	Raoul de Prêles arrêté; ses biens donnés aux courtisans; il est absous...............	308
	Avril. Marguerite de Bourgogne étouffée pour faire place à Clémence de Hongrie........	309
	15 avril. Sacre du roi; mécontentement général; révolte à Sens	310
	Concessions arrachées à Louis Hutin par la noblesse des diverses provinces............	312
	Charte des Normands	313
	Priviléges des Bourguignons	314
	Redressement des doléances des Champenois..	315
	Ordonnance en faveur des Picards.........	316
	Priviléges plus étendus du Languedoc, et des provinces du midi.....................	317
	Ordonnances en faveur de l'Auvergne, de la Bretagne, de Paris, de l'Université.......	318
	Louis veut faire la guerre en Flandre, et accueille cependant le comte de Nevers......	320
	Louis offre aux paysans de la couronne de leur vendre la liberté.....................	321
	Il essaie ensuite de les forcer à se racheter....	322
	Il lève une taxe extraordinaire sur les marchands italiens........................	323
	Il rappelle les juifs et les autorise à poursuivre leurs débiteurs........................	324
	Il rassemble ses milices, et publie un manifeste contre les Flamands	325

Août. Son armée lutte contre des pluies obstinées ; il la licencie................ *page* 327
Processions de pénitens tout nus, à Paris et dans les provinces..................... 328
Disette ; fraudes des boulangers; soulèvemens. 329
Désordre des monnoies. Louis cherche à y porter remède........................ 330
1314. Double élection dans l'empire, de Frédéric d'Autriche et Louis de Bavière........... 331
25 juin. Édouard II d'Angleterre défait à Barmock-Burnes par les Écossais............. 332
Prolongation de l'interrègne de l'église pendant vingt-sept mois et demi................ 333
22 juillet. Les cardinaux enfermés en conclave à Carpentras s'échappent par une fenêtre et se dispersent............................ 334
1316. Philippe-le-Long rassemble les cardinaux à Lyon, avec serment de ne pas les enfermer................................... 335
5 juin. Louis X meurt des suites d'une imprudence; retour de Philippe à Paris........ 336
Philippe-le-Long s'empare de la régence, au préjudice de la reine enceinte........... 337
17 juillet. Il transige avec le duc de Bourgogne sur le droit des femmes à la couronne..... 338
Il s'engage à ce qu'il n'y ait point de roi en France, jusqu'à la majorité des princesses. 339
7 août. Élection de Jacques d'Ossa, qui prend le nom de Jean XXII.................. 341
Soulèvement dans l'Artois, contre Mathilde, belle-mère de Philippe................. 342
30 octobre. Philippe prend l'oriflamme pour secourir Mathilde..................... 343

15 novembre. Naissance et mort d'un fils de
Louis X, qui ne fut jamais roi...... *page* 344

CHAPITRE XXV. *Règne de Philippe V, dit le Long.* — *Autorité que s'arroge Jean XXII ; inquisition ; pastoureaux ; lépreux ;* 1317-1321..................... *page* 346

1316. La succession en ligne directe, entre les Capétiens, est interrompue pour la première fois. *ibid.*
Aucun usage, aucune loi ne régloit l'hérédité de la couronne................... 347
L'opinion publique favorisoit les femmes, les circonstances servirent Philippe V........ 349
Dissentiment entre les *royaux de France* ; Philippe V l'emporte par la force........... 350

4471. 9 janvier. Sacre et couronnement de Philippe V à main armée...................... 351
L'assemblée des états confirme le droit de Philippe et proclame l'exclusion des femmes.. 352
Réconciliation de Philippe avec les princes du sang................................ 353
Jean XXII prête son appui à Philippe ; conseils qu'il lui adresse.................... 354

1317-1321. Influence que le pape s'arroge dans l'organisation du royaume................. 356
Violentes persécutions qu'il dirige contre de prétendus sorciers..................... 357
Il persécute les Franciscains à l'occasion de leur vœu de pauvreté...................... 358
Grand nombre de malheureux brûlés pour une subtilité scholastique.................... 359
Fréquens *sermons publics* de l'inquisition.... 361
Procédures au sermon public de Toulouse, du 30 septembre 1319............... 362

Trois assemblées des états généraux durant le
règne de Philippe V.................. *page* 364
Organisation des milices des communes...... 365
Faveur que Philippe V montre aux légistes... 366
Philippe, dans ses ordonnances, se prescrit
des règles à lui-même................. 367
Il révoque tous les dons de ses prédécesseurs;
domaine inaliénable.................... 368
Ordonnances sur les tribunaux............ 370
Traités avec les provinces sur les finances.... 371
1317. Continuation des différends avec les Flamands,
sans exploits militaires................. 372
1318. Le pape entreprend la médiation entre la France
et la Flandre, sans succès............... 373
1320. Le comte Robert III de Flandre vient à Paris,
et se réconcilie avec la France........... 374
Sa brouillerie avec son fils aîné Louis, comte
de Nevers........................... 376
1318. Philippe V dispense Édouard II d'Angleterre de
l'hommage personnel.................. 377
1319. Lâcheté d'Édouard II; il croit avoir trouvé une
huile qui lui rendra le courage........... 378
1320. Juin. Édouard II vient à Amiens, et rend hommage à Philippe V..................... 380
1317-1321. Silence des historiens sur les affaires de
Navarre............................. 381
Guerres civiles de Castille pendant la minorité
d'Alphonse XI....................... 382
Abdication de don Jayme d'Aragon; négociation avec don Sanche de Majorque........ 383
Guerres civiles d'Allemagne; bataille de Morgarten avec les Suisses.................. 384

1320. Expédition de Philippe de Valois en Italie pour servir les Guelfes.................. *page* 385

Août. Il est enveloppé par les Visconti; il se retire honteusement......................... 386

Philippe V n'est inquiété par des ennemis ni au-dehors, ni au-dedans............... 387

Soulèvement des pastoureaux dans toute la France................................. 388

Leurs désordres; cruautés qu'ils exercent contre les juifs............................... 390

Les pastoureaux cruellement détruits par le sénéchal de Carcassonne................. 391

Fanatisme excité par le pape contre les juifs et contre les sorciers..................... 393

1321. 24 juin. Les lépreux accusés d'avoir empoisonné les eaux du royaume................... 394

Absurdité de l'accusation; horribles procédures intentées contre eux................... 395

On ne constate pas même le fait d'aucun empoisonnement............................. 396

Arrestation, torture, et supplice de tous ceux qui ont quelque maladie de la peau....... 398

18 août. Édit du roi pour refuser toute protestation aux lépreux devant les tribunaux.... 399

Supplices des juifs accusés de complicité avec les lépreux............................ 400

Août. Maladie du roi, dans le temps où il ordonne des supplices..................... 401

1322. 3 janvier. Mort de Philippe V, à Longchamp... 402

CHAPITRE XXVI. *Règne de Charles IV, dit le Bel. — Troubles de Flandre. — Intrigues de Charles dans l'empire. — Révolution en Angleterre — Mort d'Édouard II.*

— *Mort de Charles, et fin des premiers Capétiens;*
1322-1328................................... *page* 403

L'usurpation de Philippe-le-Long sanctionna une loi avantageuse à l'état......................... *ibid.*

1322. Cette loi fut exécutée sans difficulté contre les propres filles de Philippe............... 405

Charles IV se divorce d'avec sa femme, et épouse Marie de Luxembourg............ 406

Le règne de Charles IV n'a point eu d'historiens.. 407

Ordonnance de Charles en faveur des lépreux.. 408

Son ordonnance en faveur des juifs.......... 409

Il révoque les aliénations de domaines faites par son prédécesseur..................... 410

Il annonce une nouvelle croisade............ 411

Il donne le commandement des croisés au vicomte de Narbonne qu'il tire de prison.... 412

1323 21 mai. Condamnation de Jourdain de Lille, coupable de brigandages................ 413

Franciscains persécutés pour la pauvreté évangélique................................... 414

Persécution des hommes accusés de magie.... 415

Bulles du pape contre la magie.............. 416

Voyage de Charles IV à Toulouse; institution des jeux floraux........................ 418

1324. Mort de la reine Marie; Charles épouse Jeanne d'Evreux sa cousine....................... 420

1322. Affaires de Flandre; Louis de Rhétel succède à son aïeul Robert III................... 421

1323. Louis mécontente les Flamands, qui prennent l'Écluse et la brûlent................... 423

1325. Louis fait mettre le feu à Courtrai; ses sujets le font prisonnier..................... 424

1326. Charles Ier fait remettre Louis en liberté sous de certaines conditions.................*page* 426

Louis manque à tous ses engagemens, et punit les Flamands....................... 427

1322-1328. Stagnation des affaires de Navarre, de Castille et d'Aragon....................... 428

Guerre des Suisses avec l'Autriche.......... 429

Guerre des Savoyards et des Dauphinois..... 430

1322. 28 septembre. Bataille de Muhldorf. Frédéric d'Autriche battu et fait prisonnier par Louis de Bavière............................. 431

1323-1324. Attachement de Jean, roi de Bohême, à la France............................. 432

Le pape veut déposer Louis de Bavière pour faire Charles IV empereur............... 433

Mécontentement violent des Allemands contre le pape............................. 435

1324. Juillet. Ils refusent de venir à la conférence de Bar-sur-Aube avec Charles IV.......... 436

1325. Nouveaux efforts du roi de France, pour obtenir la couronne impériale............... 438

13 mars. Louis de Bavière rend la liberté à Frédéric, et lui demande son amitié......... 439

Le pape délie Frédéric de tous les sermens à Louis............................. 440

L'argent de la France attire une invasion de barbares en Allemagne................. 441

1326. 27 février. Mort de Léopold d'Autriche, qui rend la paix à l'Allemagne............... 443

1322. Édouard II fait prisonnier son cousin de Lancastre, et le fait mourir................. 444

Édouard II veut envahir l'Écosse, et il est repoussé avec perte................... 446

1323. Charles IV, excité par sa sœur, usurpe les droits d'Édouard en Aquitaine....... *page* 447
1324. Violence du sire de Montpizat, que Charles IV veut punir 449
    8 août. Charles de Valois enlève l'Agenois au roi d'Angleterre............. 450
    12 novembre. Édouard accepte une trève de quelques mois...................... 452
1325. 8 Mars. Isabelle, femme d'Édouard, vient en France, négocier avec son frère.......... 453
    31 mai. La paix conclue; Édouard n'ose pas passer en France pour l'hommage........ 454
    Il envoie son fils à sa place, qu'on ne veut pas lui renvoyer ensuite................. 455
    16 décembre. Mort de Charles de Valois, des remords du supplice de Marigny......... 458
1326. 8 février. Ordre d'Édouard de repousser l'invasion de sa femme, en épargnant elle et son fils................................. 459
    Juillet. Isabelle rassemble des troupes en Hainaut................................ 460
    Guerre des bâtards en Guienne pour le seconder................................. 461
    26 septembre. Isabelle débarque en Angleterre; la noblesse vient se joindre à elle........ 462
    Octobre. Fuite du roi; supplice du vieux Despenser................................ 463
1327. 24 Janvier. Édouard III proclamé; supplice de son père et du jeune Despenser.......... 464
    31 mars. Nouvelle paix entre la France et l'Angleterre............................ 466
    Le peuple s'attend à ce que la vengeance céleste frappe les Capétiens............... 467

Mort de tous les mâles de la race de Philippe-le-Bel..................*page* 468

1328. 31 janvier. Mort de Charles IV, laisant sa femme grosse.................... 469

FIN DE LA TABLE.

DE L'IMPRIMERIE DE CRAPELET,
rue de Vaugirard, n° 9

www.ingramcontent.com/pod-product-compliance
Lightning Source LLC
Chambersburg PA
CBHW060223230426
43664CB00011B/1531